《2021年"一带一路"青年发展报告》
编 委 会

2021年"一带一路"青年发展报告

The Belt and Road Youth
Development Report 2021

于洪君　史志钦　主　编
杨东平　刘　洋　执行主编

人民出版社

2017 年 12 月，"2017 丝路青年论坛暨'一带一路'斯里兰卡皇家婚礼盛典"现场合影

2018 年 5 月，"丝路青年读丝路"朗诵大会合影

2018 年 5 月，丝路大讲堂在对外经贸大学开讲

2018 年 6 月，"丝路大讲堂——丝路城市与体育文化发展"专题座谈会合影

2018 年 10 月，巴基斯坦国家青年大会代表团一行到访丝路青年论坛

2018 年 12 月，"2018 丝路青年论坛暨丝路大讲坛"大合影

2019 年 1 月，丝路青年论坛与马来西亚中华大会堂总会青年团举行丝路青年座谈会

2019 年 4 月，丝路青年学习习近平主席在第二届"一带一路"国际合作高峰论坛上的重要讲话精神座谈会合影

2019 年 4 月，"丝路美 丝路长"丝路青年国际音乐会合影

2019 年 10 月，"丝路青年论坛·中国尼泊尔青年合作会议"合影

2019 年 12 月，"2019 年粤港澳大湾区高质量发展论坛"大合影

2020 年 12 月，"2020 丝路青年论坛"大合影

目　录

主报告

专题报告

序一
"一带一路"上的青年担当、青年机遇与青年实践

蒋正华

共建"一带一路"是习近平总书记深刻思考人类前途命运以及中国和世界发展大势，为推动中国和世界合作共赢、共同发展作出的重大决策。2021年是"一带一路"倡议提出实施的第八个年头。八年来，中国不断通过"一带一路"国家合作共建项目扎实推进政策沟通、设施联通、贸易畅通、资金融通和民心相通，取得明显成效，参与国得到了实实在在的好处，对共建"一带一路"的认同感和参与度不断加强。尽管受到2020年初以来新冠肺炎疫情的冲击，但是"一带一路"建设仍呈现出十足韧性，取得亮丽成绩。展望未来，共建"一带一路"将始终秉承和平合作、开放包容、互学互鉴、互利共赢的丝路精神，加快加深务实合作，推动全球治理体系变革，造福沿途各国人民。

未来属于青年，希望寄予青年。"一带一路"合作倡议实施离不开青年的智慧、创新、担当、付出。回望"一带一路"建设的成果，"中国智造""中国建设""中国品牌""中国创新"在一批批青年科学家、企业家、创意设计师、工程师、产业工人、教师、医生、维和军人、志愿者等群体的砥砺拼搏中涌现，成为一张张亮丽的"中国名片"，创造出一个个"一带一路"合作的成功项目。"丝路青年"已成为热点词汇，他们以包容、共赏、互鉴、共享的观点看待世界。更多知识青年，在"丝绸之路"康庄

大道上，推动不同国家地区文明、文化交流互鉴、和谐共生。越来越多丝路青年见证和参与着一个个务实的项目，由愿景变为现实。

《2021 年 "一带一路" 青年发展报告》以 "'一带一路' 青年命运共同体与青年担当" 为主题，总结评估丝路青年参与 "一带一路" 建设的主要成就、典型案例和风险挑战；面对国际形势急剧变化和中国全面深化改革及构建新发展格局、问题矛盾与百年未有之大变局带来的新挑战，提出丝路青年参与 "一带一路" 建设的对策建议；深化 "一带一路" 青年发展问题研究，搭建 "四梁八柱" 的理论框架，丰富其内涵，为国内外有关政府部门、企事业单位、非营利组织、青年组织、新闻媒体等更好推进 "一带一路" 青年交流合作提供参考建议；为 "一带一路" 国际青年智库建设、交流、合作搭建新平台，为各国青年智库加强思想对话、进行决策咨询提供重要平台，为推动 "一带一路" 高质量发展汇聚智慧之光，为促进各国繁荣发展、构建人类命运共同体贡献智慧和力量。

当代丝路青年成长于全球化、数字化迅猛发展的新时代，学习、生活、工作环境以及人生观、世界观、价值观与过去的青年发生了巨大变化，开放、包容、乐观、创新深度融入当代丝路青年的生命血液，也是全球经济复苏、文化交融、文明繁荣的未来和希望。随着 "一带一路" 建设的不断深入，丝路青年将有更多机会施展青春才华，实现梦想。

我们期待更多丝路青年携起手来，追求梦想，为建设持久和平、共同繁荣、开放包容的世界贡献青春力量。期待《"一带一路" 青年发展报告》坚持不懈用文字、图片持续记载、描绘丝路青年的新奋斗史，为 "一带一路" 建设记录更多鲜活案例、提出更多有价值的对策建议，推动更多丝路青年参与 "一带一路" 建设，分享 "一带一路" 红利。

序二
"一带一路"助力青年放飞梦想

白庚胜

青年是每个民族未来的希望，也是每个国家的栋梁。他们是"一带一路"上的种子，他们代表着全球经济重振的蓬勃朝气和新生力量。

"一带一路"倡议源自中国，机会和成果属于世界。"国之交在于民相亲"，而"民相亲"要从青年做起。丝路青年对"一带一路"的认同和实践，是这个全球公共产品深得人心和行稳致远的一个缩影。丝路青年身上的开放气质、创新精神、奋斗品格，也必将伴随"一带一路"建设的推进，更深刻地影响全球文明交融及其进程。

习近平主席曾在多个公开场合谈及当代青年。例如，他在联合国教科文组织第九届青年论坛开幕式上的贺词中提出："青年最富有朝气，最富有梦想，是未来的领导者和建设者。"他勉励青年应该做走在时代前列的奋进者、勇立潮头的开拓者，要树立远大理想，要勇于开拓创新。"青年如旭日之初升，草木之方萌，要敢于开风气之先，有一股'于满是荆棘的荒野里踏出一条路'的闯劲儿。"在全球经济社会深刻变革的今天，当代丝路青年无疑是幸运的一代，在"一带一路"建设的浪潮中，丝路青年将获得更大的支持和更多发展机遇，于变局中开拓属于自己的新局。

"一带一路"建设的核心是实现战略对接、优势互补、合作共赢，得到越来越多国家地区青年的高度认可、积极关注和广泛参与。

例如，据《人民日报·海外版》报道，在"一带一路"国际合作高峰论坛上，阿塞拜疆青年 Fazil Gasimov 认为："阿塞拜疆政府紧紧跟随并支持中国的'一带一路'倡议，我很高兴看到在重建古老的丝绸之路的过程中，中国和阿塞拜疆有着共同的利益。"新加坡青年 Evelyn 认为："'一带一路'的目的是推动沿线国家的贸易，让这些国家发展更快。我觉得这是一个非常好的倡议，它能给民众、贸易者都带来更多信心。"俄罗斯青年 Nargiz 认为："'一带一路'一定会极大改善我的国家的基础设施。我们应该从自身做起去改变世界。"马来西亚青年 Ng Sheueli 认为："'一带一路'蕴藏着无限的机遇，在未来一定能促进马来西亚的经济发展。"

在丝路青年论坛有关活动上，哈萨克斯坦留学生金妞认为："哈萨克斯坦与中国有着悠久的历史交往和传统的友谊，在我们国家的每一个城市、每一个小镇都有与丝绸之路相关的故事。现在，我们国家已经有 6 所孔子学院，1.5 万名学生接受（留学中国）奖学金，我要更加努力学习中文，服务'一带一路'建设。"土库曼斯坦留学生撒普尔认为："中国石油大学为土库曼斯坦培养出一批精通中国语言、了解中国文化、认同中国石油企业文化的青年学生和员工骨干，为中土天然气合作和中国石油海外业务的可持续发展建立了牢固的基础，已成为连接中土两国人民、促进两国民心相通的重要纽带。中国是我的第二故乡，我爱中国，就如同爱我的祖国土库曼斯坦。"

事实证明，"一带一路"倡议顺应了全球化的时代需求，八年多来为沿线各国人民带来了实实在在的福祉。特别是在当前充满不确定因素的国际形势下，"一带一路"为沿线国家实现共同发展繁荣开辟了新的路径，展现出强劲的生命力和广阔前景。

《2021 年"一带一路"青年发展报告》聚焦青年梦想，展现青年担当与青年创新，围绕政策沟通、设施联通、贸易畅通、资金融通、民心相通，总结、分析、研究中国与"一带一路"沿线国家青年在文化、教育、旅游、民生、外贸、金融、数字经济、产能合作等领域交流合作的成效、案例、挑战与对策建议，为广大读者呈现了丝路青年共建人类命运共同体波澜壮阔的奋斗诗篇，为沿线青年了解、参与、共建"一带一路"提供了翔实的方向、路径和指南，也为"一带一路"沿线国家政府、社会组织、企业参与"一带一路"建设提供了针对性的决策参考。这是一项有关"一带一路"建设高质量的智库成果！

习近平主席在联合国教科文组织第九届青年论坛开幕式上的贺词提出："世界的未来属于年轻一代。全球青年有理想、有担当，人类就有希望，推进人类和平与发展的崇高事业就有源源不断的强大力量。"发扬丝路精神，促进共同繁荣发展，既是"一带一路"沿线国家的一致行动，也是丝路青年的共同梦想和责任担当。作为推进"一带一路"建设的生力军和主力军，丝路青年在这一全球化的巨大机遇中，必能不断凝聚共识，携手并进，放飞人生梦想，成就事业华章，共同绘就人类命运共同体的壮丽画卷。

序三
共谱"一带一路"协奏曲　共绘国际合作新蓝图

于洪君

当今世界，正面临百年未有的历史性大变局。习近平主席2013年提出得到国际社会广泛响应的"一带一路"合作倡议，已经成为这个历史大变局中牵动世界经济关系、影响国际战略格局、改变全球治理方向的最重大事项之一。八年多来，在中国的大力推动和积极引领下，"一带一路"国际合作作为中国与世界联动发展的新路径、世界各国共同繁荣与进步的新范式、不同发展战略相互对接的新创举，取得了显著成就，积累了丰富经验，同时也展现出异常广阔的发展前景。

一、"一带一路"国际合作提升了中国的国际地位和影响，也给合作伙伴国带来了广泛的发展利益和机遇

观察思考"一带一路"国际合作的成就与经验，可以有许多视角和维度。从中国自身需要和所得看，特别是从中国与外部世界的关系角度看，八年多来，"一带一路"国际合作的最大成果就是，进一步树立了中国领导人、中国共产党、中国政府和中华民族开明开放、包容合作的建设性形象，进一步提升了中国作为负责任的发展中的社会主义大国的道义感召力和政策影响力。

换句话说，"一带一路"八年多来的丰富实践，为世界各国打造双边合作与多边合作相辅相成的新格局，实现区域一体化与普惠式全球化协同

发展的新境界，开辟了现实可能。国际社会通过中国倡导和推动的"一带一路"国际合作，找到了超越意识形态分歧、超越社会制度差异、超越地缘利益纷争、超越发展水平鸿沟，共谋发展进步的新方向和新路标。

正因为如此，2021 年 5 月 11 日，澳大利亚国立大学宏观经济学教授克莱在伊洛解读者网站发表文章，严厉批驳美国政客关于中国开展"一带一路"建设没有给当地带来好处的说法。他在文章中指出："中国海外经济活动的本地化程度已经大幅提高。中国企业正在提供就业岗位、出口、预算收入和技术专业知识……这些项目正在满足新兴经济体的要求。"他以中国公司在中亚的项目为例，明确指出："过去 10 年来，吉尔吉斯斯坦和塔吉克斯坦的所有大型中国公司都已实现员工本地化。"

实际上，就连美国一些智库，也不得不承认，中国倡导和推动"一带一路"国际合作，给所有参与国带来了实实在在的利益和好处。美国麦肯锡公司对 8 个非洲国家 1000 多家中国公司进行的实地调查表明：这些中国公司"89% 的雇员是非洲人，总共为非洲工人创造了近 30 万个就业岗位"。霍普金斯大学研究团队的报告显示：在尼日利亚的 20 家中国制造业企业，当地雇员比例平均为 85%。另一项研究则表明：中国在秘鲁的一个大型矿山，几乎所有雇员都是当地人，"就业本地化的大趋势显而易见"。

对于"一带一路"国际合作的资金问题，亦即西方某些政客和媒体炒作的所谓债务问题，美国智库也有相对公正的结论。譬如，布鲁金斯学会网站去年 11 月载文评论中国与东盟的合作，该文称："尽管特朗普政府指责中国在该地区实施'债务陷阱外交'，但根据疫情暴发前有关外债与国民总收入之比的数据，几乎所有东盟国家都状况良好。"另外还有一份智库报告指出：在中亚，自 2015 年以来没有签署任何由中国贷款提供资金的大型公路、铁路或碳氢化合物发电厂的协议。波士顿大学一个团队的报告也显示：自 2016 年以来，中国政策性银行对其他国家的新贷款承诺大幅减少。荣鼎咨询公司则指出：新冠肺炎大流行期间，中国政策性银行向其他国家提供的全球借贷减少，中国商业银行提供的国际借贷保持不变。

显而易见，作为国际合作的新创举与新实验，"一带一路"不仅提高了中国与世界联动发展的能力和水平，拓展了中国利用两种资源两个市场的效能与潜能，提升了中国的道义形象和榜样作用，更重要的是为广大发展中国家，为"一带一路"合作伙伴和整个国际社会，提供了史无前例并且是极为难得的发展机遇。

据统计，截至 2021 年 1 月底，中国已与 171 个国家和国际组织签署了 205 份共建"一带一路"合作文件。在建大型基础项目，更是数以千计。据世界银行估计，到 2030 年，中国倡导和推进的共建"一带一路"项目，有望帮助全球 760 万人摆脱极端贫困，帮助 3200 万人摆脱中度贫困。显而易见，"一带一路"国际合作，已经成为人类社会的"减贫之路""增长之路"，成为各国人民实现共同进步与繁荣之路。

二、"一带一路"国际合作积累了丰富成果与经验，同时也面临多方面的风险和挑战

作为"一带一路"倡议的提出者，习近平主席多次阐述过这种新型国际合作的广泛性，特别是合作成果的共享性和普惠性。在 2021 年召开的博鳌亚洲论坛年会上，他再次强调："一带一路"是大家携手前进的阳光大道，不是某一方的私家小路。共建"一带一路"追求的是发展，崇尚的是共赢，传递的是希望。他一方面满怀真情地重申："所有感兴趣的国家都可以加入进来，共同参与、共同合作、共同受益。"另一方面旗帜鲜明地表示："面向未来，我们将同各方继续高质量共建'一带一路'，践行共商共建共享原则，弘扬开放、绿色、廉洁理念，努力实现高标准、惠民生、可持续目标。"为此，他提出了在卫生合作、互联互通、绿色发展、开放包容四个方面建设更紧密的伙伴关系的新任务。这些新思想新主张，令国际社会赞叹不已。

不言而喻，"一带一路"框架下倡导和实施的务实合作与互利发展，完全符合当今时代潮流。东南亚、南亚、中亚和中蒙俄所在的欧亚接合部地区，乃至非洲、拉丁美洲以及南太平洋地区，"一带一路"国际合作，总体上都处于高歌猛进、一往无前的良好状态。广大发展中国家、包括联合国在内的许多国际组织和机构，支持和参与"一带一路"国际合作已经

普遍化常态化。"一带一路"国际合作，今后将成为全球经济运行及人类进步发展进程中不可分割也不可或缺的重要组成部分。

当前和今后一段时间，基础设施建设与联通、产能跨国转移与合作、社会民生工程与福祉、数字经济合作与管控、支付方式改革与创新，都将成为"一带一路"合作的重点方向。中国"十四五"规划提出的"新基建"，自然而然地要与"一带一路"国际合作中的基础设施建设相互协调，彼此牵引，统筹推进。

当然，另一方面，我们在看到上述骄人成就与光明前景的同时，还必须充分注意到，"一带一路"国际合作毕竟是前无古人的事业，既没有经验可以借鉴，也没有先例可以依循。在推动"一带一路"国际合作的过程中，困难和风险、压力与挑战，如影随形，这是自然而然的，也是不可避免的。我们正在经历的世界百年未有之大变局，涉及国际政治关系、世界经济格局、地缘安全架构、文明共存态势等诸多方面，其广泛性、深刻性与复杂性将超乎以往任何一个历史时期。这一切无疑会对"一带一路"国际合作的全面推进与持续发展造成多方面的深重影响。

"一带一路"国际合作面临的困难和压力，未来将表现在政治、经济、生态、安保、公共卫生等各个方面。由于西方某些国家害怕中华民族和平崛起，恣意干扰破坏中国与世界的良性互动，也由于国际政治关系和经济秩序本身充满不确定性，新冠肺炎疫情之类的突发性灾难仍有可能发生，"一带一路"国际合作中风险与挑战的长期性、复杂性与严峻性，也将超出我们的预想。我国走出去承担"一带一路"工程项目与合作任务的企业与机构，经验不足、手段不足、能力不足等问题，也将长期存在。

2020年底，中国与东盟10国以及日本、韩国、澳大利亚、新西兰共15个国家，成功地签署了《区域全面经济伙伴关系协定》，即RCEP协定，这为我们在更大范围内，在新的条件下，继续推进"一带一路"国际合作，提供了更大的机遇和可能。但是，我们也发现，早在2019年，欧盟即与日本建立了旨在对冲"一带一路"倡议的"互联互通伙伴关系"，2021年5月又与印度就建立同类关系制定了一项综合性计划，意在支持印度在非洲、中亚、印太地区实行所谓的"有弹性可持续的互联互通"，用以抗衡中国提出和推动的"一带一路"国际合作。

美国作为当今世界唯一的并且是顽固坚持冷战思维的超级大国,对中华民族全面复兴与和平崛起,早就如芒在背,对中国倡导的"一带一路"在全球持续推进更是忧心如焚。美国布鲁金斯学会声称:"随着大国竞争在东南亚日益加剧,中国正通过经济手段实现其在该地区的更多战略目标。这在其标志性的'一带一路'倡议中得到了最生动的体现"。由于担心中国与东盟"似乎有一种相互学习的动力在起作用。随着时间的推移,这种动力可能会使'一带一路'倡议在东南亚变得更具灵活性和更持久",该智库为美国政府提出的建议是:"提出具有说服力的替代方案,以实力与中国重新展开接触。"

实际上,美国近年来一直在谋划和实施旨在抗衡"一带一路"国际合作的行动计划。2019 年,特朗普政府领导下的美国即已联合日本和澳大利亚,提出所谓"蓝点网络"计划,重心就放在了基础设施建设领域。为此,美方还专门成立了"美国国际开发金融公司",目的是为该计划提供金融支撑。2021 年 7 月,七国集团峰会召开时,拜登政府又提出了所谓帮助发展中国家兴建基础设施的"B3W"计划,意在拉拢包括日本在内的所有发达国家,以"价值取向、高规格和透明的伙伴关系"为诱饵,引诱广大发展中国家与他们一道共同对抗中国倡导的"一带一路"国际合作。

三、应对"一带一路"合作中的风险与挑战,中国与相关各方要做好长期的多方面准备

2021 年 6 月 23 日,中国与相关各方在全球抗疫形势依然较为严峻的情况下,成功地举办了"一带一路"亚太区域国际合作高级别会议。习近平主席高度重视这次会议,以书面方式致辞会议。他重申,中国"一带一路"倡议"旨在传承丝绸之路精神,携手打造开放合作平台,为各国合作发展提供新动力"。

习近平在致辞中还特别指出:"8 年来,140 个国家同中方签署了共建'一带一路'合作协议,合作伙伴越来越多。各方积极推进政策沟通、设

施联通、贸易畅通、资金融通、民心相通，启动了大批务实合作、造福民众的项目，构建起全方位、复合型的互联互通伙伴关系，开创了共同发展的新前景。"他特别强调，中国进入新发展阶段、贯彻新发展理念、构建新发展格局，为"一带一路"合作伙伴提供了更多市场机遇、投资机遇、增长机遇。

在中方的大力推动和与会各方的共同努力下，参加上述会议的 29 国政要以及联合国等国际组织的代表，又达成了六点新的共识：第一，各方期待构筑更紧密的伙伴关系，对接"一带一路"倡议与各方发展战略和规划。第二，疫情大流行是当前最紧迫挑战，国际社会必须团结合作，共克时艰。第三，进一步加强疫苗国际合作，推动疫苗作为全球公共产品在世界各国公平分配。第四，"一带一路"国际合作应把绿色发展放在更加突出位置，在绿色基建、绿色能源、绿色金融等领域打造合作亮点。第五，支持商品和人员跨境流动，支持各国继续推进贸易投资自由化、便利化。第六，加快落实联合国 2030 年可持续发展目标，支持和践行联合国倡导的多边主义。

今后，中方将会继续与相关各方共同努力，密切跟踪国际关系和地区局势的发展变化，适时审视和调整"一带一路"国际合作的着力方向和资源配置。这一点毋庸置疑。但总体上说，政治关系稳定、经济效益可控、信用相对较好的国家和地区，将成为包括中方在内的合作各方资金和技术优先投入的重点方向。为此：

各方要继续秉承政府指导与市场规律相辅相成、共商共建共享毫不动摇的基本理念。中方不会搞勉为其难的合作，不会做强人所难的项目，不会留下授人以柄的隐忧与遗患。中方会在不断完善风险评估机制的同时，努力与相关各方研究建立依法依规经营以及合理索赔机制，及时发现和解决可能出现的各种问题。

各方要借"一带一路"国际合作持续推进，特别是贸易合作持续走强的有利时机，有序加大本国货币在"一带一路"贸易合作中的计价结算功能，逐渐建立"一带一路"框架下人民币与合作伙伴国货币共同组成的支付体系，同时综合考虑并妥善处理构建这种支付体系与继续参与美元全球结算体系的关系问题。

各方要继续研究和探讨与"一带一路"国际合作密切相关的金融合作平台建设和机制规则运行等问题。对于中方来说,要继续引导亚投行、丝路基金以及各种双边与多边合作基金在"一带一路"国际合作中发挥更大作用,努力解决现有的中外合作基金总体效益不高等各种实际问题。

各方要进一步总结"一带一路"国际合作中的中欧班列开行经验,同时重视"一带一路"班列运行中遇到的困难和问题,探索提升可持续合作的新路径。中方要在尽快提升中欧班列经济效益的同时,注意挖掘和展示"一带一路"班列的文化文明价值和国家品牌意义。

各方要加强对本国企业参与"一带一路"合作的政策指导和必要支持,适时而有效地化解企业不当行为或违规经营造成的负面影响。各方要密切协作,共同制止假借"一带一路"名义,招摇撞骗,欺世盗名,谋取私利的有害行为;同时不断健全安保措施,加大反恐投入,确保工程项目和人员安全。

各方要全面总结和研究开展互市贸易、共建跨境加工区、设立保税区及境外设立工业园区、科技园区的经验与问题。发扬成绩,纠正偏误,顺势而为,补齐短板,力戒形式主义和表面文章,阻止跟风造势等消极现象。中方要通过扩大和深化人文领域交流合作,包括人力资源培训,坚持开展对外传播和释疑解惑工作,努力消除某些势力歪曲"一带一路"国际合作的负面影响,持续提高"一带一路"合作中民心相通工作的质量和水平。

最后,作为本书主编之一,我想特别指出,目前国内有关"一带一路"问题的研究成果已浩如烟海,但对于各国青年如何参与"一带一路"国际合作,青年在"一带一路"建设中的独特作用问题,专家学者涉猎不多,成果鲜见。丝路国际智库交流中心主任、《丝路百科》杂志执行社长杨东平先生和他的团队,在这方面进行了有益的探索和可贵的努力,最终形成了一系列可以集结成书,并且值得向社会广泛推介的学术报告和研究成果。

毋庸讳言,杨东平团队的研究和探讨还只是刚刚起步,总体上尚处于初创阶段，相关判断和结论，也有待于时间的检验和实践的充实。但我相信，在社会各界和相关方面的大力支持和鼓励下，该团队有关青年在"一带一路"国际合作中的作用、影响及相关问题的研究，一定会不断开辟新的路径，不断取得新的成果，不断积累新的经验。

序四
"一带一路"青年命运共同体与青年担当

杨东平

2013 年 9 月和 10 月，中国国家主席习近平在出访哈萨克斯坦和印度尼西亚时先后提出共建"丝绸之路经济带"和"21 世纪海上丝绸之路"的重大倡议。2015 年 3 月，中国发布《推动共建丝绸之路经济带和 21 世纪海上丝绸之路的愿景与行动》；2019 年 4 月，推进"一带一路"建设工作领导小组办公室发布《共建"一带一路"倡议：进展、贡献与展望》；2017 年 5 月和 2019 年 4 月，中国举办了两届"一带一路"国际合作高峰论坛，中国还先后举办了博鳌亚洲论坛年会、上海合作组织青岛峰会、中非合作论坛北京峰会、中国国际进口博览会、G20 杭州峰会等重大国际活动。八年多来，"一带一路"建设以共商共建共享为原则，以和平合作、开放包容、互学互鉴、互利共赢的丝绸之路精神为指引，以政策沟通、设施联通、贸易畅通、资金融通、民心相通为重点，得到了越来越多国家和国际组织的积极响应，已经从理念转化为积极行动，从愿景转化为光辉现实，从倡议转化为全球广受欢迎的公共产品，受到国际社会广泛关注，影响力日益扩大。

中国共产党第十九次全国代表大会将"一带一路"写入党章，为"一带一路"确立了战略定位和发展方向，并赋予其建设现代经济体系、推进人类命运共同体建设和全球治理体系的使命。2014 年 5 月 4 日，习近平总书记在北京大学师生座谈会上的提出："每一代青年都有自己的际遇和机缘，都要在自己所处的时代条件下谋划人生、创造历史。青年是标志时代的最灵敏的晴雨表，时代的责任赋予青年，时代的光荣属于青年。""以青春之我，创建青春之家庭，青春之国家，青春之民族，青春之人类，青春之地球，青春之宇宙。"可以说，"一带一路"建设为丝路青年提供了筑梦、追梦、圆梦的机遇和平台。

"一带一路"建设的核心是实现战略对接、优势互补、合作共赢，得到越来越多国家和地区青年的高度认可、积极关注和广泛参与。作为"一带一路"建设的中坚力量，丝路青年架起了东西方交流的通道、合作的纽带、和平的桥梁。本着共商共建共享三原则，丝路青年有责任担当，构建青年责任共同体；丝路青年有创新发展，构建青年利益共同体；丝路青年有共同愿景，构建青年命运共同体。从这个意义上说，"一带一路"就是这一代丝路青年的际遇和机缘、责任与光荣。

一、丝路青年人文交流显著提速

"一带一路"建设是一项具有深厚历史和文化底蕴的国际合作倡议。国之交在于民相亲，民相亲在于心相通，民心相通是共建"一带一路"行稳致远的社情民意基础，人文交流则是民心相通最可依赖的桥梁纽带。当前，"一带一路"沿线国家青年在文化、体育、教育、旅游等领域的人文交流明显提速。

例如，在文化活动方面，"一带一路"国际青年论坛致力于为全球青年提供一个对话平台，就国际合作等议题进行探讨。第一届和第二届论坛分别于2019年2月和12月在韩国首尔和中国哈尔滨举办。第三届论坛采取线上线下相结合的方式于2020年7月举行，来自中国、韩国、阿根廷、土耳其、南非、西班牙等23个国家的160余名青年参与，共议后疫情时代的国际合作。

丝路青年论坛自2017年9月经全国政协领导批准在全国政协礼堂成功举办以来，确立了"团结、友谊、进步"的宗旨，紧密围绕党中央、国务院关于共建"一带一路"的政策、部署和发展形势，专注服务于"一带一路"建设、弘扬和传承"丝路精神",每年举办中国和沿线国家青年参加的不同主题的丝路青年论坛。"2020年丝路青年论坛"的主题内容是：站在伟大的历史交汇点上，结合我国发展仍处于重要战略机遇期和世界百年未有之大变局进入加速演变期的国内、国际形势，解读我国"十四五"规划和2035年远景目标，认识企业及企业家的责任和使命，通过高质量推进"一带一路"建设，促进国内和国际双循环经济发展。五年来丝路青年论坛、丝路国际智库交流中心与众多机构合作以多种形式，开展丰富多彩的民间交流活动百余场，其中"丝路大讲堂"、圆桌对话会、组织青年读丝路朗诵大会、联谊会、音乐会、座谈会、学习会，多场丝路商旅文系列专题大型展览以及编辑出版《丝路百科》杂志和《我们的"一带一路"》丛书等已成为知名文化品牌，在推动"一带一路"青年交往和人文交流，承担"民间外交"使命和责任中做出了卓有成效努力。先后有数十位国家领导人，有关部门的领导和专家，"一带一路"沿线国家驻华使节和驻华机构官员及国际组织代表，以及50多个"一带一路"沿线国家7万多人（次）的大学生、青年工商界人士、青年组织代表出席和参与有关活动，取得了良好的社会影响。丝路青年论坛国际交流平台已经成为丝路沿线国家和地区青年与有关国家政界、工商界和学术界人士进行合作交流的重要桥梁和纽带。

在教育合作方面，截至2020年12月，中国已与24个"一带一路"沿线国家签订了学历学位互认协议，覆盖南亚、东亚及北非等国。中国教育部与俄罗斯、哈萨克斯坦、波黑、爱沙尼亚、老挝等沿线国家教育部门签署了教育领域合作文件。2018年，孔子学院和孔子课堂的总数比上年增幅约为60%。北京外国语大学已开展所有与中国建交国家的官方语言的专业人才培养，其中"一带一路"沿线国家语种是重点，借以打通民心相通的语言交流"痛点"。在2018年中非合作论坛北京峰会上，中国提出将继续实施中非高校"20＋20"合作计划，完善中非高校交流合作平台。

近年来，来华留学的国际学生持续增多。北京师范大学、中国人民大学、中国科学院大学、中国农业大学、浙江师范大学、浙江外国语学院、桂林旅游学院、杭州职业技术学院等高校成立"一带一路"相关的二级学院,培养服务"一带一路"建设的中外学子,并通过中国政府奖学金、孔子学院奖学金、"一带一路"专项奖学金等项目为丝路青年来华留学提供资助。北京大学、清华大学、北京语言大学、北京第二外国语学院、华东师范大学、中山大学、厦门大学、云南大学、青岛大学、杭州电子科技大学等高校成立"一带一路"专门研究机构,开展"一带一路"相关课题研究和学术交流活动。

二、丝路青年积极参与"惠民生"

"惠民生"是高质量共建"一带一路"的重要目标之一,旨在让"一带一路"建设的成果实实在在地惠及沿线国家普通老百姓,也为"一带一路"建设高质量发展构筑愈加强大的民意基础。

例如,道路通,百业兴。"一带一路"倡议着力推动陆、海、天、网四位一体的互联互通。中(国)老(挝)铁路是联通中老两国的重要基础设施,全长414千米,建设总工期5年,于2016年12月全线开工。中老铁路建设之前,老挝铁路基础设施较为落后,这条铁路建设寄托了内陆多山的老挝人民由"陆锁国"变为"陆联国"的期盼。近五年来,一批批中老铁路的青年建设者坚守岗位,履行职责,在崇山峻岭贡献自己的青春力量,用韧性与创新攻克一个又一个建设中的难题,用青春铸就"一带一路"标志性工程。

就业是最大的民生。据商务部国际贸易经济合作研究院《中国"一带一路"贸易投资发展报告2020》统计,截至2019年底,中国在沿线国家建设的境外经贸合作区累计投资350亿美元,上缴东道国税费超过30亿美元,为当地创造就业岗位33万个。在扶贫纾困方面,"一带一路"建设的相关项目可以直接帮助当地民众脱离贫困状态。据世界银行发布的《"一带一路"经济学:交通走廊的机遇与风险》估算,预计到2030年,"一带一路"倡议的相关投资所创造的大量就业岗位能在全球范围内帮助至少760万人口摆脱极度贫困,并帮助至少3200万人口摆脱中度贫困。可以说,中国与沿线国家在基础设施建设、产能合作、金融投资等方面的合作日益深化,为丝路青年创造了大量就业创业、跨国商业合作的机会和平台。

2020 年初突如其来的新冠肺炎疫情在全球范围迅速蔓延,使世界经济发展和全球治理不同程度陷入"降速"甚至"暂停""倒退"状态,人类社会正在经受前所未有的重大风险和挑战。安全稳定是经济发展的前提条件,医疗健康是人类命运共同体的基础保障。中国倡议构建人类卫生健康共同体,在依托"一带一路"倡议团结沿线国家有效做好疫情防控的同时,积极推动构建应对全球公共卫生危机的联动机制,提高全球对公共卫生事件的应急处置能力。值得关注的是,中国青年科学家、医疗专家、医生、护士、医疗产业从业者、志愿者成为战疫胜疫的中坚力量,他们为中国海外派遣人员提供坚强的卫生健康保障,逆行奋战在世界各地抗击新冠肺炎疫情一线,积极参与欠发达国家建立基本公共卫生体系,成为构建人类卫生健康共同体的青春力量。

三、丝路青年深度参与贸易合作

"一带一路"倡议提出以来,中国与沿线国家贸易规模持续扩大。据公开数据,2014—2019 年,中国与沿线国家贸易值累计超过 44 万亿人民币,年均增长达到 6.1%,中国已经成为 25 个沿线国家最大的贸易合作伙伴。2019 年,中国与沿线国家进出口总值是 9.27 万亿元,比上年增长10.8%,高出外贸整体增速 7.4 个百分点,占进出口总值将近 30%,比上年提升 2 个百分点。

一个以自贸区网络和各类产业合作平台为架构的全球新型开放型经济新格局正在形成,为丝路青年参与"一带一路"贸易合作提供了广阔的经贸平台。截至 2020 年 12 月,中国已与 26 个国家和地区签署 19 个自贸协定,自贸伙伴遍及亚洲、欧洲、拉丁美洲、大洋洲和非洲。其中,2020年 11 月签署的《区域全面经济伙伴关系协定》(RCEP)是覆盖人口最多、经贸规模最大、最具发展潜力的自贸协定,涵盖中国每年 1.4 万亿美元以上的进出口贸易额,约占中国外贸总额的三分之一。另外,到 2018 年底,中国与 24 个 "一带一路" 沿线国家建立了 82 个境外经贸合作区，带动超过 20 万个就业岗位。

　　跨境电商也迅速成为丝路青年创新创业的 "赛道"。到 2019 年 12 月，中国已经与 22 个国家和地区签署了电子商务合作备忘录，并建立了双边电子商务合作机制；中国与 "一带一路" 沿线国家的跨境电商交易额同比增速超过 20%，与柬埔寨、科威特、阿联酋、奥地利等国的交易额同比增速超过 100%；通过推进跨境电商综合试验区建设，中国线上综合服务平台注册企业已经超过 2 万家，带动 168 个园区产业转型优化、超万家制造企业由低利润的经销商模式转型升级到高附加值的跨境电商。在跨境电商领域，创业者、从业者大部分是青年人才，围绕跨境电商上下游的贸易、互联网、物流、金融、咨询等领域的龙头企业、独角兽企业多由丝路青年创办和领办。

　　例如，阿里巴巴电子商务有限公司在卢旺达设立跨境电商站点，遴选卢旺达优秀青年到杭州师范大学阿里巴巴学院学习产教融合的"跨境电商"本科专业。卢旺达学生学成毕业后，阿里巴巴组织他们开展中国与卢旺达的跨境电商业务，利用阿里巴巴电商平台将咖啡、辣椒等卢旺达特色产品卖到中国。浙江省商务厅也在积极推广这种 "授人以渔" 的跨境电商合作方式，通过培训交流、提供平台等扶持，支持更多丝路青年通过跨境电商实现就业创业。

四、丝路青年创新推动新金融合作

　　金融是推进 "一带一路" 建设不可或缺的支点、"发动机" 与 "黏合剂"。八年多来，中国同 "一带一路" 沿线国家和国际组织开展了多种形式的金融合作，包括成立以亚投行为代表的多边开发性金融机构、加强与现有多边金融机构合作，以及创新金融交流合作机制和设立丝路基金等专项基金。"一带一路" 资金融通不仅搭建了跨境投融资合作平台，还跟进设计了大量配套金融服务，包括代理行关系、银团贷款、资金结算和清算、项目贷款、账户管理、风险管理等。

　　值得关注的是，数字金融成为丝路青年绽放创新光彩的新热点领域。随着全球数字基础设施不断完善，"一带一路"沿线国家25—34岁的青年成为跨境网购的主力人群，移动电商占比超过50%，随之而来的便是金融在线化加速普及。越来越多的金融机构通过金融科技赋能，在提升核心业务能力、业务效率、用户体验，以及降低风险与成本的同时，也促进了资金融通提质增效和数字经济、智慧城市等加速发展，成为21世纪数字丝绸之路的重要建设领域。

　　在数字金融的浪潮中，一大批丝路青年金融家、金融科技工程师和程序员、市场经理等创新人才勇于突破旧有金融规则，以技术创新、场景应用和生态构建打造了一个个金融赋能实体经济的创新案例。蚂蚁集团、腾讯金融、百度金融、京东数科、连连支付、PINGPONG等一批中国金融科技企业走出去，通过申请牌照、控股或者参股当地持牌机构，为"一带一路"建设提供便捷、高效、安全的消费金融、供应链金融、移动支付、数字保险、互联网理财、区块链金融等数字金融服务。

　　例如，蚂蚁集团完成对印度最大电子钱包公司Paytm、印度尼西亚消费分期购物平台Akulaku的投资，腾讯金融与总部设在香港、亚洲领先的跨境汇款服务网络EMQ达成合作。而这些活跃在"一带一路"的数字金融独角兽企业的创办者和从业人员大部分是朝气蓬勃的青年人才，为促进设施联通、贸易畅通、资金融通夯实基础条件，用科技赋能金融。

五、丝路青年引领数字经济浪潮

　　近年来，中国数字经济蓬勃发展，无数青年才俊汇聚网络，用青春力量谱写着新的奋斗者之歌。据公开数据，2019年中国数字用户中，35岁及以下用户占比68.15%，新业态催生新岗位，美食UP主、旅游UP主、家庭医生、网络作家……青年达人在互联网找到了自己新的定位。在网络世界，青年用青春热血为理想"发电"，网络公益、网络安全、大众点评……青年的活跃身影随处可见。据美国波士顿咨询公司（BCG）预测，到2035年，中国整体数字经济规模接近16万亿美元，数字经济渗透率将达到48%,总就业容量有望达4.15亿,其中绝大部分是青年。

当前,"一带一路"沿线国家都在努力发展数字经济,欧美发达国家都已先后制定各自的数字化战略,一些国际组织高度重视数字经济议程,每年出台这一领域全球发展报告。作为"一带一路"的倡议者,中国也在积极推动世界各国共同搭乘数字经济发展快车。

例如,2017年首届"一带一路"国际合作高峰论坛上发布的《"一带一路"国际合作高峰论坛圆桌峰会联合公报》提出:"要支持电子商务、数字经济、智慧城市、科技园区等领域的创新行动计划,鼓励在尊重知识产权的同时,加强互联网时代创新创业模式交流,推动电子商务和数字经济发展。"会上,建设数字丝绸之路被提上日程。

再如,在2017年第四届世界互联网大会上,中国、老挝、沙特、塞尔维亚、泰国、土耳其、阿联酋等国家相关政府部门共同发起《"一带一路"数字经济国际合作倡议》,倡议提出将在扩大宽带接入、数字化转型、电子商务合作、数字化技能培训、信息通信技术领域的投资、城市间的数字经济合作、数字经济政策等多方面展开合作。

总的看,21世纪数字丝绸之路已成为丝路青年挥洒青春的创新主战场。

六、丝路青年探索拓展国际产能合作

深化"一带一路"产能合作,各方基于发展需要和互补优势开展分工合作,重构全球产业分工协作网络,助力沿线国家加速推进工业化,形成新的互利合作关系。中资企业充分利用不同国家和地区的要素资源优势,整合国际资源与市场,促进中国产业结构优化升级,这不仅有利于拓展中国发展新空间,也有利于加速形成双循环新发展格局。

2016年8月,习近平主席在推进"一带一路"建设工作座谈会上指出:"以'一带一路'建设为契机,开展跨国互联互通,提高贸易和投资合作水平,推动国际产能和装备制造合作,本质上是通过提高有效供给来催生新的需求,实现世界经济再平衡。特别是在当前世界经济持续低迷的情况下,如果能够使顺周期下形成的巨大产能和建设能力走出去,支持沿线国家推进工业化、现代化和提高基础设施水平的迫切需要，有利于稳定当前世界经济形势。"国际产能合作旨在发挥中国在装备、技术、资金、人才、市场等方面的综合优势和比较优势，对接中国和沿线国家供给能力和发展需求，共同发展实体经济、建设基础设施，实现优势互补、互利共赢、共同发展。

大量富余优势产能是中国开展对外产能合作的产业基础，完备的产业体系有助于中国全方位、立体化推进国际产能合作。中国 200 多种工业产品产量位居世界第一，既有钢铁、水泥、平板玻璃、工程机械、电解铝等传统产业的产能合作，也有多晶硅、光伏电池、风电设备等新兴产业产能的合作，还有对外开展铁路、公路、航空、电网、电信等领域的互联互通。而在国际产能合作中，EP（设计—采购）、EPC（设计—采购—建设）、BOT（建设—运营—移交）、BOO（建设—拥有—运营）、PPP（公私合营）、并购和融资租赁等多种形式均有丝路青年的奉献和创造。

主 报 告

第一章
"一带一路"建设引领中国新时代对外开放

中国国际经济交流中心研究报告将"一带一路"建设的理论框架总括为："习近平主席以大国胸襟、大国责任和大国担当，顺应世界发展规律、人类发展规律和经济发展规律，以构建人类命运共同体的 21 世纪新文明为目标，以激活历史上古丝绸之路形成的文化价值符号为世界和平发展赋能，以政策沟通、设施联通、贸易畅通、资金融通、民心相通的互联互通为主线，以共商共建共享为新时代处理国际关系的基本原则，以吸引更多国家地区和国际组织自发参与深度合作为推动力，沟通构建开放型世界，点燃更多国家和人民群众追求发展和幸福的憧憬，连接历史的昨天、今天和明天，创造人类社会更加美好的愿景。"八年多来，"一带一路"已从理念转化为扎实行动，从愿景转化为现实成果，从倡议转化为全球公共产品，推进力度和进展情况几乎超出所有人预期。建设一个持久和平、普遍安全、共同繁荣、开放包容、清洁美丽的世界，既是"一带一路"建设带给世界各国的宏阔愿景，也是通过沿线国家共同努力可以实现的伟大梦想。

第一节　古丝绸之路：开辟各国友好交往和
人类文明进步新通道

古丝绸之路作为经济全球化的早期版本，被誉为全球最重要的交通大动脉、商贸大通道，以中国与沿线国家和地区的商贸融通先行，平等开放、互惠互利，符合供需匹配、合作共赢为基本经济规律，成为时空跨度最大、影响最悠久的中外全方位交流合作大平台。深刻认识古丝绸之路连绵持续的内在动因，挖掘其形成的商业伦理、人文价值和国际交往经验，对于深入推进"一带一路"倡议，具有重要参考价值和指导意义。

一、古丝绸之路起源

古丝绸之路简称丝路，包括陆上丝绸之路和海上丝绸之路，曾经对中国古代的经济、社会、政治、军事、文化都产生了巨大影响。1877年，德国地理学家费迪南德·冯·李希霍芬（Ferdinand von Richthofen），在其著作《中国》一书中，把"从公元前114年至公元127年间，中国与中亚、中国与印度间以丝绸贸易为主要媒介的这条西域交通道路"命名为"silkroad"，翻译成中文为"丝绸之路"。这一名词很快被学术界和大众所接受，并广泛运用。另外《史记》《汉书》等文献也有"西域南道""河西道"等关于中外在西北方向交流路线的描述。

2014年6月22日，中国、哈萨克斯坦、吉尔吉斯斯坦三国联合申报的陆上丝绸之路东段"丝绸之路：长安—天山廊道的路网"成功申报为世界文化遗产，成为首例跨国合作成功申遗的项目，"丝绸之路"的历史渊源和重要价值也进一步得到当代世界的广泛认可。

陆上丝绸之路以其历史悠久、影响更大，多被通称为古丝绸之路，是中国古代通往西域和欧洲的主要交通要道，连绵1.4万多千米，如果采取步行，需要两年多才能走完来回。

从历史追溯看，在公元前15世纪左右，中国中原地区商人就已经出入塔克拉玛干沙漠边缘，购买产自今新疆地区的和田玉，同时出售海贝等沿海特产，同中亚地区进行小规模贸易往来。公元前13世纪左右，中国商人开始和西域乃至更远的地区进行商贸往来。周武王时期的文献记载了周朝与西域的交流，戎夷（西域国家和部落）"以时入贡，命曰荒服"。秦始皇统一六国，建立中央集权制，内部整合力与经济军事实力增强，影响力进而向西北、东南、西南等中国其他地区扩张。

汉武帝时期,西汉针对北方游牧民族匈奴开展一系列军事、政治、外交等活动,引发对西域地区的交往和互动。汉武帝派张骞先后两次出使西域,打开了中国与中亚、西亚、南亚以至通往欧洲的陆路交通,从此,中国人通过这条通道向西域和中亚等国出售丝绸、茶叶、漆器和其他产品,同时从欧洲、西亚和中亚引进宝石、玻璃器等产品。张骞也被誉为"丝绸之路的开拓者""第一个睁开眼睛看世界的中国人"。当时西汉的首都在长安(今西安),不少人凭此认为陆上丝绸之路的起点在长安。东汉迁都洛阳后,陆上丝绸之路的起点转变为洛阳。

总的来看,陆上丝绸之路是从长安或者洛阳出发,途经今天的陕西、甘肃、宁夏、新疆等省、自治区,出境到中亚、南亚、西亚,并连接地中海各国的陆上通道,最初是用作中国的畅销商品——丝绸出口的运输通道,并从贸易合作国家运回金银钱财和当地特产。随着中外商贸交流更趋频繁,增进了彼此间了解,而后延伸到瓷器、茶叶等商品的贸易。瓷器的英文为 china,与"中国"的英文翻译一致,可见当时的中国商品对欧洲国家影响之甚。

法国汉学家爱德华·沙畹(Edouard Chavannes)首先提出"海上丝绸之路"的概念,他在 1903 年所著的《西突厥史料》中提出:"丝路有陆、海两道。北道出康居,南道为通印度诸港之海道。"从而开启了公众对海上丝绸之路的关注、认可和研究。20 世纪 50 年代,让·菲利奥轧、三杉隆敏等国外学者以"海上丝绸之路"描述亚洲地区历史上的海上商贸交流活动。总的来看,海上丝绸之路是古代中国与海外国家进行政治交往、文化交流、交通贸易的海上通道,主要以南海为中心,面向东南亚国家地区为主,所以又称南海丝绸之路,形成于秦汉时期,是已知的最为古老的海上航线之一。

二、古丝绸之路兴衰史

随着朝代更替和政治环境变化,丝绸之路几经兴衰。自两汉时期到明朝的 1500 多年间,古丝绸之路承担了中国与西域、欧亚国家政治、经贸、人文等全方位往来的桥梁作用。

张骞出使西域后,西汉开始谋划对西域的影响和控制。公元前60年设立汉朝对西域的直接管辖机构——西域都护府,建立了成建制的政府架构、官僚体制和军队部署,古丝绸之路这条东西方交流之路开始真正进入繁荣时代,将中国、贵霜①、安息②、罗马等当时世界最强盛的四个国家紧密相连。

魏晋南北朝时期,由于当时中国处于分裂状态,诸侯争霸,国内矛盾尖锐,古丝绸之路尽管仍然承担着国际贸易和文化交流的通道作用,但是政治意义相对弱化不少,国家动荡也使古丝绸之路繁华不再。

唐朝借击破突厥的时机,一举控制西域各国,设立安西四镇③作为唐朝派驻西域的机构,打通了天山北路的丝路分支,将西线延长至中亚。这一时期东罗马帝国、波斯(7世纪中叶后阿拉伯帝国取代了波斯的中亚霸权)等大国保持相对稳定,古丝绸之路重新达到巅峰,唐朝首都长安成为万国来朝的国际大都会,外国人可以参加科举考试,不少将军都是少数民族。这种盛景一直持续到唐朝后期,中国西北地区被若干少数民族政权控制,而后五代十国,国内动荡,古丝绸之路再次进入沉寂期。

到了宋朝,尽管中原政权与北方少数民族政权对峙,争斗不断,但是宋朝经济发达,夯实了世界经济中心的地位,古丝绸之路逐渐再次兴起。但由于缺乏强大的政治保证,当时的古丝绸之路也仅仅处于有限的恢复期。

随着横跨欧亚的蒙元帝国的崛起,元朝对西方来的客商和旅行者报以非常欢迎的态度,统治者还任命了一些外国人担任官员,古丝绸之路得以再次繁荣,中国与欧亚地区实现了多元化、多层次、紧密型的交流合作。意大利旅行家、商人马可·波罗在其所著的《马可·波罗游记》中,盛赞了中国的繁盛昌明,包括发达的工商业、繁华热闹的市集、华美廉价的丝

---

① 贵霜:一般指贵霜王国,疆域从今日的塔吉克斯坦绵延至里海、阿富汗及印度河流域。

② 安息:一般指帕提亚王国,又名阿萨息斯王朝,是亚洲西部伊朗地区古典时期的奴隶制帝国。

③ 安西四镇:碎叶、龟兹、于阗、疏勒。

绸锦缎、宏伟壮观的都城、完善方便的驿道交通、普遍流通的纸币等。书中的内容使每一个读过这本书的人都无限向往。西方地理学家还根据书中的描述，绘制了早期的"世界地图"。

明朝与西域国家长期交往，明成祖朱棣委派郑和下西洋，开启了海上丝绸之路的盛世。不过，随着西方国家工业革命的爆发，航海业不断发展，并向远洋拓展，海运成为主要的贸易方式，加之陆上丝绸之路沿线不少国家陷入动乱，到了明朝中晚期乃至清朝，古丝绸之路已不复往日荣光。直至清朝晚期，中国沦为半殖民地半封建社会，古丝绸之路终成为历史。

三、古丝绸之路主要特点

狭义古丝绸之路最初形成于汉武帝时期，并在之后的历史发展中拓展了多样化路线，内涵不断丰富。

一是形成了陆上丝绸之路和海上丝绸之路两大广义交流路线，包括草原丝绸之路、荒漠丝绸之路、高原丝绸之路、近海丝绸之路、远洋丝绸之路等不同路线。

二是古丝绸之路穿越2000多年的时空，横跨亚欧非数十国，是一条不同民族和文化交流融合的文明之路，它把古代世界几大灿烂辉煌的文明——中华、印度、波斯、埃及、巴比伦、阿拉伯、希腊、罗马等文明连接起来，佛教、伊斯兰教、基督教、景教、摩尼教等域外宗教传入中国，中国的儒学、道教以及造纸、印刷、罗盘、坎儿井等技术传向其他国家，构筑了东西方与中外文明在政治、经济、文化、军事等多领域的交流合作通道与平台，让沿途各国互通有无、互学互鉴，共同推动了人类文明进步。

三是古丝绸之路与中国政权兴衰存在同步的波动性特征，中国实力强盛与稳定时，古丝绸之路也繁荣兴盛，反之亦然，也就有了"中国兴，则丝路兴"的说法。

四是古丝绸之路体现了民心相亲、合作共赢的义利观，使其自汉武帝以后绵延 2000 多年，没有因朝代更替而完全断绝。

四、古丝绸之路的启示：以改革和开放促发展

（一）国家兴盛是古丝绸之路兴盛的基础

以改革促发展是国祚延续的关键，也是中国古代有为统治者的普遍共识和执政理念，关系到国家官方、民间对外交流合作的积极性和实效性。

例如，汉朝初年亟待解决的主要矛盾是秦末农民起义、诸侯动乱、楚汉争霸带来的战争创伤修复和生产力恢复，汉高祖到汉景帝时期对北方匈奴及周边国家采取的是怀柔政策，汉武帝时中国的政治、经济、军事、文化等综合实力对匈奴形成压倒性优势，汉朝对匈奴和西域诸国转为积极进取的策略，古丝绸之路从合纵连横抗击匈奴的军事路线逐渐演变为繁荣昌盛的对外开放通道，周边民族和国家逐渐认同以汉政权为中心的国际秩序。到了东汉末年，汉朝衰落，内战四起，古丝绸之路失去稳定社会秩序的支撑，陷入衰退。

再如，近代欧洲贸易中心由地中海区域转向大西洋沿岸，欧洲强国也转向葡萄牙、西班牙、荷兰、英国、法国等，加之近代中国的国力衰弱，古丝绸之路随之也繁华不再。

（二）和平发展是古丝绸之路可持续的根基

古丝绸之路形成和繁荣时期均是古代中国强盛之时，但古代中国没有借经济军事优势肆意侵略扩张，也没有将古代中国的制度体系强加于其他国家，而是寻求合作共赢的商贸人文交流与国与国之间和平相处之道，体现了古代中国强盛王朝中庸治国理念与以和为贵的理想。儒家天下观宣扬的是，天子受命统治中国，覆载之内不论远近，一律平等，不能恃强凌弱。这也有力证明了中国和平发展的历史传统和价值理念。

陆上丝绸之路畅通和繁荣时，沿途国家基本没有大的战乱，中外官方和民间均保持了良好互动与合作共赢的商贸人文往来，古代中国先后与 100 多个国家和民族和平交往。而在中原王朝动荡期，中国西北地区战乱与民族冲突不断，陆上丝绸之路则时常停滞，甚至被阻断。

海上丝绸之路总体上是中外友好交往的和平之路、财富之旅，文化相融、文明交汇，很少见到刀兵相见，古代中国推动的是和平发展的商品自由贸易，追求的是合作共赢的义利观，经得起2000多年的时空考验，彰显了公平正义，与近现代欧美列强用军队和炮火开辟的殖民扩张截然不同。例如，明朝郑和七次下西洋，其商队和军队所到之处并没有侵略别国的领土、掠夺别国的人口和财物，每到一地都要给当地大量的赏赐，使明朝在东南亚全面建立基于"王者无外""怀远以德"价值观的华夷政治体系，总体上是非侵略性、非霸权的强国国际政治体系，郑和也被海内外视为明朝的和平使者。反之，近现代一些西方列强在亚非地区实施的殖民统治，用牺牲大多数人的利益来构建国际秩序，让当地人饱受战乱和贫困之苦，最终证明是不可持续和失败的。

（三）构筑合作共赢与共同发展机制

纵观丝绸之路兴盛时期，首先是古代中国社会生产力大发展造就雄厚的物质基础，形成相较于其他国家的比较优势，与勤劳、勇敢、开放、包容的华夏精神相融合，最终形成"和平合作、开放包容、互学互鉴、互利共赢"的丝绸之路精神，造就中华民族和中华文明独特的持久性，以及在持久延续中积累的民族自信、道路自信、制度自信和文化自信。

同时，从古丝绸之路的发展路径看，首先是商品贸易走廊。陆上丝绸之路开通后，中外双方交易的主要是当时的高档商品和奢侈品，例如丝绸几经辗转到了罗马，贵比黄金。这体现了古丝绸之路沿线国家各自的资源禀赋、比较优势和经济优势，有持续不断的商业利润驱动才有贸易商长距离商贸运输的动力。

近代以来中国人民面临民族复兴的历史挑战和重任，在中国特色社会主义道路上，中国共产党将这一历史追求目标诉诸改革开放的伟大实践。习近平主席在2019年第二届中国国际进口博览会开幕式上强调："坚持以开放促改革、促发展、促创新，持续推进高水平的对外开放。"可以说，中国特色社会主义改革开放形成的道路优势、理论优势、制度优势和文化优势，在全球最大的发展中国家成功实践，为其他发展中国家加快经济发展、保障和改善民生提供了"中国实践"的经验借鉴。同时，通过"一带一路"建设,在坚持四项基本原则的前提下,中国也为其他国家提供了共同发展、共赢发展的中国方案,并让越来越多沿线国家及民众受益。

第二节 "一带一路"建设:推动构建人类命运共同体

一、"一带一路"倡议的主要内涵

"一带一路"(The Belt and Road,缩写 B&R)是"丝绸之路经济带"和"21 世纪海上丝绸之路"的简称。2013 年 9 月和 10 月,中国国家主席习近平分别提出共建"丝绸之路经济带"和 21 世纪"海上丝绸之路"的重大合作倡议。依靠中国与沿线国家既有的双多边机制,借助既有的、行之有效的区域合作平台,"一带一路"建设旨在借用古代丝绸之路的历史符号,高举和平发展的旗帜,积极发展与沿线国家的经济合作伙伴关系,共同打造政治互信、经济融合、文化包容的利益共同体、责任共同体和命运共同体。

根据中国国家发展改革委、外交部、商务部 2015 年 3 月联合发布的《推动共建丝绸之路经济带和 21 世纪海上丝绸之路的愿景与行动》提出的框架思路:"'一带一路'是促进共同发展、实现共同繁荣的合作共赢之路,是增进理解信任、加强全方位交流的和平友谊之路。中国政府倡议,秉持和平合作、开放包容、互学互鉴、互利共赢的理念,全方位推进务实合作,打造政治互信、经济融合、文化包容的利益共同体、命运共同体和责任共同体。……丝绸之路经济带重点畅通中国经中亚、俄罗斯至欧洲(波罗的海);中国经中亚、西亚至波斯湾、地中海;中国至东南亚、南亚、印度洋。21 世纪海上丝绸之路重点方向是从中国沿海港口过南海到印度洋,延伸至欧洲;从中国沿海港口过南海到南太平洋。根据'一带一路'走向,陆上依托国际大通道,以沿线中心城市为支撑,以重点经贸产业园区为合作平台,共同打造新亚欧大陆桥、中蒙俄、中国—中亚—西亚、中国—中南半岛等国际经济合作走廊;海上以重点港口为节点,共同建设通畅安全高效的运输大通道。……需各国携手努力，朝着互利互惠、共同安全的目标相向而行。努力实现区域基础设施更加完善，安全高效的陆海空通道网络基本形成，互联互通达到新水平；投资贸易便利化水平进一步提升，高标准自由贸易区网络基本形成，经济联系更加紧密，政治互信更加深入；人文交流更加广泛深入，不同文明互鉴共荣，各国人民相知相交、和平友好。"

表1 "一带一路"建设大事记(2013.9—2020.6)

序号	时间	事件
1	2013年9月7日	中国国家主席习近平在哈萨克斯坦纳扎尔巴耶夫大学发表题为《弘扬人民友谊 共创美好未来》的重要演讲，倡议共同建设"丝绸之路经济带"，以点带面，从线到片，逐步形成区域大合作。这是中国领导人首次在国际场合公开提出共同建设"丝绸之路经济带"的重大战略构想。
2	2013年10月3日	中国国家主席习近平在印度尼西亚国会发表题为《携手建设中国—东盟命运共同体》的重要演讲，倡议筹建亚洲基础设施投资银行，与东盟国家共同建设21世纪"海上丝绸之路"。
3	2014年9月11日	中国国家主席习近平出席中俄蒙三国元首会晤时提出，将"丝绸之路经济带"同"欧亚经济联盟"、蒙古国"草原之路"倡议对接，打造中蒙俄经济走廊。
4	2014年12月29日	丝路基金有限责任公司在北京注册成立并正式运行。丝路基金秉承"开放包容、互利共赢"的理念，为"一带一路"框架内的经贸合作和双边多边互联互通提供投融资支持。
5	2015年2月1日	首次推进"一带一路"建设工作会议在北京召开，推进"一带一路"建设工作领导小组正式亮相。
6	2015年3月28日	中国国家发展改革委、外交部、商务部联合发布《推动共建丝绸之路经济带和21世纪海上丝绸之路的愿景与行动》，从时代背景、共建原则、框架思路、合作重点、合作机制等方面对"一带一路"倡议进行阐释。
7	2015年4月20—21日	中国国家主席习近平访问巴基斯坦期间，中巴确立以中巴经济走廊建设为中心，瓜达尔港、交通基础设施、能源、产业合作为重点的"1＋4"合作布局，标志着中巴经济走廊项目的正式启动。
8	2015年5月8日	中俄两国领导人共同签署并发表了《关于丝绸之路经济带建设与欧亚经济联盟对接合作的联合声明》，声明表示，俄方支持丝绸之路经济带建设，愿与中方密切合作，推动落实该倡议。

续表

序号	时间	事件
9	2015年12月25日	亚洲基础设施投资银行正式成立，这是全球首个由中国倡议设立的多边金融机构，重点支持基础设施建设，促进亚洲区域的建设互联互通化和经济一体化进程。到2020年5月，亚投行共有100个成员。
10	2016年6月20日	中国国家主席习近平同波兰总统杜达在华沙共同出席中欧班列首达欧洲（波兰）仪式，这是中欧班列使用统一品牌和标识的首次抵达欧洲。
11	2016年6月23日	中国、俄罗斯、蒙古国三国元首共同见证签署了《建设中蒙俄经济走廊规划纲要》，成为共建"一带一路"框架下的首个多边合作规划纲要。
12	2016年8月17日	中共中央总书记、国家主席、中央军委主席习近平出席推进"一带一路"建设工作座谈会并发表重要讲话，就推进"一带一路"建设提出8项要求。
13	2016年9月2日	中国与哈萨克斯坦两国元首共同见证签署《"丝绸之路经济带"建设与"光明之路"新经济政策对接合作规划》，这是共建"一带一路"倡议框架下签署发布的第一个双边合作规划。
14	2016年9月19日	联合国开发计划署与中国签署"一带一路"合作文件，联合国成为首个加入"一带一路"倡议的国际组织。
15	2016年10月	《中欧班列建设发展规划（2016—2020)》印发，全面部署今后5年中欧班列建设发展任务，这是中国发布的第一份关于中欧班列建设的指导文件。
16	2016年11月7日	"一带一路"倡议首次写入联合国大会决议，并得到193个会员国的一致赞同，体现了国际社会对共建"一带一路"倡议的普遍支持。2017年3月，联合国安理会一致通过关于阿富汗问题的2344号决议，首次载入"构建人类命运共同体"理念。
17	2017年1月8日	中国国家主席习近平访问联合国日内瓦总部，发表《共同构建人类命运共同体》的主旨演讲，提出"构建人类命运共同体"。
18	2017年3月21日	国家"一带一路"官网——中国一带一路网正式上线运行，官网由推进"一带一路"建设工作领导小组办公室作为指导单位，国家信息中心主办。
19	2017年3月27日	中国与新西兰签署"一带一路"合作协议，新西兰成为首个签署"一带一路"合作协议的西方发达国家。
20	2017年4月20日	中国、白俄罗斯、德国、哈萨克斯坦、蒙古、波兰、俄罗斯七国铁路部门签署《关于深化中欧班列合作协议》，中欧班列受到周边国家进一步认同。

序号	时间	事件
21	2017 年 5 月 10 日	《共建"一带一路":理念、实践与中国的贡献》发布,进一步阐释"一带一路"建设的内涵、理念和实质,总结 3 年多来共建"一带一路"的丰富成果。
22	2017 年 5 月 14—15 日	首届"一带一路"国际合作高峰论坛举行,来自 29 个国家的国家元首、政府首脑与会,来自 130 多个国家和 70 多个国际组织的 1500 多名代表参会,形成 76 大项、270 多项具体成果。
23	2017 年 6 月 19 日	《"一带一路"建设海上合作设想》发布,首次就推进"一带一路"建设海上合作提出中国方案,向国际社会阐释共建"21 世纪海上丝绸之路"的核心理念,深化与沿线国家海上合作的战略设想。
24	2017 年 7 月 4 日	中国国家主席习近平在莫斯科会俄罗斯总理梅德韦杰夫,提出要开展北极航道合作,共同打造"冰上丝绸之路"。这是中国首次提出"冰上丝绸之路"概念。
25	2017 年 9 月 30 日	中国首个推进"一带一路"建设专门机构——"一带一路"建设促进中心挂牌运行。
26	2017 年 10 月 24 日	中国共产党第十九次全国代表大会通过了《中国共产党章程(修正案)》的决议,将推进"一带一路"建设写入党章,体现中国共产党高度重视"一带一路"建设、坚定推进"一带一路"国际合作的决心和信心。
27	2017 年 12 月 3 日	在第四届世界互联网大会上,中国、老挝、沙特、塞尔维亚、泰国、土耳其、阿联酋等国家相关部门共同发起《"一带一路"数字经济国际合作倡议》。
28	2018 年 1 月 22 日	中拉论坛第二届部长级会议期间,中拉双方发表《"一带一路"特别声明》,"一带一路"倡议得到拉美国家广泛认同。
29	2018 年 6 月	"一带一路"国际商事法庭挂牌,国际商事专家委员会也于当年 8 月 26 日正式成立。
30	2018 年 8 月 27 日	推进"一带一路"建设工作 5 周年座谈会召开,中共中央总书记、国家主席、中央军委主席习近平发表重要讲话强调,"一带一路"建设要从谋篇布局的"大写意"转入精耕细作的"工笔画",向高质量发展转变,造福沿线国家人民,推动构建人类命运共同体。
31	2018 年 9 月 3 日	中非合作论坛北京峰会召开,达成共建"一带一路"重要共识,28 个非洲国家和非盟均与中国签订了"一带一路"政府间谅解备忘录。
32	2018 年 11 月 5—10 日	首届中国国际进口博览会举行,吸引 172 个国家、地区和国际组织参会,3600 多家企业参展。按一年计,累计意向成交 578.3 亿美元。
33	2019 年 3 月 23 日	中意签署"一带一路"合作文件,意大利成为首个加入"一带一路"倡议的七国集团(G7)成员国。

序号	时间	事件
34	2019 年 4 月 18 日	"一带一路"税收征管合作机制建立,34 个国家（地区）税务部门共同签署谅解备忘录。
35	2019 年 4 月 22 日	《共建"一带一路"倡议：进展、贡献与展望》发布,这是中国政府全面反映"一带一路"进展情况的官方报告,也是第二届"一带一路"国际合作高峰论坛的重要成果之一。
36	2019 年 4 月 25 日	第二届"一带一路"国际合作高峰论坛举行,会议形成 6 大类 283 项成果,通过了《第二届"一带一路"国际合作高峰论坛圆桌峰会联合公报》。
37	2019 年 6 月 17 日	第十次中英经济财金对话期间,中英签署《关于开展第三方市场合作的谅解备忘录》。
38	2019 年 11 月 5—10 日	第二届中国国际进口博览会在上海举行,150 多个国家和地区的 3000 多家企业、50 万采购商和观众参会。按一年计,第二届进博会累计意向成交 711.3 亿美元。
39	2019 年 12 月 2 日	中国国家主席习近平同俄罗斯总统普京视频连线,共同见证中俄东线天然气管道投产通气仪式。习近平主席指出,东线天然气管道是中俄能源合作的标志性项目,也是双方深度融通、合作共赢的典范。
40	2020 年 3 月 2 日	"一带一路"银行间常态化合作机制发布倡议,呼吁"一带一路"金融机构为全球抗击疫情、保持经济稳定增长作出积极贡献。
41	2020 年 5 月 18 日	中国国家主席习近平在第 73 届世界卫生大会视频会议开幕式上发表题为《团结合作战胜疫情 共同构建人类卫生健康共同体》的致辞,宣布中国为推进全球抗疫合作的五大举措,呼吁各国携起手来,共同构建人类卫生健康共同体。
42	2020 年 6 月 18 日	"一带一路"国际合作高级别视频会议举行,中国国家主席习近平在书面致辞中强调,愿同合作伙伴一道,把"一带一路"打造成团结应对挑战的合作之路、维护人民健康安全的健康之路、促进经济社会恢复的复苏之路、释放发展潜力的增长之路。

二、"一带一路"建设"成绩单"

2013 年以来,"一带一路"建设以政策沟通、设施联通、贸易畅通、资金融通和民心相通为主要内容扎实推进,取得明显成效,一批具有标志性的早期成果开始显现,"一带一路"朋友圈越来越大,"六廊六路多国多港"互联互通架构基本形成,参与各国得到实实在在的好处,对共建"一带一路"的获得感、认同感和参与度不断增强。可以说,"一带一路"建设已经成为全球规模最大、最受关注的公共产品。

(一)政策沟通

政策沟通是"一带一路"建设的重要保障,是形成携手共建行动的重要先导。八年多来,中国与沿线国家和国际组织充分沟通协调,形成了"一带一路"建设的广泛国际合作共识和政策对接机制。

1. 共建"一带一路"倡议载入国际组织重要文件

共建"一带一路"倡议及其核心理念已写入联合国、二十国集团、亚太经合组织以及其他区域组织等有关文件中。例如,2015年7月,上海合作组织发表《上海合作组织成员国元首乌法宣言》,支持建设"丝绸之路经济带"的倡议。2016年9月,《二十国集团领导人杭州峰会公报》通过关于建立"全球基础设施互联互通联盟"倡议。2016年11月,联合国193个会员国协商一致通过决议,欢迎共建"一带一路"等经济合作倡议,呼吁国际社会为"一带一路"建设提供安全保障环境。2017年3月,联合国安理会一致通过第2344号决议,呼吁国际社会通过"一带一路"建设加强区域经济合作,并首次载入"人类命运共同体"理念。2018年,中拉论坛第二届部长级会议、中阿合作论坛第八届部长级会议、中非合作论坛北京峰会先后召开,分别形成中拉《"一带一路"特别声明》《中阿合作共建"一带一路"行动宣言》《关于构建更加紧密的中非命运共同体的北京宣言》等重要成果文件。

2. 签署共建"一带一路"政府间合作文件的国家和国际组织数量逐年增加

在"一带一路"建设总体框架下,各参与沿线国家和国际组织本着求同存异、合作共赢的原则,就经济发展相关法规、政策、规划进行充分交流,协商制定经济合作规划和措施。据商务部国际贸易经济合作研究院编撰的《中国"一带一路"贸易投资发展报告2021》,截至2021年6月,中国已经同140个国家和32个国际组织签署了206份共建"一带一路"合作文件,涵盖互联互通、投资、贸易、金融、科技、社会、人文、民生、海洋等领域。这说明了中国提出的"一带一路"倡议已得到世界大部分国家的积极响应，尤其是沿线国家和有关国际组织参与热情高、合作范围广，实效突出。

3. "一带一路" 建设专业领域对接合作有序推进

数字丝绸之路建设已成为共建 "一带一路" 的重要组成部分。中国与埃及、老挝、沙特阿拉伯、塞尔维亚、泰国、土耳其、阿联酋等国家共同发起《"一带一路" 数字经济国际合作倡议》，与 16 个国家签署加强数字丝绸之路建设合作文件。中国发布《标准联通共建 "一带一路" 行动计划（2018—2020 年）》，与 49 个国家和地区签署 85 份标准化合作协议。"一带一路" 税收合作长效机制日趋成熟，中国组织召开 "一带一路" 税收合作会议，发布《阿斯塔纳 "一带一路" 税收合作倡议》，税收协定合作网络延伸至 111 个国家和地区。中国与 49 个沿线国家联合发布《关于进一步推进 "一带一路" 国家知识产权务实合作的联合声明》。中国组织召开 "一带一路" 法治合作国际论坛，发布《"一带一路" 法治合作国际论坛共同主席声明》。中国组织召开 "一带一路" 能源部长会议，18 个国家联合宣布建立 "一带一路" 能源合作伙伴关系。中国发布《共同推进 "一带一路" 建设农业合作的愿景与行动》《"一带一路" 建设海上合作设想》等专门领域文件。中国推动建立国际商事法庭和 "一站式" 国际商事纠纷多元化协商调处机制。

（二）设施联通

在尊重 "一带一路" 沿线国家主权和安全关切的基础上，由沿线国家共同努力，以铁路、公路、航运、航空、管道、信息网络等为核心的全方位、多层次、复合型基础设施网络正在加快建设和形成，区域间商品、资金、信息、技术等交易成本大大降低，有效促进了跨区域资源要素的有序流动和优化配置，实现互利合作、共赢发展。

1. 国际经济合作走廊和通道建设取得明显进展

新亚欧大陆桥、中蒙俄、中国—中亚—西亚、中国—中南半岛、中巴和孟中印缅等六大国际经济合作走廊将亚洲经济圈与欧洲经济圈联系在一起，为建立和加强各国互联互通伙伴关系，构建高效畅通的亚欧大市场发挥了重要作用。

（1）新亚欧大陆桥①经济走廊。近年来，新亚欧大陆桥经济走廊区域合作日益深入，将开放包容、互利共赢的伙伴关系提升到新的水平，有力推动了亚欧两大洲经济贸易交流。例如，《中国—中东欧国家合作布达佩斯纲要》和《中国—中东欧国家合作索菲亚纲要》对外发布，中欧互联互通平台和欧洲投资计划框架下的务实合作有序推进。匈塞铁路塞尔维亚境内贝旧段开工。中国西部—西欧国际公路（中国西部—哈萨克斯坦—俄罗斯—西欧）基本建成。

（2）中蒙俄经济走廊。中国、蒙古、俄罗斯三国积极推动形成以铁路、公路和边境口岸为主体的跨境基础设施联通网络。2015 年 7 月，三国元首批准《中俄蒙发展三方合作中期路线图》，三国有关部门签署《关于编制建设中蒙俄经济走廊规划纲要的谅解备忘录》，并基于此在 2016 年6 月正式签署《中蒙俄经济走廊规划纲要》，这是"一带一路"框架下第一个多边合作规划纲要。2018 年，三国签署《关于建立中蒙俄经济走廊联合推进机制的谅解备忘录》，进一步完善三方合作工作机制。在俄方倡议和中国推动下，中俄两国在 2017 年就共建"冰上丝绸之路"达成共识。三国签署并核准的《关于沿亚洲公路网国际道路运输政府间协定》正式生效。同江中俄铁路大桥、中俄黑河—布拉戈维申斯克界河公路大桥、中蒙俄（二连浩特）跨境陆缆系统、中蒙白阿铁路等重点项目完工，莫喀高铁建设、贝阿干线和跨西伯利亚大铁路改造等项目正在推进实施。

（3）中国—中亚—西亚经济走廊。中国—中亚—西亚经济走廊东起中国，向西至阿拉伯半岛，是中国与中亚和西亚各国之间形成的一个经济合作区域，大致与古丝绸之路范围相吻合。该走廊从新疆出发，穿越中亚地区，抵达波斯湾、地中海沿岸和阿拉伯半岛，主要涉及中亚五国（哈萨克

---

① 新亚欧大陆桥，又名"第二亚欧大陆桥"，是指东起中国连云港西至荷兰鹿特丹的国际化铁路干线，全长 10900 千米，其中中国国内部分为陇海兰新线。新亚欧大陆桥途经山东、江苏、安徽、河南、陕西、甘肃、青海、新疆 8 个省、区，65 个地、市、州的 430 多个县、市，到中哈边界的阿拉山口出国境。出国境后可经 3 条线路抵达荷兰的鹿特丹港。中线与俄罗斯铁路友谊站接轨，进入俄罗斯铁路网，途经阿克斗亚、切利诺格勒、古比雪夫、斯摩棱斯克、布列斯特、华沙、柏林达荷兰的鹿特丹港，辐射世界 30 多个国家和地区。

斯坦、吉尔吉斯斯坦、塔吉克斯坦、乌兹别克斯坦、土库曼斯坦）和西亚的伊朗、沙特、土耳其等 17 个国家和地区。

近年来，该走廊在能源合作、设施互联互通、经贸与产能合作等领域合作不断加深。中国与哈萨克斯坦、乌兹别克斯坦、土耳其等国的双边国际道路运输协定，以及中巴哈吉、中哈俄、中吉乌等多边国际道路运输协议或协定相继签署。中国—沙特投资合作论坛围绕推进 "一带一路" 倡议与沙特 "2030 愿景" 进行产业对接，签署合作协议总价值超过 280 亿美元。中国与伊朗发挥在各领域的独特优势，加强涵盖道路、基础设施、能源等领域的对接合作。

在 "一带一路" 建设推动下，中亚、西亚地区基础设施建设不断完善。例如，中国—中亚天然气管道网逐步成型，每年从中亚国家输送到中国的天然气，约占中国同期消费总量的 15% 以上，惠及 27 个省、自治区、直辖市和香港特别行政区。安格连火电厂于 2016 年 8 月并网发电，杜尚别 2 号热电厂一期于 2014 年 9 月发电，二期随后开工建设，二期工程完成后，全年总发电量将达 22 亿度，可解决整个塔吉克斯坦电力缺口的 60%，覆盖杜尚别 70% 的供热面积。2017 年 9 月，由中铁隧道局总承包建设的沙尔贡煤矿现代化改造项目开工，升级改造后，沙尔贡煤矿的产能将由过去每年 16 万吨提升至 90 万吨，该项目是乌兹别克斯坦第一个现代化井工煤矿，是中国优势产能和乌煤矿转型升级的有机结合。

（4）中国—中南半岛经济走廊。中国—中南半岛经济走廊以泛亚铁路网、亚洲公路网、陆港网的东南亚地区交通物流基础设施为依托，以沿线经济中心城市和口岸为节点，联通中国、越南、老挝、缅甸、泰国、柬埔寨、马来西亚等国家抵达新加坡，是连接中国和东南亚、南亚地区的陆海经济带。

近年来，该走廊在基础设施互联互通、跨境经济合作区建设、国际陆海贸易新通道建设等领域取得积极进展。中老经济走廊合作建设开始启动，泰国 "东部经济走廊" 与 "一带一路" 倡议加快对接，中国与柬老缅越泰（CLMVT）经济合作稳步推进。中国—东盟 "10 + 1" 合作机制、澜湄合作机制、大湄公河次区域经济合作（GMS）发挥的积极作用越来越明显。

例如，与中南半岛毗邻的中国广西、云南两省区建成了多条对接中南半岛的高速公路或铁路通道；铁路方面，中越班列（中国南宁—越南河内）跨境集装箱直通班列成功双向对开，构建起中国与越南间的物流黄金通道；雅万高铁处于全面施工阶段；中缅铁路的中国国内段进展顺利，昆明至大理段已开通运营，大理至瑞丽段正加快建设；泛亚铁路东线中国国内段昆玉河准轨铁路在数年前也实现通车运营；中越北仑河二桥投入使用。

跨境经济合作区建设也加速推进。该走廊在矿业、工程机械、农业、建筑等领域展开了密切合作。2018年，20家境外合作区通过商务部确认考核，其中1/3的合作区位于东南亚，主要集中在泰国、柬埔寨、越南等国。目前，中国在东南亚沿线建设的海外园区正在向更加多元化和高级化方向发展，投资领域已经从传统的能源、矿产、建筑向新能源、制造业和科技合作等高附加值新领域转型升级。

（5）中巴经济走廊。中巴经济走廊起点在中国新疆喀什，终点在巴基斯坦瓜达尔港，在空间范围上包括中国新疆维吾尔自治区和巴基斯坦全境，是一条包括公路、铁路、油气和光缆通道在内的贸易走廊。中国与巴基斯坦是全天候战略合作伙伴，在双边层面推动走廊建设优势明显。2017年12月18日，中巴两国共同编制的《中巴经济走廊远景规划》在伊斯兰堡发布，规划提出，中巴经济走廊是以中巴两国的综合运输通道及产业合作为主轴，以两国经贸务实合作、人文领域往来为引擎，以重大基础设施建设、产业及民生领域合作项目等为依托，以促进两国经济社会发展、繁荣、安宁为目标，优势互补、互利共赢、共同发展的增长轴和发展带。

中国与巴基斯坦组建了中巴经济走廊联合合作委员会，建立了定期会晤等工作机制。一批项目顺利推进，瓜达尔港疏港公路、白沙瓦至卡拉奇高速公路（苏库尔至木尔坦段）、喀喇昆仑公路升级改造二期（哈维连—塔科特段）、拉合尔轨道交通橙线、卡西姆港1320兆瓦电站、萨希瓦尔燃煤电站等重点项目开工建设，部分项目已建成并发挥效益。中巴经济走廊正在开启第三方合作，更多国家已经或有意愿参与其中。

（6）孟中印缅经济走廊。孟中印缅经济走廊是连接中国和南亚的便捷通道，涵盖当今世界上人口最多、经济发展速度最快国家，是中国走向南亚和印度洋区域市场最便捷、最具经济吸引力的陆路大通道。该走廊的建设将直接惠及中国西南、缅甸、孟加拉国、印度等国家和地区超过16亿人口，辐射东南亚和印度洋沿岸的西亚、非洲地区等22亿人口的大市场，还将填补东亚、东南亚、南亚贸易与经济发展的断裂带，给沿线国家和地区带来前所未有的历史发展机遇。

近年来，孟、中、印、缅四方在联合工作组框架下共同推进走廊建设，在机制和制度建设、基础设施互联互通、贸易和产业园区合作、国际金融开放合作、人文交流与民生合作等方面研拟并规划了一批重点项目。例如，中缅两国共同成立中缅经济走廊联合委员会，签署关于共建中缅经济走廊的谅解备忘录、木姐—曼德勒铁路项目可行性研究文件、皎漂经济特区深水港项目建设框架协议等合作文件。瑞丽—木姐地区已成为中缅经济贸易的传统路线和主要通道，中缅边境经济合作区的有关项目也在推进之中。中缅铁路东起中国云南昆明，连接缅甸木姐，向西南延伸，直抵印度洋深水港皎漂港，是泛亚铁路的西线，其铁路走向基本与中缅油气管道平行，也被称为中国西南战略大通道。

2. 基础设施互联互通水平大幅提升

"道路通，百业兴"。基础设施投入不足是发展中国家经济发展的瓶颈，加快设施联通建设是"一带一路"建设的关键领域和核心内容。

（1）铁路合作方面。例如，以中老铁路、中泰铁路、匈塞铁路、雅万高铁等合作项目为重点的区际、洲际铁路网络建设取得重大进展；泛亚铁路东线、巴基斯坦1号铁路干线升级改造、中吉乌铁路、中国—尼泊尔跨境铁路等项目正积极推进；中欧班列初步探索形成多国协作的国际班列运行机制，中国、白俄罗斯、德国、哈萨克斯坦、蒙古、波兰和俄罗斯等7国铁路公司签署《关于深化中欧班列合作协议》。据国铁集团数据，2020年，中欧班列累计开行1.24万列、运送113.5万标箱，分别同比增长50%、56%，综合重箱率达98.4%，年度开行数量首次突破1万列，单月开行均稳定在1000列以上，通达欧洲20多个国家的90余座城市，正成为重要的国际贸易和物流运输大通道，有效整合了国内外区域合作。

（2）公路合作方面。例如，中蒙俄、中吉乌、中俄（大连—新西伯利亚）、中越国际道路直达运输试运行活动先后成功举办；2018 年 2 月，中吉乌国际道路运输实现常态化运行；中越北仑河公路二桥建成通车；2020 年 12 月 20 日，老挝第一条高速公路，中老高速公路万象至万荣段提前 13 个月建成通车；中国正式加入《国际公路运输公约》（TIR 公约）；中国与 15 个沿线国家签署《上海合作组织成员国政府间国际道路运输便利化协定》等 18 个双多边国际运输便利化协定；《大湄公河次区域便利货物及人员跨境运输协定》实施取得积极进展。

（3）港口合作方面。例如，巴基斯坦瓜达尔港开通集装箱定期班轮航线，起步区配套设施已完工，吸引 30 多家企业入驻起步区；中国招商局控股港口有限公司购得汉班托塔港口 70%的股权，并租用港口及周边土地，租期为 99 年；在中国资本和中国管理经验的助力下，希腊最大港口比雷埃夫斯港获得新生，取得飞跃性发展成就，成为中国与希腊共建"一带一路"的旗舰项目；中资企业与阿布扎比港务局联合建设运营的哈利法港二期集装箱码头项目于 2019 年投入运营；中国与 47 个沿线国家签署了 38 个双边和区域海运协定；中国宁波航运交易所组织编制和发布海上丝路指数，该指数是衡量国际航运和贸易市场整体发展水平、反映国际航运和贸易市场变化趋势的指数体系，由出口集装箱运价指数、航运经济指数、海上丝路贸易指数等一系列指数共同构成。

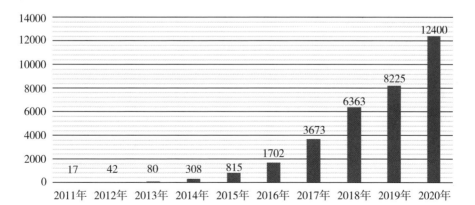

图 1　2011—2020 年中欧班列开行次数

（4）航空运输方面。到 2020 年 10 月，中国已与 127 个国家或地区签署双边航空运输协定，与 54 个"一带一路"沿线国家保持定期客货运通航。中国与卢森堡、俄罗斯、亚美尼亚、印度尼西亚、柬埔寨、孟加拉国、以色列、蒙古国、马来西亚、埃及等国家扩大了航权安排。截至 2019 年末，中国境外通航 65 个国家的 167 个城市，开辟国际航线 953 条。

（5）能源设施建设方面。中国与"一带一路"沿线国家签署了一系列合作框架协议和谅解备忘录，在电力、油气、核电、新能源、煤炭等领域开展广泛合作，与相关沿线国家共同维护油气管网安全运营，促进国家和地区之间的能源资源优化配置。例如，中俄原油管道、中国—中亚天然气管道保持稳定运营；中俄天然气管道东线部分实现通气，2024 年将全线通气；中缅油气管道全线贯通。

（6）通信设施建设方面。例如，中缅、中巴、中吉、中俄跨境光缆信息通道建设取得显著进展。中国与国际电信联盟签署《关于加强"一带一路"框架下电信和信息网络领域合作的意向书》；中国与吉尔吉斯斯坦、塔吉克斯坦、阿富汗签署丝路光缆合作协议，实质性启动丝路光缆项目。

（三）贸易畅通

共建"一带一路"促进沿线国家和地区贸易投资自由化、便利化，降低交易成本和营商成本，释放了发展潜力，进一步提升沿线国家和地区参与经济全球化的积极性、广度和深度。

1. 贸易与投资自由化便利化水平不断提升

中国发起《推进"一带一路"贸易畅通合作倡议》，83 个国家和国际组织积极参与。海关检验检疫合作不断深化，2017 年 5 月首届"一带一路"国际合作高峰论坛召开以来，中国与沿线国家签署 100 多项合作文件，实现 50 多种农产品食品检疫准入；中国和哈萨克斯坦、吉尔吉斯斯坦、塔吉克斯坦农产品快速通关"绿色通道"建设积极推进，农产品通关时间缩短 90%；中国进一步放宽外资准入领域，颁布《外商投资法》等法律法规，持续打造国际化、市场化、法治化营商环境，设立 21 个面向全球开放的自由贸易试验区，并探索建设海南自由贸易港，吸引沿线国家来华投资；中国平均关税水平从加入世界贸易组织时的 15.3% 降至目前的 7.5%。

中国与东盟、新加坡、巴基斯坦、格鲁吉亚等多个沿线国家和地区签署或升级了自由贸易协定，与欧亚经济联盟签署经贸合作协定，与沿线国家的自由贸易区网络体系逐步形成。2020 年 11 月，全球最大自贸协定《区域全面经济伙伴关系协定》（RCEP）正式签署，意味着全球约 29.7%的人口、超过 25 万亿美元的 GDP 将在 RCEP 协定下从事贸易活动。

2. 贸易规模持续扩大

《中国"一带一路"贸易投资发展报告 2020》显示，2013—2019 年，中国与"一带一路"沿线国家货物贸易进出口总额从 1.04 万亿美元增至 1.34 万亿美元。2019 年，中国与 138 个签署"一带一路"合作文件的国家货物贸易总额达 1.90 万亿美元，占中国货物贸易总额的 41.5%，其中，出口 9837.6 亿美元，进口 9173.9 亿美元。2019 年，中国与"一带一路"沿线国家服务进出口总额 1178.8 亿美元，其中出口 380.6 亿美元，进口 798.2 亿美元。世界银行研究组分析了共建"一带一路"倡议对 71 个潜在参与国的贸易影响，发现共建"一带一路"倡议将使参与国之间的贸易往来增加 4.1%。

3. 贸易方式创新进程加快

跨境电子商务等新业态、新模式正成为推动贸易畅通的重要新生力量，"丝路电商"蓬勃兴起，截至 2020 年 11 月，中国已经与 22 个国家签署电子商务合作备忘录，并在金砖国家等多边机制下形成电子商务合作文件。2020 年中国跨境电商进出口 1.69 万亿元，同比增长 31.1%，其中出口 1.12 万亿元，增长 40.1%，进口 0.57 万亿元，增长 16.5%。2020 年 12 月底，联合国副秘书长、非洲经济委员会执行秘书维拉·松圭、卢旺达驻华大使詹姆斯·基蒙约，直播带货卢旺达咖啡，1000 多万人在线观看，销量相当于该国过去 1 年咖啡豆总销量。2020 年 11 月 18 日，"跨境电商欧洲专列"从义乌西站出发。这是中国首列多省跨区域合作中欧班列，主要装载的是跨境电商包裹，总货值约 144 万美元，经过 16 天的运输时间，商品到达终点站比利时列日多式联运货运场站后，再运往欧洲其他国家。

（四）资金融通

多边金融机构、商业银行、投资银行等国际金融机构和"一带一路"

沿线国家金融机构不断探索创新金融服务模式，积极拓宽多样化融资渠道，为"一带一路"建设提供稳定、透明、高质量的资金支持。

1. 探索新型国际投融资模式

"一带一路"沿线基础设施建设和产能合作潜力巨大，但巨大的融资缺口亟待弥补，沿线国家主权基金、投资基金和产能合作基金正发挥越来越重要的作用。例如，到 2020 年末，国际性"一带一路"专项投资基金共有 26 只，合计投资规模超过 1 万亿人民币；近年来，阿联酋阿布扎比投资局、中国投资有限责任公司等主权财富基金对"一带一路"沿线国家主要新兴经济体投资规模显著增加；丝路基金由中国出资，以中长期股权投资为主，为共建"一带一路"提供资金支持，截至 2020 年底，丝路基金通过以股权为主的融资方式，签约各类项目 49 个，承诺投资金额约117 亿美元和 438 亿元人民币，覆盖"一带一路"沿线多个国家和地区，70%的签约投资资金运用在电力电站开发、基础设施建设、港口航运、高端制造等大型国际合作项目。另外，丝路基金与欧洲投资基金共同投资的中欧共同投资基金于 2018 年 7 月开始实质性运作，基金规模 5 亿欧元。

2. 多边金融合作支撑作用显现

中国财政部与阿根廷、俄罗斯、印度尼西亚、英国、新加坡等 27 国财政部于 2017 年核准了《"一带一路"融资指导原则》。根据这一指导原则，各国支持金融资源服务于相关国家和地区的实体经济发展，重点加大对基础设施互联互通、贸易投资、产能合作等领域的融资支持。截至 2020 年11 月底，已有包括中国、新加坡、沙特阿拉伯在内的 29 个国家核准了上述指导原则。截至 2020 年底，亚投行成员国扩容到 103 个，基本涵盖世界大部分国家和地区。中国人民银行与世界银行集团国际金融公司、泛美开发银行、非洲开发银行和欧洲复兴开发银行等多边开发机构开展联合融资。2017 年 11 月，中国—中东欧银联体成立，成员包括中国、匈牙利、捷克、斯洛伐克、克罗地亚等 14 个国家的金融机构。2018 年，中国—阿拉伯国家银行联合体、中非金融合作银行联合体成立，建立中国与阿拉伯国家、非洲国家之间的首个多边金融合作机制。

3. 金融机构合作水平不断提升

除提供传统信贷支持外,中国金融机构还通过跨境人民币融资、投贷联动、发行"一带一路"主题债券、出口信用保险等方式开展"一带一路"项目投融资,加强与外资银行同业及多边国际机构合作,共享收益,共担风险。例如,截至 2018 年底,中国出口信用保险公司累计支持对沿线国家的出口和投资超过 6000 亿美元;中国银行、中国工商银行、中国农业银行、中国建设银行等中资银行与沿线国家建立广泛的代理行关系;德国商业银行与中国工商银行签署合作谅解备忘录,成为首家加入"一带一路"银行合作常态化机制的德国银行。

4. 金融市场体系建设日趋完善

"一带一路"沿线国家不断深化长期稳定、互利共赢的金融市场合作关系,各类创新金融产品不断推出,大大拓宽了共建"一带一路"的融资渠道。例如,亚投行 2021—2030 年四大发展战略之首则是绿色基础设施投资;中国不断提高银行间债券市场对外开放程度,截至 2018 年底,熊猫债发行规模已达 2000 亿人民币左右;中国进出口银行面向全球投资者发行 20 亿人民币"债券通"绿色金融债券,金砖国家新开发银行发行首单 30 亿人民币绿色金融债,支持绿色丝绸之路建设;证券期货交易所之间的股权、业务和技术合作稳步推进,2015 年,上海证券交易所、德意志交易所集团、中国金融期货交易所共同出资成立中欧国际交易所,上海证券交易所与哈萨克斯坦阿斯塔纳国际金融中心管理局共同投资建设阿斯塔纳国际交易所。

5. 金融互联互通不断深化

截至 2019 年末,共有 11 家中资银行在 29 个"一带一路"沿线国家设立 79 家一级分支机构(包括 19 家子行、47 家分行和 13 家代表处);中资保险机构已在中国香港、中国澳门、新加坡、印尼等国家和地区设立营业性机构。与此同时,截至 2019 年末,已有 23 个"一带一路"沿线国家的 48 家商业银行在华设立分支机构,包括 7 家法人银行、17 家外国银行分行和 34 家代表处;3 家中资证券公司在东南亚设立合资公司,数十家"一带一路"沿线国家金融机构在中国取得了 QFII(合格境外机构投资者)

和 RQFII（人民币合格境外机构投资者）资格。中国银保监会已与 83 个国家和地区的金融监管部门签署 120 份监管合作谅解备忘录或监管合作协议，并通过高层和跨部委双多边对话机制加强跨境监管合作。

人民币国际支付、投资、交易、储备功能稳步提高。2020 年前三季度人民币跨境收付金额已超 2019 年全年（达 20 多万亿元），2020 年以人民币计价的大宗商品期货品种上升至 6 个。到 2019 年末，中国与 23 个周边国家及"一带一路"沿线国家签署双边本币互换协议。韩国、新加坡、泰国、菲律宾、印度尼西亚等沿线国家央行已将人民币纳入外汇储备。截至 2021 年末，人民币跨境支付系统（CIPS）实际业务已覆盖 178 个国家和地区的 3600 多家法人银行机构。

（五）民心相通

享受和平、安宁、富足，过上更加美好生活，是各国人民的共同梦想。八年多来，中国与"一带一路"沿线国家和地区开展了形式多样、领域广泛的公共外交和文化交流活动，增进了相互理解和认同，为共建"一带一路"奠定了坚实的民意基础。

1. 文化交流形式多样

中国与沿线国家和地区互办艺术节、电影节、音乐节、文物展、图书展等活动，合作开展图书广播影视精品创作和互译互播。丝绸之路国际剧院、博物馆、艺术节、图书馆、美术馆联盟相继成立。中国与中东欧、东盟、俄罗斯、尼泊尔、希腊、埃及、南非等国家和地区共同举办文化年活动，打造了"丝路之旅""中非文化聚焦""丝路青年论坛"等 10 余个文化交流品牌，以及丝绸之路（敦煌）国际文化博览会、丝绸之路国际艺术节、海上丝绸之路国际艺术节等一批大型文化活动，在"一带一路"沿线国家设立数十个中国文化中心。中国与印度尼西亚、缅甸、塞尔维亚、新加坡、沙特阿拉伯等沿线国家签订文化遗产合作文件。中国、哈萨克斯坦、吉尔吉斯斯坦"丝绸之路：长安—天山廊道的路网"联合申遗成功。"一带一路"新闻合作联盟建设积极推进。截至 2020 年 11 月，丝绸之路沿线民间组织合作网络已有 72 个国家的 352 个成员组织，开展民生合作项目及活动超过 400 项，成为推动"一带一路"民间友好合作的重要平台。

2. 教育培训成果丰富

截至 2020 年 12 月，中国已与 54 个国家签订高等教育学历学位互认协议；全球有 70 个国家将中文纳入国民教育体系，中国以外正在学习中文的人数约 2500 万。2016—2020 年，全球参加 HSK（中文水平考试）、YCT（中小学中文考试）等中文水平考试的人数达 4000 万人次。2019 年在中国学习的"一带一路"沿线国家留学生占比达 54.1%。近年来，中国各级各类教育赴境外办学稳步推进，发布《高等学校赴境外办学指南》，加快"鲁班工坊"建设，启动中国特色海外国际学校建设试点，2020 年 9 月，迪拜中国国际学校作为首批试点正式开学。

3. 旅游合作逐步扩大

中国与多个国家共同举办旅游年，创办丝绸之路旅游市场推广联盟、海上丝绸之路旅游推广联盟、"万里茶道"国际旅游联盟、中国—东盟旅游教育联盟等旅游合作机制。到 2018 年末，中国与 57 个"一带一路"沿线国家签订涵盖不同护照种类的互免签证协定，与 15 个沿线国家达成 19 份简化签证手续的协定或安排。2019 年中国出境旅游人数达 1.55 亿人次，比上年同期增长 3.3%，接待外国游客 3188 万人次，同比增长 4.4%。

4. 卫生健康合作不断深化

2016 年 6 月，习近平主席在塔什干乌兹别克斯坦最高会议立法院发表题为《携手共创丝绸之路新辉煌》的重要演讲时表示，着力深化医疗卫生合作，加强在传染病疫情通报、疾病防控、医疗救援、传统医药领域互利合作，携手打造"健康丝绸之路"。2017 年 8 月，"一带一路"暨"健康丝绸之路"高级别研讨会在北京召开，并发布《北京公报》。中国与蒙古国、阿富汗等沿线国家，世界卫生组织等国际组织，比尔及梅琳达·盖茨基金会等非政府组织相继签署 56 个推动卫生健康合作的协议，同时夯实了上海合作组织、中国—东盟、澜沧江—湄公河、亚太经合组织、金砖国家、西亚国家等多边机制下的卫生合作，建立中国—东盟卫生合作论坛、中国—中东欧国家卫生合作论坛等区域高层对话平台。中医药已传播到世界 183 个国家和地区，涉及 65 个"一带一路"沿线国家和地区，到 2018 年末，中国在 35 个沿线国家建立中医药海外中心，建设 43 个中医药国际合作基地。

2020 年，中国向 120 多个国家提供抗击新冠肺炎疫情援助，派出 33 批抗疫医疗专家组，向世界卫生组织提供 5000 万美元的现汇援助。截至 2021 年 2 月 25 日，中国已经或正在向 53 个国家提供新冠肺炎疫苗援助，已经和正在向 27 个国家出口疫苗，中国疫苗深受各国人民广泛好评。

5. 救灾、援助与扶贫持续推进

首届"一带一路"国际合作高峰论坛以来，中国向沿线发展中国家提供 20 亿人民币紧急粮食援助，向南南合作援助基金增资 10 亿美元，在沿线国家实施 100 个"幸福家园"、100 个"爱心助困"、100 个"康复助医"等项目；开展援外文物合作保护和涉外联合考古，与 6 个沿线国家开展 8 个援外文物合作项目，与 12 个沿线国家开展 15 个联合考古项目；中国向老挝等国提供地震监测仪器设备，提高防震减灾能力；中国在柬埔寨、尼泊尔开展社会组织合作项目 24 个，助力改善当地民众生活。

（六）产业合作

"一带一路"倡议支持开展多元化投资，鼓励进行第三方市场合作，推动形成普惠发展、共享发展的产业链、供应链、服务链、价值链，为沿线国家加快经济发展提供新动能。

1. 投资合作不断深化

2013—2019 年，中资企业对"一带一路"沿线国家非金融类直接投资累计超过 1000 亿美元，年均增长 4.4%，较同期中国国内平均水平高 1.4 个百分点；"一带一路"沿线国家对华直接投资超过 500 亿美元，设立企业超过 2.2 万家。

联合国贸易和发展会议发布的《全球投资趋势监测报告》显示，2020 年全球外国直接投资总规模同比下滑 42%，各国在疫情期间的"封锁"措施，使得贸易往来减少，投资项目进程放缓。但是"一带一路"沿线国家投资却"逆势增长"，2020 年中国对 58 个沿线国家非金融类直接投资 177.9 亿美元，同比增长 18.3%，占中国对外投资的比重上升到 16.2%；在 61 个沿线国家新签对外承包工程项目合同 5611 份，新签合同额 1414.6 亿美元，占同期中国对外承包工程新签合同额的 55.4%，完成营业额

911.2 亿美元，占中国对外承包工程的 58.4%。同时，沿线国家企业也看好中国发展机遇，在华新设企业 4294 家，直接投资 82.7 亿美元。

世界银行研究表明，预计"一带一路"沿线国家的外商直接投资总额将增加 4.97%，其中，来自沿线国家内部的外商直接投资增加 4.36%，来自经济合作与发展组织国家的外商直接投资增加 4.63%，来自非沿线国家的外商直接投资增加 5.75%。

2. 国际产能合作和第三方市场合作稳步推进

"一带一路"沿线国家加快发展产生了国际产能合作的巨大市场需求，中国积极响应并与相关沿线国家推进市场化、全方位的产能合作，促进沿线国家实现产业结构升级、产业发展层次提升。目前，中国已同哈萨克斯坦、埃及、埃塞俄比亚等 40 多个沿线国家签署产能合作文件，同东盟、非盟、拉美和加勒比国家共同体等区域组织进行合作对接，开展机制化产能合作。中国与法国、意大利、西班牙、日本、葡萄牙等国签署了第三方市场合作文件。

3. 产业合作园区蓬勃发展

不少中资企业遵循市场化法治化原则，自主赴"一带一路"沿线国家共建产业合作园区，推动沿线国家借鉴中国改革开放以来通过各类开发区、工业园区实现经济增长的经验和做法，促进当地经济发展，为沿线国家创造新的税收源和就业渠道。同时，中国还分别与哈萨克斯坦、老挝建立中哈霍尔果斯国际边境合作中心、中老磨憨—磨丁经济合作区等跨境经济合作区。截至 2019 年底，纳入商务部统计的境外经贸合作区累计投资 419 亿美元，吸引数千家企业入驻，产业聚集效应显现。其中，在"一带一路"沿线国家建设的合作区累计投资 350 亿美元，上缴东道国税费超过 30 亿美元，为当地创造就业岗位 33 万个。

第二章
中国与"一带一路"沿线国家青年
人文交流合作进展与建议

中国自古就推崇"民惟邦本，本固邦宁"，认为"政之所兴在顺民心，政之所废在逆民心"，把民心视为治国理政成败的决定因素。反映在对外关系上，中国历代王朝对待邻邦的主导思想都是"厚往薄来，柔远怀来"，以仁义行"王道"而非以武力行"霸道"，重在争取外邦人民的尊重和好感。新中国老一辈领导人从革命战争岁月走来，置身于复杂严峻的冷战国际环境，高度重视对各国人民人文交流工作，书写了中美乒乓外交、中日民间交流等精彩篇章，在世界上赢得越来越多的朋友。习近平主席多次在不同场合提倡"以心相交"，"国家间关系发展，说到底要靠人民心通意合。"习近平主席访问各国，不断阐述"亲、诚、惠、容"的外交理念，得到了到访各国的热烈响应。国之交在于民相亲，民相亲在于心相通，需要不同国家之间人文、思想、观念、习俗、道德的互认与接纳。民心相通是共建"一带一路"行稳致远的社情民意基础，符合全球化时代利益交融、文明交汇、人民交流的大潮流。而教育、体育、文化、旅游、民间交往等领域青年人文交流合作成为推动各国通民心、达民意、汇民情的重要管道，为"一带一路"建设夯实民意基础，筑牢社会根基。

第一节 推动不同文化文明交流交融：中国与"一带一路"沿线国家青年文化交流合作

人文交流是民心相通最可依赖的桥梁纽带，开展"一带一路"人文交流有助于促进和而不同、兼收并蓄的文明交流对话，对于推进中国总体对外交往、推动中华文化国际传播、维护世界和平发展、构建人类命运共同体有着十分重要的意义。中国国务院副总理刘延东 2018 年 2 月 6 日出席中外人文交流工作座谈会时强调，要深入学习贯彻习近平新时代中国特色社会主义思想和党的十九大精神，服务国家改革发展和对外战略大局，着眼中外民心相通、文明互鉴、互利共赢的需求，开创新时代中外人文交流新局面，为发展全球伙伴关系、构建人类命运共同体厚植根基。《国家"十三五"时期文化发展改革规划纲要》提出"加强与'一带一路'沿线国家文化交流合作"的战略部署。乌兹别克斯坦驻华大使馆二等秘书舒赫拉特·乌米洛夫认为："从历史上看，丝绸之路促进了各种文化和文明的对话，给乌兹别克斯坦带来了繁荣。今天，在中国的倡议下，丝绸之路将以'一带一路'形式复兴。"

一、《习近平谈治国理政》为"一带一路"人文交流提供思想指引

近年来，《习近平谈治国理政》（一——三卷）一书翻译成多个语种和版本，在包括"一带一路"沿线国家在内的全球 160 多个国家和地区发行超过上千万册，书中提出的一系列提升国家文化软实力的新思想、新战略和新部署，为"一带一路"人文交流提供了思想指引，也为新时代中国特色文化外交理论与实践的创新发展指明了战略方向。

除了各国政要和学者，《习近平谈治国理政》在丝路青年中也刮起了一阵阵阅读和学习热潮。在厄瓜多尔基多国际书展、伊朗德黑兰国际书展、美国纽约书展等全球出版业展会上，不少当地青年读者专门到中国图

书展台购买《习近平谈治国理政》一书。同时，国内外一些区域性书展、书店、图书馆、高校还组织了面向丝路青年的专题学习会、研讨会。

例如，2019年3月，中国国务院新闻办公室、中国外文局、中国驻意大利大使馆等共同举办的《习近平谈治国理政》中意读者会在意大利首都罗马举行。读者会上宣读了习近平主席给意大利罗马国立住读学校校长雷亚莱和8名高中学生的回信，并向他们赠送了习近平主席亲笔签名的《习近平谈治国理政》第二卷中文版图书。参加读者会的罗马国立住读学校师生们表示，习近平主席的来信带给全校师生巨大惊喜，他们将会更加努力地学习中文，更好地了解习近平主席的思想，做中意文化交流的使者。意方嘉宾表示，青年是世界和平发展的希望，习近平主席给罗马国立住读学校师生回信，对于引导意大利青年学生投身中意友好、建设美好世界具有重要的激励作用。

再如，2019年4月28日，丝路青年论坛、丝路国际智库交流中心、《丝路百科》杂志社在北京组织了"丝路青年学习习近平主席在第二届'一带一路'国际合作高峰论坛上的重要讲话精神座谈会"，来自30个沿线国家的丝路青年代表出席。大家在座谈发言中纷纷表示，习近平主席的讲话将引领"一带一路"建设走得更实、更稳、更远，不仅是对"一带一路"建设的指导性意见，也会对世界和平与发展具有非常积极意义，同时，也将给丝路青年未来人生带来宝贵的发展机遇。

印度尼西亚留学生毛美丽在座谈会上说，2018年夏天，她从印尼来到中国，成为中央民族大学国际教育学院汉语国际教育专业的一名研究生。她和大多数留学生一样，给自己取了好听的中文名字：毛美丽。她表示："感谢中国政府奖学金让我们有机会能够来到中国学习汉语，让我能实现长久以来的梦想，即学成之后，我想去印尼的农村学校，教孩子们学习汉语，让他们用语言与中国联通，与世界相连"。

印度留学生龙辉表示，中国和印度的文化交流可以追溯到千年之前。唐代玄奘法师曾经不远万里，历尽艰辛到印度取经，弘扬佛法，这是印度与中国最知名的文化交流活动，也铸就了印中两国悠久的友好往来历史。著名的玄奘博物馆就坐落在龙辉的家乡。他认为"一带一路"不仅仅是一条经济贸易走廊，更是一座文明文化交融的桥梁，"我的梦想就是有一天带着在中国学到的知识回到我的国家，保护和发展属于世界的印度文化，尤其是乡村文化"。

"不同民族之间可能会因为语言不同而产生障碍，但是音乐是沟通感情产生共鸣的最佳方式。"热爱中国民歌的尼泊尔留学生包瓦妮表示，"一带一路"是各国积极架设不同文明间互学互鉴的桥梁。对此，她愿做一名丝路青年志愿者，希望尼中双方能展开更多的人才交流，更希望"一带一路"建设能使她的祖国旧貌变新颜，让人民生活得更美好。

二、中国政府出台系列政策部署落实和推动"一带一路"文化交流

（一）近年来中国政府部门出台的"一带一路"文化交流政策

中国政府为"一带一路"文化交流提供了政策、资金、机制、人才等多方面规划部署和战略支撑，也为丝路青年人文交流提供了遵循和指导。

比如，2015年3月，中国国家发展改革委、外交部、商务部联合发布《推动共建丝绸之路经济带和21世纪海上丝绸之路的愿景与行动》，提出："传承和弘扬丝绸之路友好合作精神，广泛开展文化交流、学术往来、人才交流合作、媒体合作、青年和妇女交往、志愿者服务等，为深化双多边合作奠定坚实的民意基础。"

再如，2016年12月5日，中央全面深化改革领导小组第三十次会议审议通过《关于加强"一带一路"软力量建设的指导意见》，提出："软力量是'一带一路'建设的重要助推器。要加强总体谋划和统筹协调，坚持陆海统筹、内外统筹、政企统筹，加强理论研究和话语体系建设，推进舆论宣传和舆论引导工作，加强国际传播能力建设，为'一带一路'建设提供有力理论支撑、舆论支持、文化条件。"

又如，《文化部"一带一路"文化发展行动计划（2016—2020年）》以"政府主导，开放包容""交融互鉴，创新发展""市场引导，互利共赢"为基本原则。重点任务包括健全"一带一路"文化交流合作机制、完善"一带

一路"文化交流合作平台、打造"一带一路"文化交流品牌、推动"一带一路"文化产业繁荣发展、促进"一带一路"文化贸易合作。提出了"一带一路"国际交流机制建设计划、"一带一路"国内合作机制建设计划、"一带一路"沿线国家中国文化中心建设计划、"一带一路"文化交流合作平台建设计划、"丝绸之路文化之旅"计划、"丝绸之路文化使者"计划、"一带一路"艺术创作扶持计划、"一带一路"文化遗产长廊建设计划、"丝绸之路文化产业带"建设计划、动漫游戏产业"一带一路"国际合作行动计划、"一带一路"文博产业繁荣计划和"一带一路"文化贸易拓展计划共12项子计划。

表2　近年来中国有关政府部门出台的"一带一路"文化交流相关政策

序号	政策	发文机构	时间
1	推动共建丝绸之路经济带和21世纪海上丝绸之路的愿景与行动	国家发展改革委、外交部、商务部	2015年3月
2	关于进一步加强和改进中华文化走出去工作的指导意见	中央全面深化改革领导小组	2016年11月
3	关于加强"一带一路"软力量建设的指导意见	中央全面深化改革领导小组	2016年12月
4	文化部"一带一路"文化发展行动计划（2016—2020年）	文化部	2017年1月
5	国家"十三五"时期文化发展改革规划纲要	中共中央办公厅、国务院办公厅	2017年5月
6	关于加强和改进中外人文交流工作的若干意见	中共中央办公厅、国务院办公厅	2017年7月
7	关于推进孔子学院改革发展的指导意见	中央全面深化改革领导小组	2018年1月

（二）汉语成为"一带一路"文化交流制度设计的重点

2017年7月，中共中央办公厅、国务院办公厅印发《关于加强和改进中外人文交流工作的若干意见》，这是中国政府首次针对中外人文交流工作制定专门文件，从指导思想、基本原则、工作重点、重大举措及工作机制等方面系统规划新时代中外人文交流。提出要以促进中外民心相通和文明互鉴为宗旨，要坚持以人为本、平等互鉴、开放包容、机制示范、多方参与、以我为主、改革创新等原则。着力推动人文交流理念更加深入人心，着力推动中外人文交流渠道更加畅通，平台更加多元，形式内容更加丰富，形成一批具有中国特色、国际影响的人文交流品牌，为助推"一带一路"建设，促进新时代加强文明交流互鉴，提供了重要遵循和有益借鉴。

《关于加强和改进中外人文交流工作的若干意见》指出："要构建语言互通工作机制，推动我国与世界各国语言互通，开辟多种层次语言文化交流渠道。着力加大汉语国际推广力度，支持更多国家将汉语教学纳入国民教育体系，努力将孔子学院打造成国际一流的语言推广机构。健全国内高校外语学科体系，加快培养非通用语人才，不断提升广大民众的语言交流能力。"

截至 2019 年末，70 个国家通过颁布法令、政令等形式将中文教学纳入国民教育体系，170 多个国家开设中文课程或中文专业，中国以外学习使用中文的人数达到 1 亿以上，中文在世界语言体系中的地位得到显著提升，为中国与世界各国的交流合作奠定了坚实基础。尤其是全球 162 个国家（地区）建立了 550 所孔子学院和 1172 个孔子课堂。孔子学院创立 10 多年来，数万名中方院长、教师和志愿者赴各国任教，他们用自身行动和一个个鲜活故事，让丝路青年认识了一个更加真实、立体的中国，为丝路青年学习中文、了解中华文化发挥了积极作用，也为推进中国同世界各国的人文交流、促进多元多彩的世界文明发展作出重要贡献。

值得关注的是，按照中央全面深化改革领导小组《关于推进孔子学院改革发展的指导意见》和中国教育部《奋进之笔》"孔子学院质量提升工程"等要求，未来孔子学院将打造成集教育合作、文化交流、学术研究、职业培训等功能为一体的国际一流的中外人文交流基地。

（三）中国各地积极推进"一带一路"文化交流

中国一些省市也在积极部署地方文化与沿线国家人文交流。例如，《四川文化融入"一带一路"战略实施意见（2017—2020 年）》提出："充分利用四川处于陆上丝绸之路和海上丝绸之路的重要交汇点，连接西南西北、沟通中亚南亚的重要交通走廊的区位优势，积极推广巴蜀文化、引进国外优秀文化，全方位提升四川文化领域开放水平。到2020年，实现文化领域交流合作机制化和常态化，创作一批'一带一路'主题的巴蜀文化艺术精品，形成一批重大文化交流活动品牌，培育一批具有国际视野和本土文化特质的品牌化、外向型文化企业，培养一批外向型高端文化人才，打造一批具有示范性、带动性的文化产业国际合作平台，巴蜀文化在'一带一路'建设中重要作用不断彰显，巴蜀文化的影响力不断提升。"

再如，澜湄合作是澜沧江—湄公河沿岸中国、柬埔寨、泰国、老挝、缅甸、越南六国共同创建的新型次区域合作机制。2019年1月，缅甸国家文化与艺术大学承办的澜湄国家青年文化交流营在缅甸文化名城曼德勒开幕，六国青年在此充分交流各自国家的传统文化艺术。缅甸宗教事务和文化部长昂哥在开幕式上说："举办这次活动是为了提升澜湄地区国家青年之间的合作与交流，进一步提升人民之间的相互了解和信任。"

又如，景德镇陶瓷大学承办了两届中国国家留学基金委员会主办的"感知中国—魅力陶瓷"主题社会实践与文化体验活动，从室内到室外，从博物馆到企业园区，从视觉欣赏到亲身体验，中国博大精深的陶瓷文化感染了每一个留学生。南昌大学印尼籍留学生 Sudaly Anto 感慨："我们在瓷都景德镇参观了中国陶瓷博物馆和有名的陶瓷生产企业，中国陶瓷的历史、文化和艺术价值让我感到非常震撼。我觉得在陶瓷上画画真的非常难，如果有机会，我一定还会再来景德镇学习陶瓷。"江西财经大学孟加拉国籍留学生赛阳开心地说道："景德镇是中国最有名的陶瓷之城，青花是中国陶瓷文化最有代表性的。这次活动很有意义，我用青花绘画我自己的家乡，记录我孩童时代的美好回忆。"

还如，2017年9月，青岛市青年联合会组建的"一带一路"青年外事交流基地揭牌，以"帆船之都"青岛国际推广青年先锋团队作为创建主体，以青岛奥林匹克帆船中心作为活动阵地，依托"一带一路"海上休闲体育合作项目，打造青年外事工作品牌。揭牌仪式上，青岛市青年联合会与俄罗斯鄂木斯克州青年、体育文化与运动部签署合作备忘录，在两地创新创业、文化艺术体育、青少年事务、志愿服务等多个领域拓展交流合作。

三、文化交流合作体制机制不断健全丰富

近年来，中国与"一带一路"沿线国家坚持元首外交引领、高访带动、高端机制示范、双边多边结合，积极搭建形式多样、覆盖广泛的人文交流合作机制。人文交流共识不断增多，渠道更加通畅，形式内容更为丰富，多边参与、多元开放、多主体共建共享型"一带一路"人文交流合作平台正在形成。每逢重大主场外交活动或国际会议举办配套人文交流活动逐步机制化、常态化，一系列高水准的大型对外文化活动成为展示中华文化精粹的成功范例，成为国家元首外交的有机组成部分。

中国与相关国家先后建立起中俄、中美、中英、中欧、中法、中印尼、中南非、中印、中日等十个副总理级的高级别人文交流机制，发挥其在区域人文交流中的辐射和带动作用。截至 2019 年，中国已与"一带一路"沿线国家全部签订政府间文化交流合作协定，在 51 个沿线国家设立 134 所孔子学院和 130 个中小学孔子课堂，与 53 个沿线国家建立起 734 对友好城市关系，与 24 个沿线国家签订学历学位互认协议，与 24 个沿线国家实现公民免签或落地签，与包括"一带一路"沿线国家在内的 50 多个国家签订相互翻译对方文学经典作品的协定，与 43 个沿线国家实现空中直航，每周约 4500 个航班。实施丝绸之路专项奖学金计划，中国政府每年向相关国家提供 1 万个政府奖学金名额，中国地方政府也设立了丝绸之路专项奖学金，鼓励区域、城市之间的国际人文交流。

2017 年 10 月 20 日，中国共产党第十九次全国代表大会新闻中心在北京梅地亚中心举行记者会，时任中国文化部副部长项兆伦介绍："截至目前（2017 年 10 月），中国与'一带一路'沿线国家签订的政府间文化交流合作协定以及相关执行计划已经达到 300 多项。上合组织、中国与中东欧国家、中国与阿拉伯国家、中国与东盟等框架下的多边文化合作机制已经建立起来。"

四、广泛深入的丝路青年人文交流成为亮点

八年多来,中国与"一带一路"沿线国家在教育、科技、文化、卫生、旅游、体育等广泛领域,通过政党、议会、媒体、智库、青年、社会组织等多元主体,开展了丰富多彩的人文交流合作。相关沿线国家互办文化年、旅游年、艺术节、影视桥、研讨会、图书展、体育赛事、智库对话等多项活动,人才培养、作品创投、版权合作、联合出版、资本合作、项目评估等创新合作方式持续推动"一带一路"人文交流更为专业、细化、务实,更多惠及民生。

(一)丝路青年对中国文化关注度高且正向正面为主

丝路青年是"民相亲"的重要力量,"一带一路"建设的根基在民众,希望在丝路青年。丝路青年对中国的偏见少,对中国文化普遍感兴趣,有独立的价值观和主见,并不被偏激的意识形态"带节奏",是积极参与"一带一路"文化交流的主要力量。例如,哈萨克斯坦知名青年男歌手迪玛希·库达依别列根(Dimash Kudaibergen)2017年参加湖南卫视节目《歌手》而被中国观众熟知。2020年4月,迪玛希参与演唱新华社出品抗疫英文歌曲《We Are One》,歌曲MV播发48小时后,吸引近1.5亿点击量,全球乐评人对歌曲好评如潮,跨国别、跨语种推介这首抗疫歌曲的视频络绎不绝。迪玛希将中亚风情、俄语文化区的元素和流行要素结合在一起,在中国乃至中亚相关国家的青年群体中产生了积极影响。他在自己的社交媒体账号上发表对中国和中国文化的感受,并得到哈萨克斯坦国家通讯社、哈萨克斯坦"时代新闻"网、"商务哈萨克斯坦"网等中亚主流媒体广泛传播,纷纷指出,迪玛希不仅是哈萨克斯坦的骄傲,更为中哈人民之间互相了解提供了新的载体。

2019年5月,丝路青年论坛、《丝路百科》杂志社、北京语言大学中国书法国际传播研究院、中国轻工业展览中心共同主办的"祖国万岁·我们的70年——全国书画篆刻艺术家作品展暨'一带一路'青年中国书画传习行动"上,艺术家与丝路青年留学生现场互动,传授中国书法、绘画

技巧，交流学习、创作体会。北京语言大学巴基斯坦留学生法赫说："今天，看到中国书画家们写字、画画，学习中国书法，我很激动，也很开心。"格鲁吉亚留学生李望说："我感觉中国和西方的绘画作品不一样，中国绘画很有哲学思想，希望以后还有机会向中国书画家学习书画创作。"北京联合大学国际交流学院泰国留学生甘文咏说："我以后一定要学好中国书法，把中国文化介绍到自己的国家，让文明、文化成为两国人民互学互鉴、增进友谊的纽带。"

根据 2017 年北京师范大学文化创新与传播研究院课题组面向俄罗斯、哈萨克斯坦、印度尼西亚、印度、土耳其、以色列、埃及等 7 个国家开展的"一带一路"沿线七国青年对中国文化认知调查结果，随着中国驻外语言机构在"一带一路"沿线国家的网络化布局，语言服务及教育活动成为沿线国家青年了解中国文化的窗口，33.7%的受访者接触中国文化在 3 年以上，46.50%的受访者在近一年内接触到了中国文化；53.6%的受访者通过社交网站、搜索引擎等互联网渠道认知中国文化，对中国文化印象正向且多样；在接触过中国文化的受访者中，中国制造的商品（23.6%）、中国影视作品（23.5%）、接触中国人（7.4%）、到中国旅行（6.5%）成为他们首次接触中国文化的主要方式，中国商品所折射的"中国人的工匠精神"、中国影视作品所展现的"中国人的生活百态"、跨国旅行中展示出的"中国人的民俗故事"等不同维度，映射出中国人作为文化展示主体的重要性；历史悠久（91.6%）、富有活力（79.2%）、有吸引力（77.5%）成为受访者对中国文化产生的三种主要印象，在接触中国文化的过程中有亲切感（70.1%）；"和而不同""天人合一""己所不欲，勿施于人"三大中国文化价值理念得到了受访者的普遍认同，有利于构建超越国界的文化共识，有望成为丝路青年交流合作选择的最大公约数。

1. 丝路青年广泛参与人文交流品牌打造

近年来，中国有关政府部门重点支持汉语、中医药、武术、美食、节日民俗等传统文化走出去，已经形成一批具有中国特色、国际影响的标志性人文交流品牌，中国文化品牌的国际传播力和吸引力显著提升。中国在"一带一路"沿线国家设立的 17 个中华文化中心通过举办面向主流、贴近民众生活的各类活动，不断深化文化交流内涵，成为了解中国的窗口，巩固和增进中国与驻在国友好合作的重要平台。"丝绸之路（敦煌）国际文化博览会"是目前中国唯一以"一带一路"国际文化交流为主题的综合性博览会，品牌效应也在逐步显现。中国与希腊共同发起"文明古国论坛"，参与"世界文化发展论坛""首届世界人文大会"等跨文化交流品牌活动。图书出版方面，中国有关政府部门启动了"丝路书香出版工程""中国图书对外推广计划""中国文化著作翻译出版工程""中国当代文学百部精品译介工程""中国文学海外传播工程""中国图书中心"等项目，一批青年专家承担了专著、教材、译著的创作编写工作。

（1）作为倡议者、参与者和见证者，丝路青年在打造"一带一路"文化交流品牌活动中非常活跃。例如，2018年第三届丝绸之路（敦煌）国际文化博览会同期召开青年汉学家座谈会，该座谈会由文化和旅游部主办，中外文化交流中心、甘肃省文化厅、敦煌研究院和上海社会科学院共同承办，与会丝路青年学术研究人才广泛探讨"中国学"，参加敦煌文博会的开幕式及演出、展览活动，参访敦煌莫高窟、鸣沙山、玉门关、敦煌博物馆等地，实地体验中华优秀传统文化和丝路文化。该座谈会也是青年汉学家研修计划的一个专项活动，后者由文化和旅游部于2014年创办，到2018年已成功举办14期，累计培养来自93个国家的413位青年汉学家。

（2）"一带一路"青年主题文化交流活动渐成国内外热点。例如，"一带一路"青年创意与遗产论坛由联合国教科文组织、中国联合国教科文组织全国委员会、南京市人民政府、长沙市人民政府联合主办，被有关媒体报道为青年策划、青年组织、青年参与、青年受益的品牌活动。据《人民日报·海外版》报道，第一届论坛上，来自埃塞俄比亚的汉娜·格塔丘等丝路青年向习近平主席写信汇报了自己参加论坛的感悟，并就"一带一路"建设、中非合作、中非青年交流等提出了看法和建议。华东师范大学留学生玛莎娃是以色列籍的阿拉伯人，她既为自己的国家感到自豪，也为她的民族感到骄傲，以色列20%的人口是阿拉伯人，只要彼此敞开心扉，阿以两个民族完全可以和平相处。

再如，2015年7月，中国共产主义青年团中央委员会举办了中国首次"一带一路"青年行动——以"丝路新世界，青春中国梦"为主题的2015中国大学生"圆梦中国"暑期社会实践专项活动，主要活动包括：发起第一个中国范围内的网络众筹"一带一路"调研实践项目，各团队形成综合不同主题的社会调查报告《2015年"一带一路"青年观察白皮书》，拍摄丝路变化与实践心路历程的《丝路·心路》大型纪录片，开展"社会主义核心价值观"走进丝路社区宣讲成果高校巡回展览等等。

又如，"丝路我知道"青少年丝绸之路及"一带一路"知识文化体验活动由西安市教育局主办、西安教育电视台承办，从2015年至今已举办六年。六年中，活动以丰富多彩的形式向青少年宣传普及丝绸之路历史文化知识、"一带一路"倡议内容和西安本地文化，参与青少年累计超过15万人次。

还如，韩国"一带一路"研究院、韩中文化友好协会等机构共同主办的"一带一路"国际青年论坛已经举办三届。第一届"一带一路"国际青年论坛于2019年2月在韩国首都首尔举行，来自全球78个国家和地区的逾200名青年学者与会。第二届"一带一路"国际青年论坛于2019年12月在中国黑龙江省哈尔滨市举行，来自10余个国家和地区的逾150名青年学者与会。第三届"一带一路"国际青年论坛于2020年7月以韩国首尔为主会场在线上举行，来自23个国家的160余名青年参会。

表3　近年来"一带一路"青年主题文化交流品牌活动

序号	活动名称	主办单位	时间
1	"一带一路"青年创意与遗产论坛	联合国教科文组织、中国联合国教科文组织全国委员会、南京市人民政府、长沙市人民政府	2017年至今
2	"一带一路"青年创客国际论坛	中华全国青年联合会	2017年
3	2018"一带一路"青年创新大会	中国科协信息科技学会联合体	2018年

续表

序号	活动名称	主办单位	时间
4	2017"一带一路"国际青年论坛	菲律宾莱西姆大学、美国旧金山大学孤山会、"一带一路"经济技术合作中心、菲律宾中华青年联合会、北京市博士爱心基金会	2017年
5	丝路青年论坛系列活动	丝路规划研究中心、国家发改委国际合作中心、丝路国际智库交流中心、中国国际商会等	2017年至今
6	"丝路我知道"青少年丝绸之路及"一带一路"知识文化体验活动	西安市教育局	2015年至今
7	"一带一路"国际青年论坛	韩国"一带一路"研究院、韩中文化友好协会等	2019年、2020年
8	"一带一路"青年故事会	中华全国青年联合会	2017年至今
9	"一带一路"人文交流青年论坛	中国语文现代化学会、浙江师范大学	2019年
10	"一带一路"青年学者国际论坛	中国社会科学院大学（研究生院）、中国社会科学院国际合作局、中国社会科学院国家全球战略智库	2018年
11	"一带一路"国际青年论坛	浙江大学国际战略与法律研究院、国家法官学院、浙江大学光华法学院、"一带一路"国际研究院（香港）	2019年、2020年
12	"一带一路"青年力高端论坛	中国大学生"一带一路"协同发展行动中心	2016年
13	"丝路青年梦想汇"大型国际青年交流活动	世界中联丝绸之路城市联盟、北京丝绸之路合作与发展促进会、中国人民大学重阳金融研究院	2018年至今
14	"一带一路"国际青年创新创业论坛	北京市人民对外友好协会、北京市商务局、北京市科学技术协会、北京市民间组织国际交流促进会	2020年

序号	活动名称	主办单位	时间
15	"一带一路倡议"中欧青年交流论坛	同济大学国际文化交流学院	2016 年
16	世界青年领导力论坛	世界青年领导力论坛组委会	2018 年
17	第二届东南亚客属华人与"一带一路"国际青年学术论坛	三明学院、印尼巴厘国立理工大学、泰国格乐大学	2019 年
18	"一带一路"高校联盟 2018 年青年峰会	兰州大学	2018 年
19	"一带一路"青少年创客营与教师研讨活动	中国科技部国际合作司、中国科协国际联络部	2017 年至今
20	"一带一路"科技人文交流青年论坛	中国科技部	2019 年
21	中英"一带一路"国际青年创新创业技能大赛	全国高等职业院校创新创业教育联盟 IEEAC—HVC、中国职业技术教育学会高等职业技术教育分会、英国国家创新创业教育中心 NCEE（China）	2018 年至今
22	"一带一路"沿线国家主流媒体及青年四川行	四川省人民政府新闻办公室	2019 年
23	2020 "一带一路"青年体育交流周（江苏）活动	江苏省体育局、江苏省外事办、江苏省教育厅	2020 年
24	"一带一路，我们的未来"国际青少年峰会	北京大学附属中学	2018 年
25	2017 丝绸之路青年领袖峰会暨"一带一路"青年双创论坛	丝绸之路青年联盟（SASR）、西咸新区	2017 年
26	"一带一路"建设中青年社会组织的作用与责任论坛	团中央社会联络部、团广西区委、广西师范大学	2017 年

案 例

丝路青年论坛：做好丝路青年民心相通的桥梁和纽带

丝路青年论坛经全国政协批准，于2017年9月在北京成功举办。论坛秘书处设在中国政协文史馆。

论坛以"团结、友谊、进步"为宗旨，以服务于共建"一带一路"为使命，通过论坛讲坛、人文交流、智库研究、思想宣传四大板块为载体平台，弘扬丝路精神，传播人类命运共同体理念，推动我国和"一带一路"国家广大青年积极参与共建"一带一路"，成为丝路青年对话交流、合作创业的桥梁和纽带，政策沟通、民心相通的国际化民间交流高端平台。

（一）举办九场大型论坛

丝路青年论坛努力发挥国际交流平台和奋发有为的丝路青年生力军作用，积极开展丝路青年文化交流和对话活动，陆续举办2017丝路青年论坛、2018丝路青年论坛暨丝路大讲堂、2019丝路青年论坛·中国尼泊尔青年合作会议、2020丝路青年论坛及丝路青年粤港澳大湾区高质量发展论坛、"一带一路"助力川商高质量发展等九场大型论坛，先后有50多个国家的5000多名各界人士出席，得到了社会的广泛肯定和高度认同。

（二）组织几十场丝路文化交流活动

丝路青年论坛与"一带一路"国家青年团体及相关组织、政府部门进行友好交流，拜访缅甸、阿塞拜疆等沿线国家驻华使馆，邀请芬兰、巴基斯坦、佛得角、尼泊尔等沿线国家外交官和青年组织到访座谈，邀请多个丝路国家相关机构共同主办"丝路青年论坛"，倡议建立"中巴丝路青年走廊"，发起成立丝路青年爱国爱港联盟，组织中国、斯里兰卡、马来西亚、希腊、尼泊尔等30多个国家的丝路青年共同参与丝路青年读丝路朗诵大会、丝路青年国际音乐会、"荣耀与梦想"老外交官与丝路青年故事会等几十场次丝路文化交流活动。

2017 年 12 月，丝路青年论坛、丝路规划研究中心与斯里兰卡大都市及西部省发展部、旅游部在斯里兰卡科伦坡市共同主办"丝路青年论坛暨'一带一路'斯里兰卡皇家婚礼盛典"，组织百名新婚夫妇集体婚礼及系列文化、公益和经贸交流活动。本次活动对于推动中国与斯里兰卡青年交流与经贸合作，引导婚恋文化和发展婚恋文化产业产生了积极的影响。

（三）举办 30 多场丝路文化大型专题展览

丝路青年论坛自 2017 年组织"丝路荟影"国际摄影展以来，已组织 30 余场书法、绘画、陶瓷、丝绸、茶叶茶器、非遗、摄影等内容的"丝路商旅文系列展览"，宣传介绍"一带一路"的历史文化、人文物产、友好交往的史记佳话，累计参观人数超过 7 万人次，媒体报道超过千次。中华人民共和国全国人民代表大会、中国人民政治协商会议全国委员会 29 位国家级、60 多位部级领导同志多次参观、指导，中国相关部门负责人、国际组织代表、30 多个"一带一路"沿线国家驻华大使及驻华机构官员、40 多个国家留学生、海外华人华侨及各界人士纷纷前来参加交流和对接洽谈友好合作。

（四）开展丝路智库研究活动

丝路国际智库交流中心的成立为丝路青年论坛的发展注入新动力，汇聚国内外专家开展课题研究；举办多场不同主题的丝路大讲堂；举办专题研讨会，积极建言献策；开展国际交流与加强项目研究成果转化、应用。已开展的重点课题有《雄安新区白洋淀生态修复治理工程研究》《"一带一路"城市发展专项课题》《大国品牌计划》《"一带一路"国别咨询研讨》《"一带一路"绿色金融循环经济》等。

丝路大讲堂已在人民大会堂、对外经贸大学、广州大学、深圳市、成都市等地举办多场，邀请中华人民共和国全国人民代表大会代表、中国人民政治协商会议全国委员会委员、专家学者、著名企业家、"一带一路"沿线国家驻华使节以及国际组织代表，围绕经贸、金融、环保、城市体育、高质量发展、未来教育、新冠肺炎疫情下及疫情后的全球经济与"一带一路"建设等主题，从不同角度、不同层面、线上线下解读"一带一路"政策、规划、产业与发展机遇，为"一带一路"建设和建设者们建言献策，分享研究成果。

（五）编辑出版《丝路百科》杂志与系列丛书

编辑出版面向全球公开发行的中英文月刊杂志《丝路百科》，2018年12月创刊至今，已刊发"一带一路"建设相关的理论文章、新闻报道、专题解读等文献数百篇，成为"增进'一带一路'沿线国家文化交流为使命的国家级社科知识类期刊"，在国内外的影响日益扩大。

组织专家团队，编辑出版"一带一路"建设相关的著述、研究报告、工作指南、励志书籍。例如，中国红旗出版社出版的《我们的"一带一路"》通过收录习近平主席有关"一带一路"讲话精要，汇集多位各国首脑的高端访谈和中国驻外大使及驻华大使对"一带一路"倡议的理解和观感，让不同种族、不同习俗、不同信仰和不同文化的丝路青年多角度、多领域了解丝路、体会丝路，促进互联互通。

丝路青年论坛在2020年抗击新冠肺炎疫情期间，在积极组织协调抗疫物资（口罩等）支持抗疫的同时，编印多语种的《呼吸道传染病防护手册》，内容紧密围绕人们日常生活实际，从衣、食、住、行以及应急事件处理等五个方面，选择100个民众最常遇到的病毒防控问题进行详细介绍，为丝路青年和广大民众避免疫情下感染呼吸系统疾病，保护健康和生命安全提供帮助和指导。

（3）文艺成为"一带一路"文化交流的新名片。文艺作为国家形象的闪亮名片，正以"一带一路"人文交流最接地气的传播形式，发挥沟通古今、融合中外的特殊作用，向世界展示中国"和而不同""天人合一""己所不欲，勿施于人"的文化价值观。

例如，"欢乐春节"项目是中国文化和旅游部在全球范围内打造的文化交流重点品牌，一大批丝路青年艺术家为包括"一带一路"沿线国家在内的100多个国家和地区的数百个城市陆续开展专场演出、春节庙会、广场庆典、非遗互动、校园联欢、文贸推介、美食品鉴等20多个类别活动。美国纽约"艺术中国汇"，加拿大渥太华"冰上龙舟节"，赫尔辛基、布宜诺斯艾利斯、开罗、奥克兰庙会，英国特拉法加广场巡游等多个品牌活动已连续多年举办，深受当地民众喜爱，成为当地民众庆祝中国新年的保留节目。

再如，2019年4月28日，丝路青年论坛、丝路国际智库交流中心、《丝路百科》杂志社主办的"丝路青年国际音乐会"启动仪式在北京召开，来自中国人民大学、中央民族大学、北京语言大学、中国石油大学、中国地质大学、首都师范大学、北京工业大学等高校的师生和30个"一带一路"沿线国家的丝路青年代表参加演出。中央民族大学国际教育学院的丝路青年留学生在欢快的哈萨克斯坦歌曲中舞动全场；中国石油大学留学生凯瑟琳和叶德马在拉丁舞音乐中表演双人舞蹈；中国石油大学越南留学生阮氏玲演唱了一首歌曲《那些你很冒险的梦》。蒙古国留学生阿木古楞盛赞这场音乐会"很好玩，很有国际的味儿"。

又如，中国已经与"一带一路"沿线16个国家和地区签订互译出版协议，翻译出版了近100种优秀图书，与15个沿线国家签订电影合拍协议，与一些国家签订电视合拍协议。原国家新闻出版广电总局负责人介绍："国家还在加强影视剧的译制播出工作，用对象国观众熟悉的语言，用对象国喜爱的演员完成中国影视作品的配音。"《中国诗词大会》《舌尖上的中国》等电视节目促进中华文化在丝路青年中广为传播；青年艺术家创作的全本京剧《白蛇传》、实验京剧《浮士德》、青春版昆曲《牡丹亭》等中西合璧的文化产品实现走出去；丝路青年论坛与国家京剧院联合制作的大型新编历史京歌剧《丝路长歌——大漠传情》在"西安第五届丝绸之路国际艺术节"开幕式上演出并获组委会颁发的丝路文化贡献奖；青年演员胡歌、孙俪等主演的《琅琊榜》《甄嬛传》等中国优秀电视剧在亚太、北美等地热播；《中国好声音》《欢乐喜剧人》《我要上春晚》等中国原创综艺节目，以及《斗罗大陆》《将夜》等中国网络文学走向海外，成为各国民众特别是丝路青年观赏的新焦点；丝绸之路电影节、金砖电影节、上合电影节等相继发起，电影作为当下最为流行的国际传播媒介，正成为丝路青年文化交流的黏合剂。

（4）海外青年华人积极传承和弘扬中华文化。据媒体报道，海外华侨华人人数已达6000多万，分布在世界198个国家和地区，他们在海外播撒中国传统文化的种子，尤其让自己的下一代从小熟悉中国传统经典文化，为的是一个共同的心愿——"留根"。新加坡华裔选手李宜幸在中央电视台《中国诗词大会》上，对古诗词信手拈来的娴熟与深刻的解读，让观众感叹海外青年华人对于中国传统文化的热爱与传承。在海外华人聚集的地方，中国传统经典文化教育早已如火如荼，目前海外各类中文学校约2万所，在校生达数百万人，传承中华文化是不少中文学校的办学宗旨。

例如，日本神户中华同文学校是一所有着百余年历史的老侨校。不同年级学生的课本里，朗朗上口的唐诗宋词和耳熟能详的成语典故随处可见。美术课中的水墨画和剪纸、体育课中的太极拳和舞龙，技术家庭课中的包饺子和缝纫……中国传统文化元素融入同文学校课堂的方方面面，甚至比一些中国国内的学校更为丰富。

再如，为了让讲授中华传统文化的教学方式更受学生欢迎，荷兰代尔夫特中文学校举办"今天谁来读诗词""听故事，学成语"等趣味教学活动。读诗词活动是由学校老师带着孩子们一起读古诗词，并以学校电台的模式做成推文在学校的微信公号推送。推送内容不仅有孩子们的读诗录音，还配了细致的讲解。"听故事，学成语"则是由学生们讲述一个成语典故，同样推送在学校的微信公众号。

除了中文学校的系统教学，青年华人社团也是海外传播中国传统文化的一支重要力量。以新西兰为例，新西兰华星艺术团定期排练二胡、扬琴、古琴等民族乐器演奏和民族舞蹈；新西兰华文作协的文学爱好者经常邀请中国的作家、文学评论人，与当地华人读者及新西兰本地文学界面对面畅谈中国文学；新西兰中华青年联合会连续多年组织"文聚合"文艺沙龙，推出"再谈庄子，走进梦蝶的哲思""墨子悲丝和韦编三绝"等富有浓郁中国味儿的专题讲座。

第二节　丝路青年健儿践行"同一个世界，同一个梦想"：中国与"一带一路"沿线国家青年体育交流合作

2019年10月，第七届世界军人运动会在武汉举行；2022年，北京冬奥会、冬残奥会以及杭州亚运会将相继举行……从举办奥运会到冬奥会，体育赛事已成为中外人文交流的重要方式，并通过体育与文化、旅游、健康等产业融合发展，形成更大的辐射效应。根据中国国家体育总局、原国家旅游局联合发布的《"一带一路"体育旅游发展行动方案（2017—2020年）》，近年来中国政府积极与沿线国家政府、体育组织、体育企业加强合作，加强体育旅游设施建设，加大宣传推广力度，构建合作平台，打造了多个体育旅游融合项目，通过体育旅游全方位的交流互动，促进沿线国家之间政策沟通、产业互通和民心相通，使体育旅游成为"一带一路"人文交流合作的亮点。

一、体育架桥：夯实"一带一路"民意基础

中国政府、体育组织、体育健儿及公众已形成"体育促国际人文交流"的广泛共识。比如，中国奥委会负责人认为："在国际体育界，中国正越来越多地承担体育大国的责任和义务。大型综合运动会的举行就是一场'小外交'，是向世界展示中国开放成就和城市面貌的窗口。"北京2022冬奥会和冬残奥会运动员委员会负责人介绍："我非常希望让全世界的运动员对比赛场馆和北京冬奥会有强烈的归属感，为奥运留下运动员的拼搏故事。在北京冬奥会期间，中国将在奥运村中设计一系列文化活动，为各国

运动员提供更多的交流机会。"国家级非物质文化遗产杨氏太极拳传承人杨振河认为:"通过把中国的太极拳发扬光大,特别是扩大太极拳的国际影响力,可以让世界更好地了解并热爱中华文化。"

2019年4月,中国外交学院举行的"一带一路"体育外交高层论坛上,外交学院负责人认为:"体育作为全世界的'通用语言',在国际交往中有着独特魅力,往往能起到重要作用,对中国外交事业有着突出贡献。进入新时代,相信中国体育外交将担当构建人类命运共同体的神圣使命,为中国特色大国外交贡献体育的蓬勃力量。"克罗地亚—中国友好协会主席、克罗地亚前副总理司马安·希莫尼奇在论坛发言中认为:"在中国已经举办奥运会、并将倾注各方面努力举办2022年冬奥会的背景下,'同一个世界,同一个梦想'应当成为当前体育外交的主题。"摩洛哥驻华大使阿齐兹·梅库阿尔在论坛发言表示:"体育正和'一带一路'一样,逐渐成为能够将各个国家和各国人民联结起来的重要纽带,有利于国际交流。"

总的看,体育交流可以淡化国家间交流交往因为意识形态、宗教信仰、政治体制等造成的障碍,特别是"公平竞争、互相理解、友谊团结"奥林匹克运动会精神可以凝聚更多国家、青年运动员和民众的共识,激发社会各界的参与积极性,提高舆论关注度和热度,为"一带一路"夯实民意基础。

例如,近年来,中国青海省成功举办国际民族传统射箭精英赛、国际冰壶精英赛、国际男篮争霸赛、国际高原攀岩大师赛、"中华水塔"国际越野行走世界杯赛、青海·岗什卡高海拔世界滑雪登山大师赛、环青海湖自行车赛匈牙利站、拳力之巅——WKF世界自由搏击巡回赛俄罗斯站、中哈友好城市体育文化交流暨首届"河湟勇士"国际拳击争霸赛等体育活动近30项,已成为"一带一路"体育交流的新热点,对于提升青海省区域整体形象,促进青海省与沿线国家交流合作起到了重要的推动和促进作用。

再如,2020年陕西省共举办13项"一带一路"陕西体育精品赛事,吸引观赛游客114万人次,经济社会效益明显。2021年陕西省将相继举办西安马拉松赛、长安剑客国际击剑精英赛、中国台协杯全国斯诺克团体锦标赛、西安城墙国际马拉松赛、中国跆拳道国际公开赛、世界女子国际象棋大师巅峰赛、全国街舞公开赛、宝鸡鳌山滑雪公开赛、宝鸡"百合杯"乒乓球大奖赛暨第 38 届"百合杯"乒乓球联赛、咸阳中国杯城市定向赛、铜川射箭公开赛、渭南华山国际自然岩壁攀登公开赛、吴堡黄河大峡谷国际漂流公开赛、汉中国际铁人三项赛、安康国际搏击争霸赛共 15 项"一带一路"体育精品赛事。

二、丝路青年体育健儿引领"体育之花"遍地开

如今，在国内国外，以"一带一路"为主题的竞技体育、群众体育、体育旅游相结合的体育活动和交流合作越来越多，一大批丝路青年体育健儿弘扬"团结友爱、公平竞争、相互理解"的竞技精神，挥洒青春，使得"'一带一路'建设为体育搭建宽广舞台，体育交流也成为展示'一带一路'倡议主旨的重要载体。"

例如，古丝绸之路的起点中国陕西省西安市，有"一带一路"陕西西安城墙国际马拉松赛，来自沿线国家的青年跑者穿越时空，从历史跑向未来；面向东南亚的中国云南省，有"一带一路　七彩云南"国际足球邀请赛，足球健儿在绿茵场上挥洒青春；在丝路重镇中国新疆维吾尔自治区，有"一带一路"国际乒乓球邀请赛，乒乓健儿书写"乒乓外交"新篇章；在中国制造之都浙江省温州市，有 2019"一带一路"国家间群众体育交流比赛，丝路青年体育爱好者展现相互理解、友谊长久、团结一致和公平竞争的奥林匹克精神；在北京体育大学，每年投入 500 万元经费设立"一带一路"体育人才奖学金项目，吸引丝路青年体育人才来校学习，为沿线国家培养通晓国际规则的高素质体育人才……

案　例

以乒乓球为媒促进中国与"一带一路"沿线国家体育交流

在"一带一路"倡议下，中国"国球"乒乓球已经成为联结

中国和沿线国家青年和民众的桥梁。塞尔维亚乒协主席卡拉卡舍维奇认为:"塞尔维亚作为'一带一路'沿线国家,与中国的合作除了经济、文化等之外,体育交流与合作也是题中之义。希望中国能帮助我们,将优秀教练员带到塞尔维亚,这是我们需要的。"

巴布亚新几内亚是太平洋岛国地区首个与中国签署"一带一路"建设谅解备忘录的国家。据新华社报道,奥运冠军张怡宁与教练施之皓等来到上海体育学院中国乒乓球学院巴新训练中心,指导当地乒乓球学员。张怡宁表示:"这里的学员非常喜欢乒乓球。他们中的很多人通过乒乓球喜欢上了中国。乒乓球不仅仅是一项运动,也是交流的桥梁和纽带。"

第三节 教育为丝路青年民心相通架设桥梁:中国与"一带一路"沿线国家青年教育交流合作

中国教育部《推进共建"一带一路"教育行动》提出:"'一带一路'沿线国家教育加强合作、共同行动,既是共建'一带一路'的重要组成部分,又为共建'一带一路'提供人才支撑。……教育为国家富强、民族繁荣、人民幸福之本,在共建'一带一路'中具有基础性和先导性作用。……沿线各国唇齿相依,教育交流源远流长,教育合作前景广阔,大家携手发展教育,合力推进共建'一带一路',是造福沿线各国人民的伟大事业。……沿线各国携起手来,增进理解、扩大开放、加强合作、互学互鉴,谋求共同利益、直面共同命运、勇担共同责任,聚力构建'一带一路'教育共同体。"

"授人以渔"方式的教育交流合作,培养更多有为丝路青年,得到"一带一路"沿线国家的广泛认可和参与。例如,格拉纳达驻华副大使马克·米歇尔认为:"我们国家已经有100名学生在中国留学,非常感谢中国给予我们年轻人出国留学提升自我的机会，这些模式让青年人很受益。'一带一路'让我们看到希望，我希望青年人也积极加入'一带一路'发展大行列，共同进步发展。"

再如，自 2008 年开始，土库曼斯坦阿姆河天然气公司每年全额资助 10—15 名土库曼斯坦高中生到中国石油大学留学。截至 2019 年 3 月，阿姆河天然气公司已选派 133 名赴华留学生，其中 76 名留学生毕业回国进入土库曼斯坦政府和石油天然气行业工作，在土库曼斯坦带动形成了一股中国留学热，土库曼斯坦还成为中国石油大学（北京）留学生教育第一大生源国。

一、"一带一路"教育交流合作主要成效

在"升级版"的"一带一路"教育行动中，中国基于沿线国家的实际需求，通过开展访学、办学、语言、科技、人文交流，设立孔子学院等多种合作形式，打造多元教育合作平台，发挥教育"软力量"的"四两拨千斤"作用，促进语言互通和双向沟通，加深中国与沿线国家了解、认识和认同，为"一带一路"建设提供人文交流载体和人才支撑。

（一）推进学历学位互认，畅通丝路青年人才流动

目前，中国与"一带一路"沿线 24 个国家签署学历学位互认协议，其中有中东欧 8 个国家、东南亚 5 个国家、中亚 5 个国家、独联体 3 个国家、南亚 1 个国家、东亚 1 个国家、北非 1 个国家。中国教育部还与俄罗斯、哈萨克斯坦、波黑、爱沙尼亚、老挝等国教育部门签署了教育领域合作文件。中国教育部与北京外国语大学等高校签署合作协议，涉及海外师资引进、公派留学、与国外高校开展合作办学等内容。

（二）强化语言教育，促进语言相通

对外，中国以吸引"一带一路"沿线国家丝路青年赴华留学和开设孔子学院为契机，积极推广汉语学习，并利用政府间交换项目，拓展高层次语言人才培养；对内，发挥中国高校尤其是外语院校优势，培养精通沿线国家当地语言的人才，支持更多社会力量参与语言教育合作与语言传播。

截至 2020 年底，全球有 70 个国家将中文纳入国民教育体系，中国以外正在学习中文的人数约 2500 万，2016—2020 年全球参加 HSK（中文水平考试）、YCT（中小学中文考试）等中文水平考试的人数达 4000 万人次。

案 例

北京语言大学：外语专业设置全覆盖，促进丝路青年文化交流

目前，北京语言大学开设的外国语言专业达到 94 种，实现外语专业设置全覆盖，已为 183 个国家和地区培养近 20 万名懂汉语、熟悉中华文化的外国留学生。2018 年，北京语言大学海外孔子学院开设各类学分和非学分课程 1892 班次，学员人数突破 4 万，14 所孔子学院开设课程纳入所在大学学分系统，在孔子学院教育融入所在国国民教育体系取得重大突破。

为了让留学生学习中国语言的同时，了解、学习、感悟中国传统文化，2019 年北京语言大学开设 22 门传统文化课程，已有近 2000 名留学生学习。北京语言大学中外学生艺术团由来自 10 多个国家的 200 多名中外学生组成，中国学生向外国同学传授中国传统乐器的演奏方法，面对面介绍中国传统文化。

北京语言大学组织了十六届"北语零时差，步履无国界"为主题的世界文化节，每年吸引百余国家的近千名留学生和数万名北京市民参加。"留学生长途语言实践活动"在北京语言大学开展已有 20 多年历史，留学生通过对中国大好河山、锦绣风光的亲身体验，加深了对中国和中国大学生的了解及友谊。

2019 年 8 月，青年学生"汉语桥"夏令营在北京语言大学启动，该项目是落实第二届"一带一路"国际合作高峰论坛联合公报的重要举措之一，营员代表共同宣读语言互通、文化互鉴倡议，共同号召"一带一路"沿线国家青年学习彼此语言文化，尊重文化多样性，积极参与人文交流活动，为多元文明互鉴、深植青年友谊贡献力量。

案 例

西安外国语大学：加强"一带一路"沿线国家语种教育

西安外国语大学是新中国最早建立的 4 所外语院校之一，是西北地区唯一一所主要外语语种齐全的普通高校。西安外国语大学立足多语种、多学科的办学优势，主动对接"一带一路"倡议，先后增设了波兰语、马来语、乌克兰语、哈萨克语、罗马尼亚语、匈牙利语、希腊语、捷克语、菲律宾语、白俄罗斯语等 10 个"一带一路"沿线国家语种专业，实现了对沿线国家主要语种的全覆盖。同时，西安外国语大学以"语言＋专业＋国别区域研究＋中外合作办学"的"四位一体"人才培养模式为抓手，先后与 49 个国家和地区的 270 所大学和科研院所建立合作关系，依托 9 个"一带一路"国别区域问题研究中心和"一带一路"多语种大数据服务平台，培养丝路优秀人才。

作为专门从事国家公派出国留学人员外语培训、国际合作项目办学、企事业单位委托培训、成人学历教育及其他短期外语培训的教育培训单位，西安外国语大学还为中国数十家企业提供订单式外语培训，参训人数超过 2000 人次。西安外国语大学还与陕西西咸新区合作共建"一带一路"语言服务中心，合作开展重大涉外活动、涉外培训任务、重要外事出访与接待、重点项目对接洽谈、新区涉外宣传、新区多语种标识等相关工作。

（三）打造教育合作平台，畅通教育合作渠道

1. 中国教育部搭建教育合作平台

教育部《推进共建"一带一路"教育行动》印发以来，部省协同不断推进，高校参与不断深化，平台建设不断增强，可视性成果不断丰富，"一带一路"教育行动取得初步成效。

2016—2019年，中国教育部陆续与18个省（区、市）签署了部省（区、市）共建备忘录，基本实现与"一带一路"主要节点省份共建教育行动国际合作平台的全覆盖。中国教育部负责人表示："省部共建签约设计了数百个项目，将聚力合作，全面推进'一带一路'教育行动。教育部将在宏观指导、双向留学、涉外办学、国别与区域研究、人文交流、能力建设、平台建设等七个方面予以实质性重点支持，引领、推动其发挥区位优势和地方特色，协作推进'一带一路'教育行动。"

例如，中国教育部与宁夏回族自治区合作落实中阿大学校长论坛签署的各项合作协议，推进与"一带一路"沿线国家高校的密切交流与合作，加强宁夏大学中国阿拉伯国家研究院建设。中国教育部与广西壮族自治区合作，推进"留学广西"东盟教育、"澜沧江—湄公河之约"流域治理与发展青年创新设计大赛。中国教育部与陕西省合作，推动西安交通大学牵头组建丝绸之路大学联盟。

2. 中国高校搭建教育合作平台和联盟

"一带一路"建设对中国高校的人才培养、科学研究提出了更高要求，培养具有全球胜任力的高素质、复合型、创新型人才，大力推动人才培养与科学研究跨界创新、融合发展，为"一带一路"建设提供人才支撑和智力支持，已成为中国高校的一项重要任务。结合"一带一路"建设所产生的人才需求，越来越多中国高校积极"走出去"，搭建合作平台、扩大合作网络、共享教育资源，促进更多沿线国家高校、职业院校参与到丝路青年人才培养中。

另外，打造高层次的"一带一路"学术交流平台与国际技术转移中心也成为教育合作的热点。例如，中国科技部已与乌兹别克斯坦科学技术署、乌拉圭教育文化部、南非科技部、以色列科技部、马耳他科学技术理事会、印尼研究技术与高等教育部签署成立联合研究中心、联合实验室的合作文件。

案　例

兰州大学：加大"一带一路"建设人才培养、学科建设和平台建设

近年来，兰州大学加强"一带一路"相关课程建设，开设"大美西北与敦煌丝路""'一带一路'倡议与全球化治理"等课程，开拓学生思维视野。兰州大学实施"一带一路"留学生培养计划，近年来累计接收来自39个沿线国家的589名留学生来校学习，占全校留学生的93%。

兰州大学分别与哈萨克斯坦阿里—法拉比国立大学、乌兹别克斯坦塔什干国立东方语言学院和格鲁吉亚第比利斯自由大学合作共建3所孔子学院。兰州大学在格鲁吉亚大、中、小学设立20多个汉语教学点，每年选派10—20名汉语教师志愿者开展汉语教学及中国文化宣介工作，部分学校已将汉语纳入选修课学分课程。

兰州大学打造由"一带一路"研究中心牵头，以中亚研究所、格鲁吉亚研究中心、阿富汗研究中心、印度研究中心、意大利研究中心和甘肃省高校新型智库为主体的智库架构，为"一带一路"相关研究提供智力支持。兰州大学联合俄罗斯乌拉尔国立经济大学、韩国釜庆大学等46所高校成立"'一带一路'高校战略联盟"，目前加盟高校达到148个。

案　例

大学联盟：为"一带一路"沿线国家和地区高校交流合作搭建平台

丝绸之路大学联盟由西安交通大学于2015年发起，已有哈尔滨工业大学、香港理工大学、圣路易斯华盛顿大学、莫斯科动力工程学院、纳扎尔巴耶夫大学、哈萨克斯坦阿里—法拉比国立

大学、意大利米兰理工大学、利物浦大学、巴基斯坦国立技术大学、新加坡国立大学、釜山大学、清迈大学、芬兰塔佩雷大学等来自38个国家和地区的151所高校加入,形成了遍布世界五大洲的高等教育合作平台。联盟以首倡"丝绸之路学术带"为内涵,推动"一带一路"沿线国家和地区大学之间校际交流、人才培养、科研合作、文化沟通、政策研究、医疗服务等方面的交流合作,增进各国人民之间的了解和友谊,培养具有国际视野的高素质、复合型丝路青年人才。

"一带一路"商学院联盟由哈尔滨工业大学管理学院、厦门大学管理学院、西北工业大学管理学院、华南理工大学工商管理学院、电子科技大学经济与管理学院、华东理工大学商学院、贵州大学管理学院、西南财经大学国际商学院等国内12所商学院,以及利兹大学商学院、米兰理工大学商学院、比利时安特卫普大学管理学院、哈萨克斯坦阿拉木图管理大学、韩国成均馆大学中国大学院、尼泊尔加德满都大学管理学院、埃塞俄比亚亚的斯亚贝巴大学商业经济学院等国外20多所商学院共同发起,旨在深度探索并发挥商学院在经济研究、人才培养、产业发展方面的优势和基础,以产学研协同发展为机制,为"一带一路"沿线国家和地区搭建促进经贸活动、国际产能合作、基础设施建设项目落地、科技成果转移转化及教育教学资源共享的开放性国际化平台。

"一带一路"工程教育国际联盟由西安交通大学、浙江大学、清华大学、诺维萨德大学、马来西亚拉曼大学等10余所国内外高校作为创始成员共同发起成立,旨在以工程科技服务"一带一路"建设为出发点,推动沿线国家工程科技人才培养、科学技术成果转化、数据信息对接等合作,促进中国工程技术、工程文化、工程精神、工程标准"走出去",助力"设施联通"。

(四)推进中外合作办学,打造"留学中国"品牌

中国政府设立"丝绸之路"政府奖学金,每年向"一带一路"沿线国家提供 1 万个来华留学生名额,帮助沿线国家培养行业领军人物和优秀技能人才。同时,积极提升中国高校和职业院校接收和培养留学生水平,为丝路青年提供良好的留学场所。同时,支持和推动更多中国学生选择适合自身发展的沿线国家高校留学。2017 年,中国赴沿线国家留学人数为 6.61 万人,比上一年增长 15.7%,超过整体出国留学人员的增速。2019 年,在中国学习的沿线国家留学生占比达 54.1%。

中国也在积极推进中外合作办学计划。中国高等教育学会发布《高等学校赴境外办学指南》;中国教育部加快推动"鲁班工坊"建设,启动中国特色海外国际学校建设试点,引导高校集中学科优势、职业院校配合基础设施建设相关企业,以服务当地为原则,积极探索开展境外办学。到 2020 年 6 月,经中国教育部批准和备案的各层次中外合作办学机构和项目近 2300 个,其中本科以上机构和项目近 1200 个。同时,中国高校在近 50 个国家举办了 100 多个不同类型和层次的境外办学机构和项目。

另外,围绕"一带一路"建设需要,对接沿线国家的产业需求,中国职业教育院校采取学历教育与职业培训的方式,将优质职业教育和优质产品技术向沿线国家传播和输出,培养当地熟悉中国技术、产品、标准,致力于促进两国友好合作的技术技能人才。例如,结合中国高铁走出去,柳州铁道职业技术学院积极与东盟院校合作,输出包括课程体系、教学资料、专业建设标准等在内的人才培养体系,使东盟国家职业教育人才培养与中国轨道交通产业技术相适应。宁波职业技术学院在贝宁建立中非(贝宁)职业技术教育培训学院,并为印尼、斯里兰卡、坦桑尼亚、赞比亚、肯尼亚、埃及等"一带一路"沿线国家培训汽车、航空等产业丝路青年技能人才。

案　例

鲁班工坊:促进"一带一路"职业教育合作

鲁班工坊是天津市原创,并率先推动、组织实施的职业教育国际合作的知名品牌项目。以鲁班的"大国工匠"形象为依托,以"国家现代职业教育改革创新示范区"建设成果为总体支撑，在境外创建的实施学历教育和技术培训的合作机构，核心目标是培养适应合作国经济社会发展急需的高素质技术技能人才。鲁班工坊主要采取校际合作、校企合作、依托政府合作三种建设模式，以对沿线国家青年员工的技术技能培训为主，融入人文交流，有效推动中国职业教育的理念经验、教育教学模式、教学技术装备、国际化专业教学标准以及高水平师资培训与沿线国家融合共享，迅速成长为中国职业教育的国际化品牌，目前已在泰国、印度、印尼、巴基斯坦、英国等多国成功落地。

2018 年《中非合作论坛——北京行动计划（2019—2021 年）》提出将在非洲设立 10 个"鲁班工坊"。到 2020 年 12 月，鲁班工坊陆续在吉布提、肯尼亚、南非、马里、尼日利亚、埃及、乌干达、科特迪瓦、马达加斯加成立。鲁班工坊结合非洲当地经济发展、资源产业等多方面情况，配合中资企业"走出去"和国际产能合作，开设了增材制造、新能源、机电一体化、铁道运营、中医药等共 7 大类 23 个专业。在鲁班工坊，中方教师不直接上课，而是用中国标准培训当地教师，再由当地教师给学生授课。从书本教材到培训大纲，从技术标准到实训设备，非洲鲁班工坊已建立起从中职学校到高等院校、从技能培训到学历教育全覆盖的职业教育国际合作体系，为新时期中非人文交流赋能增效。

（五）鼓励社会力量参与，扩大"一带一路"教育合作领域

"一带一路"建设也为教育产业国际合作提供了广阔空间和机遇。一批丝路青年在中国学成归国后，积极开展汉语、职业技能等领域教育合作，促成更多本国青年参与分享与中国合作的红利，成为丝路教育使者。例如，缅甸留学生黄娇娇 2005 年入学清华大学中国汉语言文学系，完成本科学业后，在北京大学中国语言文学系完成硕士和博士学习。在研究生期间，黄娇娇担任北京大学缅甸语教师和中缅两国交流活动的同声翻译。回到缅甸后，黄娇娇在仰光开设了一家中文国际学校。站在缅甸中文课堂的讲台上，她讲授的中国文学作品课程从最基本的作者简介和历史故事讲起，把一首首古诗用最有趣、最易懂的方式讲给缅甸学生听。黄娇娇认为："学习中文只学语言是学不好的，要从兴趣入手，再从文化上引导。"

案　例

福建网龙网络公司：打造服务发展中国家的数字教育解决方案

福建网龙网络公司与埃及教育部联合研发并推出智能空间解决方案，以集装箱大小的人性化空间为载体，搭载普罗米修斯互动大屏、101 教育 PPT 等教育设施，构成移动版"智慧课堂"，不仅使得智慧教室便捷运输并快速部署，还能促进优质教育资源在欠发达地区普及，方便丝路青年移动学习。除此之外，福建网龙公司的数字教育"中国方案"还在尼日利亚、俄罗斯、塞尔维亚等 20 多个"一带一路"沿线国家落地。

2018 年，福建网龙网络公司在福州滨海新区牵头打造数字教育小镇，引入全球优质教育资源，联合上下游企业，共同开展数字教育资源的研发、生产、分发，同时与全球各大知名出版社、重点师范院校等开展数字教育资源生产合作，承接海外国家教育部门的教育内容制作订单，打造全球教育资源汇聚中心和生产中心。截至 2020 年末，数字教育小镇入驻的有关企业累计接到多个国家级数字教育资源生产订单，涉及 11.66 万节"AI 课件"，课件总时长超过 220 万分钟。

二、针对性培养丝路青年人才的"一带一路"专门教育机构

近年来，一些高校、政府部门发起成立了针对性开展服务"一带一路"建设的专门教育机构，将丝路青年学子培养成为通晓沿线国家国情、满足市场需求、具有全球视野的国际人才。

北京师范大学"一带一路"学院作为一个综合性、实体建制的教学科研机构，充分依托学校教育文史哲、经管法、艺术、地理、生态等优势学

科力量,着力打造服务"一带一路"建设向高质量发展的开放式、多学科支撑平台,开设的教育项目包括发展中国家硕士、发展中国家博士、国际工商管理硕士、国际公共管理硕士。

中国科学院大学"一带一路"学院(研究院)是由义乌市人民政府与中国科学院大学共建,定位于打造集人才培养、科技创新和产业服务三位一体的综合平台。在人才培养上,主要开展工商管理硕士、中外合作学历教育、留学生培养、非学历教育和职业培训等,培养服务"一带一路"建设的国际化、复合型人才,其中学历教育以国际国内大学相结合、双语制教学为特色,着力培养具有国际视野与国际经营理念的商贸及科技管理人才。

北京大学"一带一路"书院由北京大学光华管理学院发起成立,教育项目有未来领导者项目、香港大学双学位项目、国际 MBA 等。其中,未来领导者项目与全球多所顶尖大学共建国际教育合作联盟,在北京大学及联盟院校在读本科生中选拔优秀的、具有领导潜力的青年人才,共同在书院完成本科第三、四学年的学习,完成学业后获得北京大学管理学学士学位。来自不同种族和文化、处于不同发展阶段国家的青年学子们在书院充分交流融合,相互促进,逐步成长为具有优秀学识、高尚品德、远大胸怀,以及跨文化理解力与人类命运共同体使命感的未来国际领导者。

浙江师范大学中非国际商学院成立于 2010 年 11 月,是中国高校首个面向中非经济合作教学机构,以经贸和工商管理为特色,努力形成集人才培养、人员培训、商务管理、学术研究于一体的办学体系,培养一批中国的"非洲通"和非洲的"中国通"人才。学院设有国际经济与贸易(非洲方向)、投资学(非洲方向)、旅游管理(非洲方向)、商务汉语等本科专业以及工商管理、公共管理、汉语国际教育等专业硕士学位。

湖南大学 MBA"一带一路"项目为沿线国家工作或毕业后将前往沿线国家工作的丝路青年量身打造,着眼于培养 MBA 学生的国际商务能力,采用 N + N 模块化教学模式,即校内教授与外籍教授或优秀实践导师以不同模块授课,使学生得以与优秀国际商务人士讨论、参观优秀国际公司或其分支机构、了解其在沿线国家的业务现状和人才需求。到 2020 年 7 月,该项目共培养 MBA 学生 158 人。

　　2019 年，浙江省教育厅选取本省 40 所办学特色鲜明的高校和本省 56 家企业，这些高校有的在外设立了孔子学院、有的已具有"走出去"办学经验、有的开展了区域国别研究，这些企业包括浙江省重点培育的本土民营跨国公司、对外承包工程重点企业、境外经贸合作区中方企业以及部分从事人力资源服务的公司，鼓励企业与高校携手，计划通过 3 年时间，在"一带一路"沿线国家建设 15—20 所"丝路学院"，实施人才培养、技能培训、国别研究、政策咨询、文化交流等项目。

表 4　中国高校和职业院校成立的"一带一路"专业教育机构①

序号	机构名称	所在高校	成立时间
1	"一带一路"书院	北京大学	2018 年
2	"一带一路"学院	北京师范大学	2018 年
3	"一带一路"学院（研究院）	中国科学院大学	2018 年
4	"一带一路"农业合作学院	中国农业大学	2017 年
5	中非国际商学院	浙江师范大学	2010 年
6	MBA"一带一路"项目	湖南大学	2016 年
7	"一带一路"国际学院	桂林旅游学院	2017 年
8	"一带一路"学院	浙江外国语学院	2020 年
9	"一带一路"国际人才学院	江苏大学	2017 年
10	一带一路国际产业学院	漯河食品职业学院	2019 年
11	"一带一路"产业学院	河南经贸职业学院	2020 年
12	"一带一路"能源学院	华北电力大学	2018 年
13	"一带一路"国际医学院	浙江大学	2019 年
14	丝路学院	中国人民大学	2018 年
15	国际丝路学院	上海社会科学院	2016 年
16	丝路学院	宁波职业技术学院	2020 年
17	丝路商学院	三亚学院	2016 年
18	北斗丝路学院	北京航空航天大学	2017 年
19	丝路学院	成都职业技术学院	2020 年
20	丝路法学院	甘肃政法大学	2017 年

---

　　①　相关名单系作者通过网络公开资料整理，数据收集截止时间为 2021 年 6 月。

三、专业智库成为丝路青年教育、学术、科研交流的重要平台

首届"一带一路"国际合作高峰论坛启动了《中国社会组织推动"一带一路"民心相通行动计划（2017—2020）》"丝路沿线民间组织合作网络"以及"增进'一带一路'民心相通国际智库合作项目"等事项，专业智库成为"一带一路"建设顶层设计、方案制定、咨政建言、企业咨询、舆论引导等重要载体和平台。据公开数据，目前，中国教育部已发布 100 多项"一带一路"沿线国家研究课题和智库报告，组织编撰沿线国家"一国一本"系列报告。一些沿线国家政府部门、高校、社会组织、专业机构也发起成立"一带一路"智库机构和智库合作联盟。越来越多丝路青年研究人才依托专业智库，主持和参与了一系列卓有成效的课题研究和成果转化工作。

例如，丝绸之路青年学者研讨会是西安交通大学于 2015 年发起的面向全球杰出青年学者开办的职业发展交流盛会。截至 2020 年 12 月，研讨会已连续举办六届，共遴选和邀请来自 30 多个沿线国家和地区的 1500 余位海内外优秀青年学者参会，为丝路青年学者搭建了深入交流合作的平台，促进来访丝路青年学者与西安交通大学相关学科和教师建立联系合作，吸引更多丝路青年才俊来陕西干事创业，推动中国西部地区高等教育和科学研究对标国际和高质量发展。

表 5　中国"一带一路"专业智库 [①]

序号	机构	主管单位	成立时间
1	丝路规划研究中心	中国人民政治协商会议全国委员会办公厅	2016 年
2	丝路国际智库交流中心	—	2018 年
3	"一带一路"战略研究院	清华大学	2016 年
4	"一带一路"经济研究院	中国人民大学	2015 年
5	丝绸之路研究院	西北大学	2014 年

[①]　相关名单系作者通过网络公开资料整理，数据收集截止时间为 2021 年 6 月。

续表

序号	机构	主管单位	成立时间
6	海上丝绸之路研究院	华侨大学	2014 年
7	"一带一路"经济发展研究中心	中国传媒大学	2014 年
8	中国(西安)丝绸之路研究院	西安财经学院	2014 年
9	"一带一路"建设与中亚研究协同创新研究中心	陕西师范大学	2015 年
10	丝绸之路研究院	北京外国语大学	2015 年
11	中国"一带一路"战略研究院	北京第二外国语学院	2015 年
12	丝绸之路经济带研究协同创新中心	西安交通大学	2015 年
13	海上丝绸之路研究院	海南师范大学	2015 年
14	21 世纪海上丝绸之路协同创新中心	广东外语外贸大学	2015 年
15	"一带一路"研究中心	北京大学	2015 年
16	丝绸之路研究中心	北京交通大学	2015 年
17	丝绸之路研究中心	南开大学	2015 年
18	"一带一路"合作与发展协同创新中心	浙江大学	2015 年
19	"一带一路"法律研究中心	厦门大学	2015 年
20	海上丝绸之路核心区建设研究院	福州大学	2015 年
21	"一带一路"研究院	江苏师范大学	2015 年
22	丝绸之路国际法与比较法研究所	西安交通大学	2016 年
23	"一带一路"研究院	云南大学	2016 年
24	丝绸之路经济带建设研究中心	兰州大学	2014 年
25	"一带一路"与青年发展研究院	成都理工大学	2016 年
27	"一带一路"自由贸易试验区研究院	西安交通大学	2017 年
28	"一带一路"研究院	四川大学	2017 年
29	"一带一路"及全球治理研究院	复旦大学	2017 年
30	"一带一路"国际传播研究院	中国外文局	2020 年

第四节 "一带一路"青年人文交流合作面临的主要困难与对策建议

习近平主席指出:"一个国家、一个民族的强盛,总是以文化兴盛为支撑的，中华民族伟大复兴需要以中华文化发展繁荣为条件。""一带一路"青年人文交流已取得重大成效，得到沿线国家政、产、学、研、投、媒等各界的关注、认可和支持。比如，白俄罗斯驻华公使拉布克认为："两国青年间的交流互动非常多，已有涉及音乐、文化、科技等领域 7000 多人参与到'一带一路'的交流互动中，青年人之间多交流互动，多建立联系，多办有益活动，促进两国青年共同发展。"

一、"一带一路"青年人文交流合作面临的主要挑战

（一）文化及宗教差异对青年人文交流的影响日益突出

不少"一带一路"沿线国家在地理、历史、民族、文化、宗教等方面存在较大差异，这些差异一方面带来了沿线国家在宗教、文化上多元丰富的特点，对文化、旅游产业特色化发展有一定推动作用，但是也使得由此产生的分歧和矛盾在一定条件下凸显，比如部分沿线国家之间曾经因为宗教问题发生过矛盾和冲突。

尽管中华文明一直富有良好的开放性，古丝绸之路历史上的繁荣也得益于不同国家之间的文化开放与包容。但是近代以来，一些西方发达国家对发展中国家地区的野蛮掠夺，激化和泛化"文明冲突""意识形态冲突"，部分中东、中亚、东南亚国家的民族分裂主义、宗教极端主义、国际恐怖主义、跨国犯罪活动仍然存在甚至形势严峻；部分沿线国家的民粹主义者过于强调本土文化的独特性，对接受异域文化相当抵触；一些宗教极端势力、敌对势力大肆挑拨中国与沿线国家正常的人文交流，插手干预国与国的正常交往。尤其是青年群体尚未形成成熟的人生观、世界观、价值观，对世界局势往往缺乏大局观和理性认识，容易被文化和宗教的隔阂所掣肘，影响和阻碍丝路青年人文交流和民心相通。

（二）一些国家民粹主义者以政治体制不同为借口干扰丝路青年人文交流

不同的政治体制是国际社会文明多样性的重要组成部分，不应对国与国之间的正常人文交流活动造成干扰。与西方国家在全球推广自己的政治

制度不同，中国并没有向其他国家强加输出自己的发展模式，这也体现了中国不干涉别国内政的基本立场。作为一个开放平台，"一带一路"建设使不同政治体制和不同发展模式的国家都可以参与其中受益。政治体制的多样性体现了沿线国家多元化的发展道路和治理模式，为有关国家政治上相互借鉴、模式上取长补短提供了有利机遇。但是，一些西方国家强行向世界输出"颜色革命"，导致若干发展中国家陷入动乱。一些西方政客将"一带一路"倡议视为地缘政治挑战，炒作"中国威胁论"，挑拨丝路青年及沿线国家相关机构对中国的误解。当然，政治体制差异客观上增加了国与国相互理解和认同的难度，在汉语和中国文化相对还不是很普及情况下，中国与沿线国家开展人文交流合作只能是一个渐进过程。

（三）经济发展不平衡对丝路青年人文交流的阻碍日益突出

近年来，全球经济陷入 2008 年国际金融危机后的持续震荡，尤其是突如其来的新冠肺炎疫情、多发频发的自然灾害等综合影响，部分"一带一路"沿线国家深陷经济衰退泥淖，收入下降、失业、民生困境成为不少丝路青年面对的严峻挑战，造成其参与"一带一路"人文交流和相关项目建设的短期意愿并不强烈。一些沿线国家由于长期遭受西方制裁，经济困难，民生凋敝，对外来政治影响十分敏感，担心"一带一路"建设对其社会造成冲击。还有一些沿线国家虽然积极性很高，但囿于人力、物力、财力，更希望与中国开展经贸合作，对人文交流的现实需求并不迫切。

（四）国际传播能力不足制约丝路青年人文交流实效

尽管中国有关政府部门和机构加大国际传播力度，成效显著，但汉语传播范围客观上仍然相对有限，还未成为全球通用语言，制约了中国与沿线国家人文交流的广度和深度。一些西方政客和传媒机构对国际舆论控制操纵，对中国污名化传播，可能导致一些丝路青年对中国形成误解。与之对应，中华文化国际通用型传播人才尚不能满足实际需求，国际舆论场的话语体系建设任重道远，对丝路青年的正向传播的内容和覆盖面需进一步扩容提质。另外，新闻媒体、自媒体、社会组织、专业智库、"走出去"的中资企业、跨国公司、出入境游客等力量与丝路青年的双向传播和沟通也需要进一步加强。

二、加强丝路青年人文交流合作对策建议

(一) 加强丝路青年文化交流合作

推动 "一带一路" 沿线国家主管青年的政府机构、青年社会组织、青年民间机构等加强交流合作,签署常态化合作的协议文件、备忘录、倡议、声明,完善顶层设计和制度建设。加强中国共产主义青年团中央委员会、中华全国青年联合会与沿线国家青年政府机构的高级别人文交流磋商。中国各省区市要结合当地文化资源和青年发展情况,在文化交流、遗产保护、文艺创作、文化产业、旅游、体育等领域开展丝路青年广泛参与的 "双边" "多边" 区域性合作。

面向沿线国家在华留学生、沿线国家青年群体,组织线上线下结合、形式多样的书画、曲艺、剪纸、陶瓷等丝路青年喜闻乐见的中华文化传习活动,增加中华文化的吸引力和认同感。中国与沿线国家政府部门可以合作发布古丝绸之路文化遗产图谱,实施清单式保护传承,促进丝路青年全面系统了解 "一带一路" 建设的光辉历史和灿烂文化,提升丝路青年的文化认同度。推动丝路青年参与沿线国家非物质文化遗产、文化遗产等保护、传承与开发,引导丝路青年成为传承丝路文化的主力军,共同记住 "乡愁"。

推动在 "丝绸之路国际剧院联盟" "丝绸之路国际图书馆联盟" "丝绸之路国际博物馆联盟" "丝绸之路国际美术馆联盟" "丝绸之路国际艺术节联盟" "丝绸之路国际艺术院校联盟" 等 "一带一路" 国际交流合作机制和重点项目中设立青年专项,引导丝路青年文艺人才广泛参与和贡献力量。

有关政府部门、社会组织、民间机构要持续打造 "一带一路" 青年创意与文化遗产论坛、青年学生 "汉语桥" 夏令营、丝路青年论坛等丝路青年文化活动品牌,推动在 "一带一路" 国际合作高峰论坛、丝绸之路国际艺术节、丝绸之路 (敦煌) 国际文化博览、中国—亚欧博览会、中国—阿拉伯国家博览会、中国—东盟博览会、中国西部国际博览会、中国 (深圳) 国际文化产业博览交易会、中国西部文化产业博览会等国际论坛、博

览会等设立丝路青年文化交流板块。引导丝路青年文化人才广泛参与海外中国文化中心、"欢乐春节"、"丝绸之路文化之旅"等重点交流平台，围绕品牌活动开展丝路青年喜闻乐见、符合当地风土人情的交流活动。实施"丝绸之路文化使者"计划，发挥领军青年人才作用。建立丝路青年文艺人才数据库，搭建合作平台实现人才供需对接，倡导沿线国家青年艺术人才互访交流、联合创作、共同推介、共享收益。持续举办青年汉学家、翻译家研修活动，提高汉语全球普及面，以及汉语和沿线国家语言的双向互通。

加快中国"丝绸之路文化产业带"建设，促进中西部地区文化产业高质量发展，使之成为"一带一路"文化产业发展的样板。以文化旅游、演艺娱乐、工艺美术、设计、数字创意等为重点领域，引导丝路青年文创人才参与沿线国家特色文化产业项目。

加强国际话语体系建设，发挥"一带一路"融媒体中心等新型主流媒体作用，统筹广播、电视、报纸、杂志、网络媒体、网络直播及新媒体、自媒体等，面向丝路青年开展多角度报道、多平台呈现、多渠道传播的"一带一路"建设的全媒体宣传，准确传达中国"共商共建共享"的理念，让沿线国家人民感受到真实的中国，推动沿线国家精英群体矫正某些西方政客炮制的关于中国的若干假象和谣言，引领国际舆论正能量。增强舆论传播与丝路青年之间的双向沟通互动，中国有关媒体和传媒机构要实时、系统收集、整理、编发国内外社交平台上青年网友发布的有价值正能量内容，增加"一带一路"建设的公信力和口碑，鼓励更多丝路青年自发参与社交平台内容生产和正能量传播。例如，越来越多国外社交平台用户都在发布中国旅游、美食、非遗等内容，这些内容都有助于生动、立体地展示中国面貌，可以在主流媒体集成和转发，提升国内外传播效果。

以北京 2022 年冬奥会为契机，扩大丝路青年人文交流。推广北京体育大学与克罗地亚、捷克等 7 个国家共建冰雪运动"一带一路"联合实验室的做法，打造一批中国与沿线国家高校、体育组织、体育企业的冰雪运动学术交流平台、国际论坛和体育赛事。

（二）加强丝路青年旅游交流合作

截至 2019 年，"一带一路"沿线国家拥有自然保护区 18404 个，占全球比重的 75%；世界自然遗产地 62 个，占全球比重的 32%；世界文化遗产地 382 个，占全球比重的 51%，且还有很多自然人文旅游资源处于开发和待开发状态。丝路青年是 "一带一路" 的重要客群和从业群体，"吃住游购娱" 旅游全产业链多以青年创业者从业者为主力军。其一，在沿线国家旅游项目开发和推介上，要将青年游客作为重要目标客群，在旅游线路设计、旅游产品供给等方面充分考虑青年的特殊需求，比如开发一些体育健身、游学研学、婚庆、度假、猎奇探险等针对性旅游产品。其二，在双边、多边教育合作机制上，将青年旅游人才培养作为重点合作内容。比如在中国游客较为集中的沿线国家，按照中国成熟的星级导游培养和从业资格认定机制，为沿线国家大批量培养合格青年导游；在现有的中国与沿线国家教育合作项目上增设旅游教育专项，鼓励旅游资源富集的沿线国家留学生选择就业面宽的旅游专业，进而为沿线国家培养旅游规划、投资、开发、管理、运营、服务等专业人才；中资企业参与沿线国家旅游投资和项目运营中，可以联合中国设置有旅游专业的高校、旅游职业院校，订单式培养熟悉当地人文历史和市场状况、通晓旅游专业知识的复合型青年旅游人才。

（三）加强丝路青年教育交流合作

打造一批特色型 "一带一路" 学术交流平台，引导丝路青年教师、研究人员、大学生、研究生等广泛开展研究和学术交流，加强中国与沿线国家的智库合作、人员往来、学术和文化交流，促进中外教育互学互鉴。加强 "一带一路" 专业智库建设，广纳贤才，汇聚一批科研能力较强的丝路青年学者，发挥其熟悉所在国家情况和创新能力较强的优势，加强国别研究、产业规划、项目策划、项目评估等实证研究和智库服务。在中国社科普及工作中增加 "一带一路" 有关内容，鼓励丝路青年学者开展 "一带一路" 政策沟通、设施联通、贸易畅通、资金融通和民心相通的解读、研究和传播，以及人文历史、风土人情、产业发展的宣传普及，提高沿线国家民众对 "一带一路" 的知晓率、认同度和支持度，形成 "丝路青年研究丝路、传播丝路、推介丝路、受益丝路" 的可持续发展环境。

引导 "一带一路" 沿线国家社会科学研究机构、高校、青年组织以 "丝路青年" 为研究对象，加强关于青年发生、青年概念、青年本质、青年特点、青年观、青年社会化、青年文化、青年世代、青年生活方式、青年全面发展等领域的"丝路青年学"研究，打造学术研究、学科建设、专业人才培养、成果转化等"教育＋智库"体系，为丝路青年交流合作提供理论支撑。

继续加强中国与东盟、非洲、中东欧、拉美、阿拉伯地区等区域和次区域教育交流机制，促进汉语、中华文化在沿线国家的教育和普及。支持社会力量助力孔子学院和孔子课堂建设，加强汉语教师和教学志愿者队伍建设，将汉语教育融入沿线国家国民教育、职业培训、社区教育等终身教育体系，在沿线国家经贸、人文、金融等交流合作融入汉语教育，全力满足丝路青年基于兴趣爱好、就业创业的中文学习需求。支持在中国学业有成的丝路青年留学生返回家乡后，开展中文教育和丝路人文交流合作，争做丝路人文交流使者。

总结中国在抗击新冠肺炎疫情实施的"停课不停学"的网络教育经验，结合中国 5G 技术、智能手机、社交平台在沿线国家普及，打造符合当地需求的数字教育平台，推广慕课、动画、游戏、短视频等丰富多彩的互动在线教育形式。

持续扩大中国与沿线国家双向留学规模，推动更多高校学历、学位、学分、课程、职业证书互认，加强师生互访、人才联合培养、学科建设、课程开发等领域务实性、精品型合作办学力度，推动综合性、专业性丝路高校合作联盟建设，培养更多相互了解、感情亲密的友好伙伴。

发挥中国职业院校的学科、专业、师资、课程等比较优势，加强跨境校校合作、校地合作、校企合作和产教融合，配合中资企业走出去开展"订单式"职业技能培训，针对性培养"本地建设者"。加快建设国际领先、中国特色、沿线国家通用适用的职业教育体系和标准，并将中国职业教育经验及时分享给沿线国家，比如中国—赞比亚职业技术学院 2019 年申报的五项专业教学标准获批成为赞比亚国家标准。开展"国际通用职业资格证书"建设推广，可以将中国政府部门颁发的职业技能证书、大型中资企业颁发或者认可的职业技能证书向沿线国家推广，定制培养满足中资企业人才需求的丝路青年人才，更好实现人才、岗位和能力匹配。

第三章
中国与"一带一路"沿线国家青年
民生合作进展与建议

习近平主席在第二届"一带一路"国际合作高峰论坛提出:"共建'一带一路'应潮流、得民心、惠民生、利天下。""一带一路"建设不仅是经济合作,而且是完善全球发展模式和全球治理、推进经济全球化健康发展的重要途径。这些目标的实现都离不开通过民生保障和改善来为"一带一路"建设奠定坚实的社会和民意基础。斯里兰卡驻华大使科迪图瓦库认为:"中国在斯里兰卡援建的项目很多,在斯里兰卡首都科伦坡,有几处中文标识的建筑工地,是由中国人承建的高楼。修公路、架桥梁、建机场、办工厂也很多。'一带一路'倡议的实施,又为两国的合作拓展了空间。2018年7月下旬,由中国援建的斯里兰卡国家肾内专科医院又开工了。这些项目在斯里兰卡正在或将要产生巨大的经济效益和社会效益。"巴基斯坦白沙瓦农业大学生物技术与基因工程研究所主任伊克巴尔·穆尼尔认为:"过去5年发生在巴基斯坦的变化是最好的证明。'一带一路'建设和中巴经济走廊不仅进一步加深了巴中两国之间的传统友好关系,更为巴基斯坦的商贸、就业、基础设施建设等带来诸多宝贵机遇。"

第一节　设施联通筑牢合作根基：中国与"一带一路"沿线国家青年基础设施建设合作

要想富，先修路；道路通，百业兴。基础设施投入不足是制约很多发展中国家经济社会发展的"命门"。基础设施互联互通是"一带一路"建设的重要基础和优先合作领域，是促进沿线国家经济发展、造福沿线民众、提升地区福祉的重要支撑，是实现务实合作、互利共赢的重要依托。西班牙《国家报》曾经报道："中国通过'一带一路'倡议在欧亚大陆上大展拳脚。这一计划包含数万亿美元的基础设施投资，港口、铁路、公路、天然气管道和发电厂等，全球新经济正在向东方全速前进。"

一、"一带一路"设施联通取得显著进展

八年多来，"一带一路"倡议与中巴经济走廊、俄罗斯欧亚经济联盟、蒙古"草原之路"、哈萨克斯坦"光明之路"计划、欧盟容克投资计划等战略对接，推动沿线国家在基础设施互联互通领域的合作日趋紧密。尤其是聚焦六廊六路、多国多港的主骨架，中国积极推动实施一批标志性项目，推动沿线国家加强基础设施建设和互联互通。

即使 2020 年遭遇新冠肺炎疫情冲击导致"一带一路"部分基础设施项目被迫停工，但绝大多数项目在疫情科学防控背景下又很快复工。中巴经济走廊建设进展顺利，中老、中泰、匈塞铁路建设顺利推进，雅万高铁部分路段已经开工建设，泛亚铁路的东线、巴基斯坦一号铁路干线升级改造，中吉乌铁路等项目正积极推进前期研究，中国尼泊尔跨境铁路已完成可行性研究，巴基斯坦瓜达尔港已具备全作业能力，斯里兰卡汉班托特港二期工程竣工，斯里兰卡科伦坡港口城项目施工进度过半，希腊比雷埃夫斯港建成重要的中转枢纽。

可以说，以铁路、公路、航运、航空、管道、空间综合信息网络等为核心的全方位、多层次、复合型的跨境基础设施网络正在加快形成，区域

间的商品、资金、信息、技术等交易成本大幅降低，有力促进跨区域的资源要素的有序流动和优化配置，推动实现更为广泛和普惠的互利合作、共赢发展。因而越来越多的沿线国家政要、社会组织和丝路青年等社会各界盛赞"设施联通"。

例如，印度尼西亚国会议长班邦·苏萨拉蒂约认为："'一带一路'倡议将提升印度尼西亚基础设施的互联互通水平，同印尼的国家发展战略紧密契合，印尼国会支持印尼发展战略同'一带一路'对接。"加纳驻华大使爱德华·博阿滕认为："在'一带一路'倡议的指引下，越来越多的中国人走进非洲从事基础设施建设，越来越多的非洲人来到中国工作和学习。'一带一路'促进了非洲基础设施建设，拉近了中国与非洲的距离。包括加纳在内的非洲国家应该积极参与到共建'一带一路'的项目中，从中获得实实在在的利益。"埃塞俄比亚驻华代表认为："近年来，中非贸易不断扩大，中国也加大了对非投资，并承接了非洲大量基础设施建设项目，帮助非洲更好更快地发展。其中，埃塞俄比亚 90% 以上的公路、全国的通信网络、第一条铁路和城市轻轨、第一个风电场及几个重要的水电站等，都是中资企业承建或者参与建设的。"尼日利亚中国研究中心主任查尔斯·奥努纳伊朱认为："'一带一路'倡议着力构建联通全球的陆海空联动基建网络，将'地球村'的概念具象化。"天津师范大学肯尼亚留学生、内罗毕大学孔子学院首批学生茹丝认为："共建'一带一路'为肯尼亚这样的发展中国家带来了很好的公路、铁路、港口。交通便利了，人们就有了发展的希望、致富的途径。"中央民族大学俄罗斯留学生蔡文认为："'一带一路'一系列经济特惠让俄罗斯得到了实现基础设施升级的良机。'一带一路'将会帮助俄罗斯建起一座真实而宏大的亚洲大陆桥，它将成为通往欧亚地区的运输动脉。"

案 例

中国对外承包工程发展迅速，成为"设施联通"晴雨表

通过中国对外承包工程行业发展也能进一步了解"一带一路"

基础设施互联互通进展情况。2020 年，中国对外承包工程行业尽管受新冠肺炎疫情持续蔓延、民粹主义、逆全球化逆流等外部不利因素严重冲击，仍然完成营业额 1559.4 亿美元，折合人民币 1.08 万亿元，同比下降 9.81%。

2020 年，中国对外承包工程新签合同额为 2555.4 亿美元，折合人民币 1.76 万亿元，同比下降 1.81%；中资企业在 61 个"一带一路"沿线国家新签对外承包工程项目合同 5611 份，新签合同额 1414.6 亿美元，同比下降 8.67%，占同期中国对外承包工程新签合同额的 55.36%；中资企业在"一带一路"沿线国家新签对外承包工程项目完成营业额 911.2 亿美元，同比下降 7%，占同期总额的 58.43%。

从中国 2020 年对外承包工程业务完成营业额企业排名来看，华为技术有限公司、中国建筑集团有限公司、中国中铁股份有限公司分别以 122.48 亿美元、107.62 亿美元、71.08 亿美元的营业额排名前三。前三名企业对外承包工程业务完成营业额占比 19.31%，相比 2019 年前三名企业对外承包工程业务完成营业额占比提升 0.99 个百分点，呈现较高的集中度特点。

表6　2020 年中国对外承包工程业务完成营业额前 20 家企业

序号	企业简称	完成营业额（万美元）
1	华为技术有限公司	1224796
2	中国建筑集团有限公司	1076185
3	中国中铁股份有限公司	710807
4	中国铁建股份有限公司	630216
5	中国水电建设集团国际工程有限公司	557166
6	中国港湾工程有限责任公司	538317
7	中国交通建设股份有限公司	494599
8	中国化学工程股份有限公司	422402
9	中国路桥工程有限责任公司	382241
10	中国石油工程建设有限公司	223462

续表

序号	企业简称	完成营业额（万美元）
11	中国葛洲坝集团股份有限公司	210334
12	中国土木工程集团有限公司	205723
13	上海电气集团股份有限公司	174441
14	中国冶金科工集团有限公司	169410
15	中国中原对外工程有限公司	163540
16	中国机械设备工程股份有限公司	156117
17	中国电建集团核电工程有限公司	141999
18	山东电力建设第三工程有限公司	140548
19	上海振华重工（集团）股份有限公司	139046
20	中信建设有限责任公司	124205

二、丝路青年传承工匠精神和创新精神，打造基础设施"超级工程"的典型案例

基础设施建设是劳动密集型产业，也是容纳丝路青年就业最多、最广泛的领域，从耗时三载搭建起中尼跨境互联网光缆的"数字丝路"到承建"摩托车王国"越南的首条城市轻轨，从中俄合作的亚马尔液化天然气项目全线投产到世界最大规模全预制装配桥——文莱淡布隆跨海大桥的通行……中国一大批青年工程师、青年建造工人及沿线国家丝路青年人才用智慧和汗水共同打造出一个个"超级工程"，绘就一幅幅"一带一路"的精美工笔画。同时，基础设施建设也是展现丝路青年使命必达、精益求精、追求卓越、开拓创新等责任担当的重要领域。

文莱的淡布隆跨海大桥全长约30千米，是世界上最长的全预制桥梁，中国参与建设的桥段穿越未开发的原始热带雨林。中国青年工程师在该段桥梁建设创新采用全预制拼装法，预制构件和T梁等全部在中国生产，再海运到现场进行装配式施工，即后方"造积木"，前方"搭积木"，用"搭积木"的方法"拼"出了一座大桥。同时采用"钓鱼法"施工，机械设备零着陆，不触碰沼泽地面和雨林植被。与传统桥梁施工方法相比，全预制

拼装法和"钓鱼法"施工更加节能环保。

新疆金风科技股份有限公司是一家风机产品市场占有率连续 7 年中国市场排名第一的风电企业，2013 年正式进入巴基斯坦市场，也是走进巴基斯坦的第一家中国风电制造商，目前运营三峡巴基斯坦风电项目、萨察尔项目、塔帕项目和联合能源集团项目，通过"量身定制"适应当地环境的风电机组，输出先进技术和运营管理，极大缓解了项目地电力短缺问题。尤其是在本地团队建设上，金风科技组建了巴基斯坦青年人才为骨干的本地运营团队。项目级培训采取师徒制，中方项目工程师负责指导新入职巴方员工。同时，金风科技还为巴方员工安排了区域级和公司级培训。目前，巴方青年工程师已经可以熟练操作以往只有中方研发人员才能操作的核心零部件的检修和维修系统，能够独立处理常见故障，有些技能较高的巴方员工还自己带起了团队。

2017 年 5 月，中国能源建设集团有限公司葛洲坝一公司承建的刚果（布）利韦索水电站通过工程验收，该项目距离刚果（布）首都布拉柴维尔 750 千米，水库总库容为 1.1 亿立方米，装机容量 19.92 兆瓦，由 3 台水轮发电机组构成。中央民族大学刚果（布）留学生俞浩明参与了利韦索水电站建设，他认为："中刚建交以来，两国经济文化交流不断增多。利韦索水电站建设这项工作对自己意义非凡，给家乡人带来了诸多便利。"据"新华非洲"报道，利韦索水电项目的建设不仅有效地解决了刚果（布）北部地区电力短缺问题，同时也极大地改善了当地的医疗条件、居住条件和教育水平。

巴西水电资源布局在水能富集的西北部，但发达城市和人口主要集中在东南部，输电项目建设意义巨大。中国国家电网有限公司 2014 年与巴西国家电力公司组成联营体，成功中标美丽山特高压输电一期、二期项目，每期项目均要建设超过 2000 千米的 ±800 千伏特直流输电线路，跨越巴西五个州，目前项目已经完成建设任务并开始商业运营。

乌干达境内横跨尼罗河两岸的帕拉大桥施工现场，因尼罗河乌干达流域 2020 年遭受 60 年一遇的洪水，施工段水位一度创下历史新高，尼罗河最深施工水深达到 10 米以上，加上水流湍急，施工设备的装机难度倍增。

一群"80后""90后"中国青年工程师迎难而上,凭借丰富的项目经验,根据当地实际情况重新调整优化方案,和当地青年员工一起将洪水对施工的影响降至最小。项目建设期间,中国青年施工团队每天要做的第一件事,就是对桥梁进行一次"体检",检查各环节的安全和可靠性,不放过任何一个可能的潜在隐患,体现了精益求精的工匠精神和责任意识。

中国建筑集团有限公司是中国专业化发展最久、市场化经营最早、一体化程度最高、全球规模最大的投资建设集团。"一带一路"倡议实施后,中国建筑集团承担了大量基础设施项目,2020年对外承包工程业务完成营业额超过100亿美元。针对不同项目的复杂环境,中国建筑集团成立不同的青年创新工作室,以公司技术部和施工队技术员为核心,利用自主设计或者改造的"科技+"无人机、VR虚拟可视化系统、"天眼"智慧监控系统等,将中国建造逐步向中国智造升级。另外,中国建筑集团还先后举办三届青年创新创效大赛,面向青年员工和青年创新团队,聚焦建筑行业前沿领域、重大工程、关键技术,致力于疏解制约企业生产、经营、管理的堵点、难点,培育创新型青年人才。通过对青年创新创效项目的"征集、展示、评价、试点、运用"全生命周期管理服务,累计推动几百项前瞻性好、科技含量高、示范带动作用强的青年创新成果实践应用,多项青年创新成果亮相国际创新创业博览会,掀起"创青春"热潮。

2015年6月,中铁二院工程集团有限责任公司与俄铁、俄快速干线公司共同签署"莫斯科—喀山—叶卡捷琳堡"高速铁路干线"莫斯科—喀山"段建设项目工程勘察设计文件合同,这是中国高铁"走出去"第一单,也是俄罗斯首条高铁。中铁二院派出一个青年突击队参与到项目设计。在思想上,他们定期开展座谈会,以社会主义核心价值观不断增强政治素养。在工作中,他们勇于攻坚,在国内没有可借鉴经验用于解决极高纬度下高寒、冻土问题的情况下,成立多个创新创效小组,开展20余项科研课题研究,摸索出一整套高铁核心技术,实现中国高铁高端装备系统实质性输出。中铁二院团委负责人认为:"青年突击队注重与国内和俄罗斯当地高校、科研院所紧密合作,加大属地化设计,最终设计出这条全世界尚无先例的时速400千米的宽轨无砟客货共线铁路。中铁二院非常重视青年员工创新能力培养，为青年员工提供创新平台和载体，不论资历，让青年员工有更多机会参与科研攻关。在创新中取得的科研成果和获得奖励，都与员工的技术职称晋升密切挂钩。"

三、丝路青年在"一带一路"基础设施建设挥洒汗水，成就青春梦想的典型案例

（一）蒙内铁路：丝路青年参与建设海外首条"中国化"铁路

蒙内铁路（蒙巴萨港—内罗毕）是东非铁路网的起始段，连接肯尼亚首都内罗毕和东非第一大港蒙巴萨港，全长 480 千米，正线采用单线准轨（非电气化）铁路，列车机车为内燃机系统，设计客运时速 120 千米、货运时速 80 千米，设计运力 2500 万吨，采用中国国铁一级标准进行设计施工，远期规划连接肯尼亚、坦桑尼亚、乌干达、卢旺达、布隆迪和南苏丹东非 6 国。蒙内铁路是中国帮助肯尼亚修建的一条全线采用中国标准的标轨铁路，是肯尼亚独立以来的最大基础设施建设项目，也是肯尼亚实现 2030 年国家发展愿景的"旗舰工程"，也是中国在海外首条集设计、采购、施工、监理和融资于一体的"中国化"铁路项目。该工程由中国交通建设集团承建，于 2014 年 9 月开工，2017 年 5 月建成通车。该工程的建成通车，使蒙巴萨到内罗毕的时间，从过去 100 多年前英国人修建的陈旧"米轨"铁路列车的十几个小时缩短到 4 个多小时。

蒙内铁路建设也见证了一批批丝路青年工程师和技术工人的成长。例如，中国交通建设集团青年工程师王曦辉大学毕业后就到了蒙内铁路项目一线，而后很快成为带领 50 人涵洞施工队的主管工程师，并开始带"非洲徒弟"。王曦辉介绍："中国与肯尼亚的青年建设者在蒙内铁路建设过程中，共同成长。很多肯尼亚年轻人从最普通的劳力工，逐步成长为有专业技术的泥瓦工、木工，甚至有一定的技术、管理才能可独立带领施工队的班组长。"

蒙内铁路建成后，日均开行旅客列车 4 列，日均发送旅客约 5000 人，平均上座率 95％以上，给肯尼亚带来实实在在的好处。据新华社报道，

在第二届 "一带一路" 国际合作高峰论坛民心相通分论坛上，来自蒙内铁路的两位非洲女列车员费斯和德蕾莎讲述了自己的 "铁路人故事"。2017 年初，费斯和德蕾莎从当地的主流报纸上看到蒙内铁路招聘列车员的启事，报名通过面试后，经过中国路桥蒙内铁路运营公司 5 个月培训，二人在蒙内铁路开通当天正式成为列车员。蒙内铁路带给她们的远不止是一份工作，还有很多自豪感和幸福感。费斯进一步介绍："我们穿着工作制服，打扮时尚，经常会有乘客向我们打听是如何获得这份工作的，还有乘客向我们咨询如何才能成为蒙内铁路的员工。因为常常受到夸奖，我和我的父母都因我是一名蒙内铁路人而骄傲。"

（二）中白工业园：丝路青年建设者共建规模最大的海外经贸合作区

中白工业园占地面积约 112 平方千米，规划开发面积 91.5 平方千米，由中国和白俄罗斯两国元首亲自倡导，两国政府大力支持推动，国机集团和招商局集团两家中国中央企业主导开发运营。目前，园区中方占股 68%、白方占股 31.33%、德方占股 0.67%。截至 2020 年底，园区一期 8.5 平方千米 "七通一平" 基础设施建设基本完成，并具备全面招商引资条件，入驻企业累计 68 家（中资企业 36 家、白俄罗斯及欧美企业 32 家）。

中白工业园区建设运营过程中，涌现出一大批青年建设者，他们将中国经验创造性转化到园区，共同打造了中国参与投资开发的规划面积最大、开发建设规模最大、合作层次最高的海外经贸合作区。

例如，浙江吉利控股集团白俄项目是吉利集团积极拓展海外市场、实施国际化战略背景下第一个海外建厂项目，也是中国与白俄罗斯首个汽车合资项目。该项目于 2015 年 5 月开工建设，2017 年 7 月竣工投产，占地面积 118 公顷，总投资 3.29 亿美元，全新的全散件（CKD）工厂取名 "白俄吉"。工厂的投产，使吉利成为第一个将品牌、技术、管理向海外全套输出的汽车企业。吉利将 "奋斗者企业文化" 带到 "白俄吉" 工厂，中方青年员工一周都上六天班，通过企业文化与当地文化的融合，白俄罗斯青年员工也逐渐形成 "改变传统惰性思维、强调个人奋斗" 的奋斗者文化。

阿柳申娜是中白工业园开发公司的一名中文翻译，刚刚大学毕业走上工作岗位。工资待遇好固然是吸引这位 "90 后" 姑娘的原因之一，但更让阿柳申娜感兴趣的是，这份工作让她不断学到新知识，迅速提高各方面能力。中白工业园开发公司在招商引资过程中需要面对各行各业的企业，中文翻译需要不断掌握新知识。"每次翻译都是学习提高的机会，一遇到新的术语我都会马上记下来。"凭着这股认真劲儿，阿柳申娜的翻译水平快速提高，并在入职满一年后获加薪50%。

蔡娇雲是中铁二十五局集团在中白工业园建设项目的中方员工，通过自愿报名和考核选拔来到白俄罗斯工作，主要工作任务是做计划合同，负责和业主计价。她说："在国内的工作模式比较固定，按照中铁建的固定模板操作就可以了，来到中白工业园区后，我们研发了适应当地工作的模板，工作效率有了很大提高。'一带一路'为我们年轻人提供了很多机会。以前我们没有机会出国工作，很难有海外工作经历，现在能有更多发展，而且在海外工作收入也高。"

（三）中石油工程建设公司：青年员工在"一带一路"项目创新实践和成就人生

中石油工程建设公司历经40年创新发展，海外业务分布全球28个国家和地区，承担中石油投资的海外90%以上油气田地面工程及国际招标的全部炼油工程。其中，在"一带一路"沿线国家签订合同额约占全部合同额的70%，2020年营业收入增长到近1200亿元。目前，中石油工程建设公司有1000多名青年管理和技术人员，平均在海外工作年限7.6年，分布在各海外项目现场，成为有关项目的责任担当、创新担当。

例如，青年工程师孙海涛先后承担苏丹哈迪达油田快速投产、南苏丹北部油田复产等项目。南苏丹饱受战火摧残，油田设施经常遭到破坏。孙海涛负责UNITY电站修复项目时，配电室内漆黑一片，上百只蝙蝠飞来飞去，国际承包商害怕有毒，不愿意进去。他大着胆子，踩在厚厚的蝙蝠屎上，对设备进行检查、记录、拍照，为制订修复方案做准备。战后的电站，设备被拆得七零八落，他带着人去草堆里、格栅板下、排水沟旁，把能用的部件都搜集起来。9号机组比业主计划时间提前20天成功启动，南苏丹石油部长出席开机仪式，称赞他们具有"不可思议的执行力"。

青年工程师李阿伟在阿联酋阿布扎比多个重大项目历练。在开展曼德油田扩建项目时，有一次，施工班组忘记随身携带现场吊装作业施工程序文件。业主当即停下整个机组，并把作业票直接撕了扔到他面前。他顿时明白，管理程序不可逾越、标准规范不能变通，这就是高端市场。通过实践，李阿伟意识到，中国公司与国际知名石油公司有着文化、理念差异，中国公司习惯用结果证明过程，国际公司却是用过程实现结果。要迎头赶上，就要学习先进的管理理念、管理标准，吃透业主的管理要求和标准规范。经过海外项目历练的李阿伟，已能独当一面，其项目管理经验和能力受到合作方的普遍赞赏。

（四）印尼雅万高铁：中国青年员工展现"中国形象"

印尼雅万高铁是中国成套技术整体"走出去"的首条高铁，也是东南亚第一条最高设计时速350千米的高铁，由中国中铁股份公司承建。在雅万高铁建设过程中，中方施工单位和青年工程师始终以身作则，把中国最好的技术和企业最好的形象展现给印尼合作伙伴，并逐渐深刻影响和改变着印尼青年员工。起初建设雅万高铁时，印尼青年员工下班时间到点走人，而且节假日从不加班。后来，一点点受中方青年员工的熏陶，印尼青年员工吃苦耐劳的工作面貌也有了很大提升。

例如，据中央广播电视总台经济之声《天下财经》报道，中国青年工程师纽彦鑫是中铁印尼雅万高铁项目部第二分部工程部部长，他认为："在国内修高铁可以说是为人民谋幸福，在海外修高铁就是为民族谋复兴。人生弹指一挥间如白驹过隙，作为一个年轻人，可以参与到印尼雅万高铁的建设，这是值得一辈子回味的荣耀。我们人在海外背井离乡，不辜负祖国人民对我们的期望，要对得起自己的美好年华。"

（五）肯尼亚拉穆港项目：丝路青年在新冠肺炎疫情下科学防疫、创新复工

肯尼亚拉穆港项目是"拉穆港—南苏丹—埃塞俄比亚运输走廊项目"（"一带一路"重点项目）的重要一环，也是非洲最大的基础设施建设项目之一。2020年3月，肯尼亚出现新冠肺炎病例。为防控疫情，当地政府随后颁布"宵禁令"，正在建设中的拉穆港1—3号泊位项目面临物资供应紧缺、多个岗位空岗的困境。尽管当时大多数人对疫情认识较少，项目地

不少当地青年员工恐慌情绪蔓延，中国青年工程师在疫情中展示了强大的战略定力、科学的疫情防控和高效的工作操守。

例如，30岁的中国青年工程师张文杰是中国交通建设集团肯尼亚拉穆港1—3号泊位工程水电工区的技术主管，他在抓好疫情防控的同时，抓紧培训当地工人，一边操作一边培训，从慢慢地教着干到后来一起干。短短几周，他培养出一批熟练的肯尼亚青年技术工人，有效提高了现场的工作效率。他介绍说："遇到没有处理过的问题的时候，我会首先在网上收集一些施工照片，自己摸索思考，然后自己加工一些工具，不断改进方法。"

再如，施新雨是拉穆港上部结构工区现场技术员，面对肯尼亚突如其来的疫情，为了在实行封闭管理后保证上部结构进度尽量不受影响，施新雨和同事一一向当地员工讲述疫情的危害和严重性，争取当地员工尽量留在项目部继续工作。经过一番努力，大部分员工还是选择留了下来。同时，他积极与工区同事和带班工长协商，迅速调整人员结构，合理分配各个工序的作业人员，保证生产进度不受影响。此外，他还加强工区现场防疫工作和员工心理调适。最终，在大家的一起努力下，上部结构工区如期完成主码头纵横梁浇筑任务。

第二节　为全球减贫贡献青年力量：中国与"一带一路"沿线国家青年扶贫交流合作

2021年2月，习近平总书记在全国脱贫攻坚总结表彰大会上庄严宣告，在中国人民迎来中国共产党成立一百周年的重要时刻，中国脱贫攻坚战取得全面胜利。作为最大的发展中国家，中国始终将脱贫攻坚摆在治国理政的突出位置。改革开放以来，按照现行贫困标准计算，中国7.7亿农村贫困人口摆脱贫困；按照世界银行国际贫困标准，中国减贫人口占同期全球减贫人口70%以上。

特别是在全球贫困状况依然严峻、一些国家贫富分化加剧的背景下，中国提前 10 年实现《联合国 2030 年可持续发展议程》减贫目标，无疑对其他发展中国家扶贫事业发展起到了极大的鼓舞和推动作用。加之 2020年以来，受新冠肺炎疫情影响，全球减贫事业遭遇严重冲击，全球极端贫困人口出现 22 年来首次增长，中国经验的价值更加弥足珍贵。联合国秘书长古特雷斯指出："在脆弱和冲突频发的形势下，经济活动低迷预计将再令 1800 万至 2700 万人口陷入贫困。在此背景下，中国如期完成新时代脱贫攻坚目标任务的消息犹如一剂强心针，给广大发展中国家注入正能量。"

国际舆论赞扬中国始终把减贫摆在治国理政突出位置，用发展的办法消除贫困，立足实际，推进减贫进程，走出了一条中国特色减贫道路，也为人类减贫探索了新路径。这不仅是中华民族发展史上具有里程碑意义的大事件，也是人类减贫史乃至人类发展史上的大事件。例如，美国 "欧亚评论" 网站报道："在中国共产党领导下，中国实现完全脱贫，发展取得巨大成就，人民生活发生巨大变化。不仅如此，中国还带动其他国家共同发展，为人类文明作出重要贡献。"

中国政府还将许多创新、有效的减贫做法分享给世界其他发展中国家。例如，2021 年 4 月 6 日，中国国务院新闻办公室发布《人类减贫的中国实践》白皮书，全面回顾了中国共产党团结带领人民与贫困作斗争，特别是中国共产党第十八次全国代表大会以来打赢脱贫攻坚战的伟大历程，介绍了人类减贫的中国探索和实践，分享了中国扶贫脱贫的经验和做法。国际社会对此给予高度评价，认为白皮书既体现了中国政府以人民为中心的施政理念，又为世界减贫事业提供了中国智慧。另外，中国政府通过打造 "中外减贫案例库及在线案例分享平台"，开展全球减贫案例有奖征集活动等举措，同各国决策者、国际组织的实践者共享减贫项目信息，方便各方因地制宜地加以利用。

总的看，中国减贫经验正切实为广大发展中国家摆脱贫困提供有益借鉴。例如，乌干达经济政策研究中心高级研究员保罗·拉库玛说："在中国共产党领导下，中国选择了正确的发展道路，实施了一系列改革措施，为减贫提供了保障。乌干达等国应学习借鉴中国的减贫经验。"

一、"一带一路"倡议推动全球减贫事业

新中国成立70多年来，中国成功将国际减贫合作纳入国家援外框架，统筹资源，发挥更大融通国际民心实效，为帮助其他国家摆脱贫困做出了许多实实在在的努力，用行动有力促进全球减贫事业发展。肯尼亚国际问题专家卡文斯·阿德希尔认为："中国的减贫成就释放了大量资源，这些资源可以投入到非洲和全世界更值得帮助的社区。中国向其他国家提供的国际发展支持成为全球民生改善计划的一个重要支柱，中国提供了资金、技术和人员，帮助其他地方推动多领域的经济活动。"

截至2021年3月，中国已向166个国家和国际组织派遣60多万名援助人员，提供大量援助。此外，中国为广大发展中国家援建多个减贫项目。2010年以来，中国已与近20个发展中国家开展了数十个减贫援助合作项目，主要包括援建减贫示范合作项目、援建医疗卫生项目等。

同时，中国还牵头搭建高规格、高影响力的多层次国际减贫交流合作平台。例如，成功举办9届全球性的"减贫与发展高层论坛"；"中国—东盟社会发展与减贫论坛"被纳入《落实中国—东盟面向和平与繁荣的战略伙伴关系联合宣言的行动计划（2011—2015）》和已经签署的《落实中国—东盟面向和平与繁荣的战略伙伴关系联合宣言的行动计划（2016—2020）》；"中非减贫与发展会议"于2015年经中国国务院批准正式纳入"中非合作论坛"框架，并于当年更名为"中非合作论坛—减贫与发展会议"。

近年来，中国还不断深化共建"一带一路"同联合国《2030年可持续发展议程》对接。联合国拉丁美洲和加勒比经济委员会执行秘书巴尔塞纳指出："在减贫方面，中国践行了'兼济天下'的理念。"

世界银行2019年6月发布的报告显示："一带一路"倡议全面实施将促进760万人脱离日均生活费低于1.9美元的极端贫困，可使3200万人摆脱日均生活费低于3.2美元的中度贫困状态，使全球贸易增加6.2%，沿线经济体贸易增加9.7%，全球收入增加2.9%。

中国外交部发言人表示：中国发起共建"一带一路"倡议，致力于促

进沿线国家经济发展，帮助他们实现2030年议程减贫目标，推动更大范围、更高水平、更深层次的区域经济社会发展合作。中方将继续通过多、双边渠道帮助发展中国家提升能力建设，并积极开展国际减贫合作，推进国际减贫进程。

案　例

"一带一路"推动非洲减贫进程

非洲是世界上贫困人口最集中的地区之一，携手非洲国家摆脱贫困，一直是中非关系发展的主旋律。消除贫困、改善民生、推动经济发展也是中非共建"一带一路"的重要目标。

长期以来，非洲农民多沿袭刀耕火种和靠天吃饭的传统农业产生方式，效率低下，收入微薄，因此推动非洲农业的机械化生产是提升农业生产效率的关键。莫桑比克是非洲农业发展的一个缩影，这里土壤肥沃，用水便利，适合大规模农业开发，但由于农业技术落后，农田管理水平低下，当地农业抗灾能力差，农产品产量低，粮食无法自给，需要常年依靠进口解决国内粮食需求。中国与莫桑比克进行多层次农业援助和合作，正在改变当地农业发展面貌，提高农业机械化生产率。

在莫桑比克首都马普托以北210千米处的万宝农业项目就是一个范例。得益于中国公司在技术、机械化服务上的支持，莫桑比克农民的水稻产量显著增加，水稻单产从中国公司参与合作前的每公顷2—2.5吨增产到6—7.5吨。以前种地赔钱，现在种地能有可观收入，当地农民种田积极性大大提升。许多当地农民争相与中国公司签订合同种植水稻，在经济效益驱动下，当地水稻种植面积也在快速增加。

以万宝农业项目为代表的"一带一路"合作项目不仅从根本上解决非洲当地吃饭问题，还通过产业促进行动和中非产能合作，在帮助非洲实现工业化的进程中创造更多就业岗位。迄今，中国已经在非洲建立 25 个经贸合作区和上百个工业园区，为非洲工业化、创造就业、民生改善、增加出口作出积极贡献。据不完全统计，仅 25 个中非经贸合作区就已创造 4 万多个就业岗位，为东道国纳税近 11 亿美元。

二、"授人以渔"：丝路青年积极参与"一带一路"减贫事业

受教育程度高、逻辑思维敏锐、行动执行力强是青年群体的显著优势，丝路青年理当成为率先脱贫致富的群体和精准扶贫的生力军。从中国减贫实践和经验看，中国政府深入实施青春扶贫行动等专项计划，组织动员志愿者、驻村干部、返乡创业者、扶贫工作队员等青年群体，充分发挥生力军和突击队作用，勇于承担社会责任，大力弘扬社会主义核心价值观，用实际行动和创新手段积极参与扶贫开发，在中国的扶贫道路上留下了许多宝贵经验和感人事迹。

埃塞俄比亚青年联盟主席哈森·穆哈迈德认为："在减贫领域，中国为我们提供了宝贵经验。中国采用了和我们国家不同的先进减贫政策，并通过技术投资来落实这些政策。可以说在减贫方面，中国是我们的重要战略伙伴，我们将把中国的宝贵经验在我们的国家进行实践。"

据《经济日报》报道，中国传媒大学乌干达留学生莎拉·吉萨吉耶去往中国少数民族最多的云南省，将她关于中国少数民族地区脱贫的见闻和思考发表在乌干达《新愿景报》上。她在文中提道："中国为非洲国家减贫树立了榜样，中国的脱贫攻坚故事对非洲国家具有很强的借鉴意义。非洲完全有能力从中国成功脱贫的故事中汲取经验。中国重视农业发展、为农业提供大量资金支持、提高农产品附加值的做法，尤其值得非洲学习。非洲应通过深度参与全球产业链，将农业培育成为非洲经济发展的关键驱动力，以此创造更多工作岗位，助力非洲脱贫。"

同时，中国政府和有关机构也积极组织、动员和引导丝路青年参与"一带一路"沿线国家减贫事业，取得了一系列实践探索成果。

案 例

东亚减贫示范合作技术援助项目：青年专家助力当地改善民生

中国国务院扶贫办、中国国际扶贫中心在 2014 年实施了"东亚减贫示范合作技术援助项目"。项目选择老挝、柬埔寨、缅甸 3 个国家为试点，在每个国家选 2 个项目村，项目实施周期为 3 年。项目以改善该国当地村民生产生活条件、增强村庄发展活力为主要目标，主要内容包括基础设施建设、公共服务设施建设、生计改善、能力建设以及技术援助等。

为帮助当地村民实现生计改善，中国国际扶贫中心组织青年专家进村入户开展产业项目的调研和设计，明确产业发展思路。同时，还多次组织青年专家赴当地提供项目管理培训，组织受援国有关人员到中国参与开展扶贫项目管理、合作社建设和运营培训等能力建设和技术援助的服务。

中国国际扶贫中心、中国农业大学"一带一路"农业合作学院/中国南南农业合作学院、联合国南南合作办公室还组织了"中非青年减贫与发展交流项目"，通过搭建青年减贫交流平台，致力于推动丝路青年，特别是中非青年在减贫与发展领域的对话，在加深丝路青年对减贫与发展了解的同时，更明确了中非青年在减贫事业中担负的重大责任。

案 例

中国青年志愿者海外服务计划：依据受援国需求提供专业化志愿服务

中国青年志愿者海外服务计划是由中国共产主义青年团中央委员会、中国商务部发起实施的长期重点项目。主要是根据受援国的实际需求，由主办单位与受援国签订合作协议，通过公开招募、自愿报名、集中选拔的方式，在约定时间派遣中国青年志愿者赴受援国，开展为期半年至2年（一般为1年）的汉语教学、体育教学、医疗卫生、信息技术、农业技术、土木工程、工业技术、经济管理、综合培训、社会发展等领域的志愿服务工作。

根据"受援国需要、志愿者能为"的原则，由中国商务部驻外经商处负责接收和协调受援国提出的志愿者岗位需求。按照"一个承办省（自治区、直辖市）对应一个受援国"的方式，中国共产主义青年团中央委员会负责志愿者的招募选拔和培训派遣，目前已实现以省（自治区、直辖市）为整体区域派遣、机构组织派遣等多种方式并存、互为补充、相互促进、灵活多样的派遣形式。同时，为确保志愿者招募质量，承办省（自治区、直辖市）政府部门根据项目实际情况，制定海外青年志愿者初审、笔试、面试、入库、考察、公示等一系列招募选拔程序，最终选拔出符合条件的志愿者。

中国有关部门对青年志愿者遴选标准主要有：政治思想素质、语言水平、沟通协调能力、灵活应变能力等，根据不同岗位需求，还要考察志愿者的专业技能水平，如体育、医疗、信息技术方面能力。

对于受援国来说，最根本需要是改善本国相对落后的发展水平。中国青年志愿者海外服务项目也从受援国角度出发，针对性开展能解决受援国实际问题的志愿服务。例如，援埃塞俄比亚青年志愿者通过改良甜瓜种植，使得埃塞俄比亚果农获得大丰收。

案　例

志智双扶：中国有关机构组织青年减贫系列活动

中国商务部、中国国际扶贫中心、中国高校和相关企事业单位面向"一带一路"沿线国家青年群体，组织了一系列减贫培训、论坛、交流活动，志智双扶，促进丝路青年成为扶贫、减贫、脱贫的主力军。

例如，青年领袖计划是由中国农业大学"一带一路"合作学院/中国南南农业合作学院联合联合国南南合作办公室、世界银行等多家战略合作伙伴，自2018年发起的能力建设项目，通过在场性体验、互动式教学、同行启发、实地踏访等多种方式，培育"一带一路"/南南合作青年领袖们的全球视野和领导力，以农村和农业发展转型与变迁为主要着力点，积极应对全球化发展挑战，助力缩小全球发展差距。

青年领袖计划在促进丝路青年精准扶贫、减贫、脱贫等方面取得良好业绩。联合国秘书长南南合作特使豪尔赫·切迪克认为："青年人口和农业人口在广大发展中国家的比例都高于全球平均水平，农业青年领袖计划在促进南南合作和可持续发展方面是极有意义的创新和尝试。"

第三节　就业是最大的民生：中国促进"一带一路"沿线国家青年就业创业

联合国贸易与发展会议指出，2020年新冠肺炎疫情在全球范围内造成2.55亿全职就业人口失业，并造成全球经济衰退3.9%，主要经济区域悉数受到疫情冲击，无一幸免。稳、保就业成为各国最大的民生保障任务。据中国商务部统计，在就业方面，截至2018年，"一带一路"建设通过贸易、投资等方式为参与国增加超过20多万个就业岗位。同时，"一带一路"基础设施建设也为沿线国家新增大量就业岗位。其中，丝路青年成为"一带一路"建设就业扩容提质最大的受益群体。

一、"一带一路"建设的就业带动效应

2017 年 6 月，中国青年报社会调查中心联合问卷网对 2000 名 18—35 岁青年进行调研，65.6% 的受访青年对"一带一路"创造就业增长点有信心，能源动力（46.8%）、交通运输（45.7%）和互联网（43.7%）被受访青年认为是新就业机会出现时最可能侧重的行业。其他行业依次为：人工智能（42.9%）、基础建设（39.3%）、旅游（31.9%）、生物科技（22.9%）、商务外交（20.2%）、小语种（18.4%）、金融经济（18.4%）、文化影视（15.4%）、农业（10.6%）和体育（5.6%）等。

（一）"一带一路"建设直接创造就业岗位

不少"一带一路"沿线国家经济发展水平总体较低，传统投资动能不足，基础设施建设滞后，劳动参与率较低，失业率较高，就业不充分，工资水平较低，依靠本国内生式发展和西方国家基于社会达尔文主义的全球产业链分工梯次发展，很难破解现有经济窘境和改善民生。

中国以共商共建共享为原则，通过贸易、投资、基础设施建设等多种方式直接吸纳和带动沿线国家就业，为沿线国家扩大就业和发展经济提供了一条可持续发展路径。例如，到 2018 年末，中国—东盟双方贸易额突破 5000 亿美元，人员往来人次达到 5000 万人次，中国已在东盟国家设立直接投资企业 4700 余家，雇用当地员工 35.3 万人，较 2014 年雇用规模翻了一番；中国土木工程集团承建的非洲首条电气化铁路——亚吉铁路（埃塞俄比亚至吉布提标准轨距铁路）项目共雇用约 4.8 万名当地青年建筑工人，蒙内铁路累计为肯尼亚创造近 5 万个工作岗位；中巴经济走廊建设总投资已超过 190 亿美元，每年为巴基斯坦经济增长贡献 1—2 个百分点，为巴基斯坦创造 7 万个就业岗位。

（二）"一带一路"建设遵照沿线国家的劳动力市场制度，确保就业带动效果

一些"一带一路"沿线国家制定了较为严格的劳动力市场制度，对外资项目有明确的用工限制条件规定。例如，沙特劳工保护政策提出，"沙

化率"（即外资企业和项目中沙特籍员工比例）一般不低于10%，部分新中标项目（如探井项目）甚至要求60%以上；哈萨克斯坦法律对哈外（合）资企业本国雇员和外国雇员比例有明确要求；阿尔及利亚在劳务配额审核中也严格要求本地人员比例，一般要求本地和外地用工比例为5∶1。换言之，中国在"一带一路"启动、带动新项目，则意味着相当规模的当地就业同步创造出来。中国"走出去"企业以有资质、上规模、讲诚信、守法律的大中型企业为主，严格按照沿线国家法规政策开展投资合作和生产经营，积极开展订单式就业培训，重视本地员工培养，积极融入当地社区，力争实现长久发展。

（三）"一带一路"建设业已发挥就业带动乘数效应

"一带一路"建设项目改善沿线国家基础设施条件，降低交易成本，推动经贸和市场发展，带动房地产、商贸、餐饮、酒店、物流等相关产业发展，这一乘数效应也间接带动大量本地就业。例如，巴基斯坦卡洛特水电站项目是中巴经济走廊的首个水电投资项目，也是丝路基金的首单投资；中国—白俄罗斯工业园是中国目前对外合作层次最高、占地面积最大的园区；尼日利亚莱基自由贸易区是中国政府批准的国家级境外经贸合作区，直接辐射尼日利亚及周边西非国家。这些项目工程大、周期长，能够拉动当地配套工程项目和产业发展，产生显著的就业带动作用。

同时，"一带一路"建设对中国的就业带动效应也在显现。2017年7月，北京市委教育工委、人民网组织"穿越千年丝路，寻找中国印记"集体采访活动，受访大学生普遍认为，"一带一路"建设提升了大学毕业生的就业前景。智联招聘《2017年"一带一路"下的区域大数据就业报告》显示，中国18个与"一带一路"建设相关的省市职位需求同比增长显著，基础设施互通互联等相关行业职位增量迅猛，15个港口城市的贸易进出口行业职位快速增长。

"一带一路"沿线国家除了汉语和英语外，还通行50多种官方语言，包括菲律宾语、老挝语、马来语、缅甸语、印尼语等多个小语种。因此，纵深推进"一带一路"倡议急需大量复合型小语种人才，过去冷门专业"小语种"成为"就业不愁"的热门专业。中国部分外国语高校小语种专业毕业生经过 3 年学习与 1 年海外交换，不仅有语言优势，对沿线国家当地文化、政策理解更深入。因此，近年"小语种"专业毕业生的就业表现出"就业率高、就业层次高、就业满意度高"的特点，到政府部门、知名企业工作的毕业生越来越多。同时，跨境电商、数字贸易等新领域迅猛发展，相关企业人才需求也非常大，使得"小语种"专业毕业生就业选择更加多样化。

（四）"一带一路"建设优化沿线国家就业结构

不少"一带一路"沿线国家仍为经济欠发达的农业国，农业人口占 60% 以上，多数劳动力仍然从事附加值较低的小农生产。中国对沿线国家投资主要集中在第二和第三产业，通过创造就业和提升当地员工职业技能水平，优化当地就业人才结构，有助于推动落后的农业国逐步向现代化的工业国迈进。"一带一路"建设项目中，中国将先进的技术、标准、产业链和管理模式带给沿线国家，输出大量青年技能人才和管理人才，对当地非熟练工人开展针对性培训，提高当地劳动者尤其是青年产业工人的知识技能水平，有助于优化升级当地就业结构。以华为为例，近几年，中国对外承包工程业务完成营业额排在第一位的是华为技术有限公司，年完成营业额均在 100 亿美元以上，为"一带一路"沿线国家创造了大量高质量就业岗位。例如，华为近年在印尼投资项目直接为当地创造约 3000 个就业岗位，间接带动 2 万个就业岗位，累计培训印尼通信人才 2 万人。根据印尼中央统计局统计，平均每名中国在印尼人员可以直接为当地创造 3.6 个就业机会。

二、"学习汉语"提升非洲青年职场竞争力

近年来，随着中非全方位合作的快速推进，非洲人口年轻化和资源富集等结构性优势不断显现，越来越多中资企业来到非洲投资，非洲市场对汉语人才需求快速增加，学习汉语正成为非洲青年与中国打交道、获得理想工作的最佳途径。

中国人民对外友好协会等行业协会、浙江师范大学中非国际商学院等

教育机构及中资企业通过提供职业培训和就业机会等形式，组织非洲在华留学生就业交流会等招聘活动，帮助非洲留学生提升职业技能，提高非洲留学生就业率，同时助力中国在非企业找到非洲本土人才，加快中资企业在非用工属地化进程。值得关注的是，在一系列为非洲留学生提供的就业服务活动中，熟悉和精通汉语成为非洲留学生的职场"敲门砖"。

案 例

孔子学院促进非洲青年在中资企业就业

近年来，全球孔子学院积极开展"汉语＋"课程建设和教育改革，增设了若干职业技能课程，与中资企业、国外高校等合作，广开就业渠道，帮助学员利用中文这一技之长，增强就业竞争力。

据人民网报道，目前，埃及的中国公司有1000多家，为埃及年轻人创造了3万多个工作岗位。埃及伊斯梅利亚省省长亚辛·塔希尔表示："会说汉语的埃及人不愁找不到工作。"2019年4月，苏伊士运河大学孔子学院举办了"第二届埃及中资企业校园招聘会"，20家中资企业携几百个岗位参会，涉及中文翻译、电气工程、土木工程、产品设计、农业、化学等专业。苏伊士运河大学孔子学院中方院长朱廷婷认为："举办招聘会的目的，就是希望借此机会帮助中资企业解决招聘难题，同时也为埃及学生提供更多的发展空间。"苏伊士运河大学孔子学院成立就业指导中心，为中资企业与埃及大学毕业生提供招聘对接服务的同时，也在推动企业与学院建立校企合作机制。

2019年3月，塞拉利昂大学孔子学院、塞拉利昂大学联合主办的"塞拉利昂第二届中外资企业展暨大型人才招聘会"在弗拉湾学院举行。参展单位来自渔业、建筑业、交通运输业、IT业、传媒业、医疗服务业等多个行业，50余家中资、外资企业为塞拉利昂大学毕业生提供1000多个就业岗位，并为当地500

余人提供择业服务，现场吸引超过 2000 名青年前来应聘。

据《经济日报》报道，2019 年 4 月，由南非高等教育部、南非中国经贸协会、中国文化和国际教育交流中心主办的驻南非中资企业招聘会在约翰内斯堡埃库尔胡莱尼西部学院举行。海信、中国联通、中国国航等 40 家驻南非的中资企业参加招聘会，提供 200 多个就业岗位，吸引了赴华留学和培训归来的南非学子以及当地各大职业技术学院学生约 1000 人应聘。中国驻南非大使认为："此次活动为赴华学成归来和当地参加孔子学院及孔子课堂的南非学生就业搭建了良好平台，对促进南非青年就业和中南友好具有重要和特殊意义。"

非洲第一所孔子学院——肯尼亚内罗毕大学孔子学院开创了"汉语＋"职业技术项目，旨在培养既懂汉语、又懂技术的人才。该校毕业生有的在蒙内铁路担任机修和乘务员，有的在内罗毕机场担任中文广播员，更多的则进入非洲大中小学成为汉语教师。毕业于孔子学院的蒙内铁路职员们在不到两年的时间里成为骨干力量，有的甚至被肯尼亚总统称为"国家骄傲"。

2019 年 4 月，南非德班理工大学孔子学院建立首个"汉语＋"职业技能培训与实践基地，不仅在汉语学员中起到示范作用，更激发南非大学生学习汉语的热情和积极性。孔子学院学员高之弘在一家中资纺织企业获得实习机会，他认为："大家都知道在南非找到合适的实习单位很难，但是学习汉语让我获得了这次宝贵的实习机会。刚开始的时候，我还很难从学生的角色转换到职员的角色，很多纺织技术和成衣生产技术都是在书本上学不到的，这个实习经历让我重新认识了自己所学的知识和职业规划。"

三、"一带一路"建设促进丝路青年创业

随着"一带一路"建设的持续推进，"大众创业、万众创新"的中国

热潮逐渐延伸到丝路青年，后者利用"一带一路"建设提供的资源和平台，将创富人生、改变世界的梦想变成实际行动，成为创业者、创新者和变革者。

案　例

"一带一路"国际青年创新创业论坛为丝路青年创业搭建平台

2020"一带一路"国际青年创新创业论坛上发布的《"一带一路"国际青年创新创业合作倡议》提出："青年人要志行高远，以切身行动努力成为'一带一路'倡议的参与者、践行者和传播者；科技创新企业要成为'一带一路'国际青年合作的孵化器和支持者；国际青年组织、合作机构要发挥黏着剂与桥梁作用，为中国青年走出去提供交流平台，为外国优秀青年了解中国、落地中国、圆梦中国提供机会和舞台。"

在"一带一路"国际青年创新创业论坛上，几名丝路青年创业者的分享体现了上述倡议。比如，乍得青年创业者张晓强先后在哈尔滨工业大学和北京科技大学就读，并曾进入世界500强的中资企业工作两年，学习了中国优秀企业的工作效率、管理方式等创业经验。2019年，张晓强带领中国团队到非洲创业，以7天完成一套房子的速度，让当地人迅速拥有温馨的安居房。加纳青年Ramzi Inusah在北京成立了自己的公司，与中关村"一带一路"产业促进会合作，建设中非创新合作中心，打造中非合作市场化公共服务平台，推动中国和非洲的贸易发展和投资、文化、旅游等项目对接。对外经济贸易大学俄罗斯留学生傅嘉烨带领俄罗斯青年创业团队，创建了中俄青年创新合作中心，促进中俄在新技术、资源、健康、教育、旅游、文化交流等方面合作。

近年来，中国与"一带一路"沿线国家有关机构联合组织了一系列国际创业论坛、大赛，搭建平台，服务丝路青年创新创业。中国的一些高校、社会组织也在搭建平台，为丝路青年创新创业提供专项培训、项目孵化、投资对接等公共服务。例如，"博实"国际商业创新创业精英人才特训班由上海对外经贸大学、上海市大学生科技创业基金会和上海阿里巴巴创新中心三方合办，通过国际化、实战化、协同式、浸润式的创新创业教育实践，旨在培养一批具有较强创新创业意愿、掌握创新创业理论和方法、具有全球通用创业能力的"高水平、国际化、特色鲜明"的创新创业精英。中国寒武创投公司同尼日利亚当地华人企业家共同出资创办了寒武非洲孵化器，借鉴中国双创孵化器模式，帮助中国和非洲青年创业者了解当地市场环境，找准创业投资方向，并协助解决商业模式落地的场地、人员、工商、税务、法律、供应链、资源等方面的问题，更好帮助中国青年创业者挖掘"一带一路"沿线国家，特别是非洲的市场机会。

案　例

近年来丝路青年创业大赛品牌活动盘点

由中国职业技术教育学会高等职业技术教育分会、全国高等职业院校创新创业教育联盟、英国国家创新创业教育中心中国联合主办的中英"一带一路"国际青年创新创业技能大赛已举办四届，赛事吸引中国100余所职业院校1000多名教师、数千名学生参加，创业项目覆盖技术发明、文化创意、商务服务、餐旅服务、农业服务、体育运动、养老产业、物流、传媒等多个领域，呈现出参与师生人数增加、创业领域扩大、科技含量明显提高等特点。

西安国际创业大赛由西安市人民政府主办，中共西安市委组织部（市委人才办）、西安市科学技术局承办，面向全球优秀创新创业项目的赛事。大赛始于 2017 年，旨在以全球化视野，关注世界前沿科技创新动态，重点围绕西安市支柱产业、新兴产业、生产性服务业重点领域，加强与"一带一路"沿线国家交流合作，吸引更多中国和沿线国家优秀青年人才、创新技术、产业项目和金融资本落地西安，加快创新创业资源聚合效应。纵观西安国际创业大赛涌现出的创业项目，不少沿线国家青年创业者携创新技术与中国市场对接。例如，2020 年西安国际创业大赛上，西安工业大学突尼斯留学生约斯里·本·萨拉赫参赛项目为"Rythminno"，是一个智能安全的人才和资源链接平台，采用人工智能和区块链等高科技解决方案，建立投资者、初创公司和孵化器的协作共赢关系，并帮助初创公司对接各类资源。

"东升杯"国际创业大赛是一项聚焦创业服务的国际性赛事，为创业者提供寻梦、造梦的广阔舞台。从 2013 年起航至今，大赛从北京市海淀区走向全国、走向国际，累计吸引 5000 余个创业项目报名参赛，其中海外项目有近千个，并成功实现多个项目的落地转化。自 2015 年开设北美、韩国赛区之后，2019 年又新增"一带一路"、俄罗斯等分赛区，并与当地代表性财经活动联合办赛。

中国国际贸易学会、全国外经贸职业教育教学指导委员会已连续举办三届"一带一路"国家留学生跨境电商创新创业技能竞赛。参赛团队来自中国数十所高校的"一带一路"沿线国家在读留学生，就读专业主要是国际贸易、国际商务、汉语国际教育等。大赛主要检验参赛团队的跨境电商需求意识、成本意识、风险意识、利润意识、竞争意识，以及运营决策、数据分析、创新思维及分析问题、解决问题的能力。从大赛走出的丝路青年留学生在求学和毕业期间，陆续成为跨境电商的企业骨干、创业者，以及丝路电商的拓荒者。

案 例

藤蔓计划：服务丝路青年创新创业

国际青年创新创业计划（藤蔓计划）是中国首个服务海外青年的国际创新创业服务项目，由中关村"一带一路"产业促进会策划实施，于 2017 年启动，旨在通过实习对接、精准派送、考察培训、创业孵化、国际青年企业家培养计划等方式，对接中国创新科技企业，让中国科技创新的火种通过青年创业家的努力，如藤蔓一样在"一带一路"沿线国家蔓延生长。2017 年，"藤蔓计划"有超过 200 家企业和多所高校参与，多场次国际人才对接活动实现赴华留学生与中资企业的有效互动对接。根据藤蔓计划公开资料，到 2022 年，将有超过 100 个企业通过"藤蔓计划"融入"一带一路"建设直接获益，超过 1000 名国际青年人才通过"藤蔓计划"与中资企业建立合作关系进行创新创业，超过 10000 名国际青年人才加入"藤蔓计划"。

对外经济贸易大学斯里兰卡留学生杜佳丽报名参加了"藤蔓计划"对接活动暨留学生就业实习专场招聘会，成功应聘中关村东升国际科技园的实习岗位。杜佳丽介绍："历经公司 6 个月实习，我在学业水平、专业素养、业务能力方面有了很大提升，同时也让我对中国有了更为深刻的认识和了解。在我看来，'藤蔓计划'给迫切希望能够进入中资企业实习就业的留学生一个展示自我的机会，进一步将留学生这一群体与中国建设发展紧密联系在一起。"

案 例

"一带一路"青年故事会：丝路青年通过"一带一路"平台成功创业

据《中国青年报》报道，"一带一路"青年故事会年度主题会议由中华全国青年联合会主办，中国青年报社、KAB 全国推广办公室承办，以"创业"为主题，旨在分享"一带一路"青年的创业故事与合作成果，推动沿线国家青年的创业交流与合作，与会的青年创业者以开放心态积极分享自己的创业经验和教训，寻找合作的机会与可能。

2019 年活动上，非洲留学生毛思的梦想是成为"莫桑比克的马云"，开发了 MozBuy 电商平台，可以帮助中资企业到非洲拓展市场，同时改善非洲当地人民的生活水平。深圳创业者李霞针对非洲国家电力供应紧缺现状，设计出太阳能灯"Candles Killer"。二人在本次活动结识，促成太阳能灯"Candles Killer"在 MozBuy 电商平台销售的合作。

2020 年活动上，丝路青年创业者分享了自己的创业故事。韩国青年金峻范得到北京（海淀）留学人员创业园的帮助，正在中关村创业，为中韩创业人才搭建交流桥梁，他的公司已经为 800 多名中韩青年提供创业培训，与 40 多家韩国创业企业对接，在新冠肺炎疫情期间与中韩两国政府合作开展 13 个线上项目。

阿联酋青年穆罕默德·马泽凯成立"拥抱中国"公司，参与组织迪拜时装日、阿联酋中国电影周、中阿经贸数字化特展、"中国眼中的迪拜"、"魅力中国"等系列文化活动，帮助阿联酋和中国的企业在对方国家获取投资与贸易机会，促进两国人民互相了解和两国之间的文化交流。

意大利青年朱塞佩·托马塞洛创办的公司利用人工智能技术帮助外国人学汉语，他希望帮助中国文化在全球更好传播，帮助更多外国人领略中华文化之美。泰国青年鲁塔纳维萨诺·瓦雷特接手经营家族化妆品公司，他从中国采购原料，在包装中融入中国元素，成功吸引更多消费者关注和认可，提升了公司竞争力。阿塞拜疆青年盖达尔·巴巴耶夫正在积极推动自己的时尚服装品牌进入中国市场。

第四节 携手共建人类卫生健康共同体：中国与 "一带一路"青年公共卫生合作

近年来，随着全球公共卫生危机频发，公共卫生议题日益成为国际关系的一项重要议程。世界卫生组织 1996 年发布的《世界卫生报告》提出："我们正处于一场传染性疾病全球危机的边缘，没有哪一个国家可以免受其害，也没有哪一个国家可以对此高枕无忧。"公共卫生国际合作体现人道主义精神，也是中国政府承担更多国际责任和义务的具体体现。

2006 年以来，中国在非洲援建了 30 所医院，捐赠了大量药品和医疗设备，为非洲卫生技术人员来华留学、进修和培训提供政府奖学金，使每年有 1000 多名非洲医务工作者得以接受中国开展的医疗卫生领域短期培训。例如，乍得留学生马丁获得中国政府奖学金，来到南方医科大学求学，完成本科和硕士学习，攻读博士生时获得广东祈福医院的实习机会。刚开始出诊时，有些患者看到他是外国医生，不愿意接受治疗。不过他们随后就发现，这位马丁医生不仅医术过关、工作认真负责，而且中文十分流利，与中国医生一样有着医者仁心，复诊时不少患者主动找他，很受欢迎。马丁认为："在中国取得学位后，就回乍得家乡工作，把在中国学到的知识和技能在祖国施展，并为中乍友谊贡献自己的力量。"

一、公共卫生"一带一路"合作实践

（一）援外医疗队成为中国公共卫生国际合作的响亮名片

1963 年，根据周恩来总理的指示，中国政府应邀向阿尔及利亚派遣第一支援外医疗队。截至 2019 年 11 月，中国累计派遣援外医疗队 2.6 万人次，先后远赴亚、非、拉、欧和大洋洲的 71 个国家，累计诊治患者约 2.8 亿人次，其中约 2000 人次获得受援国政府颁发的总统勋章等各种国家级荣誉，51 名队员因公牺牲在异国他乡。2013 年 3 月，习近平主席访问刚果（布）期间，提炼总结出"不畏艰苦、甘于奉献、救死扶伤、大爱无疆"的中国援外医疗队精神。美国《大西洋月刊》报道："中国在非洲的科学和公共卫生领域的合作向世界展现，中国带给非洲的远不只是道路、铁路等基础设施。"

中国在援外医疗队中，涌现出一大批优秀青年医生，凭借对受援国人民群众的满腔热忱和过硬的医疗技术，开展了卓有成效的医疗服务工作。

案　例

中国青年援外医生：为受援国提供高质量医疗服务

几内亚比绍医疗条件较为落后，一些偏远山区的居民生病后无法得到及时救治，中老年人甚至一些少年儿童都被肩周炎、腰颈椎病等慢性疾病困扰，一些神经系统疾病、腰痛、中风、偏瘫的患者更缺乏必要的药物治疗。因此，在几内亚比绍甚至整个非洲，简便亲民的中医疗法备受推崇。

青年中医侯兴明是第16批援几内亚比绍医疗队队员。2017年，侯兴明创新发挥中西医结合的优势，联合针灸科、骨科、麻醉科等科室力量，开办疼痛专科门诊，此举在几内亚比绍刮起了一股"针灸风"，慕名前来向侯兴明求医的患者不断增多，门诊量翻了一番。外出义诊时，侯兴明常常顶着炎炎烈日为患者针灸拔罐，一站就是几个小时。在医院坐诊时，他常常忙得顾不上喝水吃饭，甚至没时间上厕所。援非两年，侯兴明个人门诊服务达7000人次，每月要用掉近万根银针辅助治疗。

在几内亚比绍工作的两年间，侯兴明不仅看病救人，还与当地卫生学校开展临床教学合作，内容涉及针灸基本原理、经络循行路线、取穴选穴。每次上课，侯兴明都要结合具体病例，进行示范操作。当他为患者扎针或者拔罐时，当地卫生学校学生便围在四周观摩，有时还会上手实践，承担起助手的工作。2018年，回国前夕，侯兴明带教的当地卫生学校的学生以及两名技师都已学会多项中医治疗技术，并能够独立操作，为患者治疗。

　　西安交通大学第二附属医院青年麻醉科医生雷晓鸣是援马拉维医疗队成员。由于高强度的讲座、手术和义诊，包括他在内的一些同行的援外医生都病倒了。为了节约医疗资源，他曾连续13天给自己扎针，直到痊愈。雷晓鸣认为："作为一名普通医生，我很自豪能在'一带一路'建设发挥自己的力量，同时我也希望更多人投身援外工作。"

　　唐春辉是四川省眉山市仁寿县人民医院妇产科青年医生，与其他11名队员组成中国（四川）第22批援莫桑比克医疗队。初来乍到，平均年龄不到37岁的青年医疗队遭到莫桑比克首都马普托中心医院医生的质疑，"他们看起来很年轻，能行吗？"面对质疑，唐春辉一边默默调整心态，一边积极与当地医生沟通，争取早日上手术台。适应了一段时间，唐春辉终于接到第一台手术任务，为一名孕妇操刀剖宫产手术。术前，唐春辉做了详尽的准备工作，从了解孕妇身体状况到制定手术方案，每个环节都一丝不苟。手术中他沉着地开刀、取胎、缝合……直至手术结束，唐春辉顺利获得了当地医生的信任。此后，唐春辉的援非工作迈上正轨，先后在当地进行了上百台手术。

　　2019年7月的一天，唐春辉给一名携带艾滋病毒的产妇做剖宫产手术。按照规定完成了手术，但是在最后的伤口缝合时意外发生了。在做最后的打结处理，手术缝合针突然弹起来，擦过他的大拇指。被针头扎到，接触到患者的血液，意味着唐春辉遭遇到艾滋病职业暴露。向来沉稳冷静的他有一刹那的失神，但很快镇定下来，立即挤压伤口排出血液，然后第一时间服用医疗队从中国带来的艾滋病阻断药。在服用阻断药的28天时间里，恶心、呕吐、腹泻让唐春辉吃尽了苦头，但他不敢告诉家人，独自一人承受着压力。好在有队友和非洲同事的关心，让备受煎熬的唐春辉稍稍宽了心。由于应对得当，后来检测显示呈阴性，没有被感染。援非经历让唐春辉对"医生"这个职业有了更深刻的体会："医疗队走出国门，代表的是中国，我很荣幸能成为其中的一分子！"

"90后"中国姑娘谷彬是中国红十字会发起的"一带一路"大病患儿人道救助计划的项目专员。她带着中国红十字会医疗队奔赴战火纷飞的阿富汗，两年时间共救助100名阿富汗先天性心脏病患儿。谷彬认为："生命没有国界，都是一样的重要。'一带一路'不仅连接了等候救治的孩子和他们的家庭，更连接了人类的生命和希望。"

（二）中国携手多国共同抗击全球重大传染病危机

2003年抗击非典疫情取得胜利后，中国进一步密切同世界卫生组织和一些国家的公共卫生合作，出台《突发公共卫生事件应急条例》《国家突发公共事件总体应急预案》等法规政策，加快构建覆盖城乡的公共卫生应急管理体系。2006年，中国香港卫生署原署长陈冯富珍成功当选世界卫生组织总干事，这也是中国人第一次在联合国专门机构担任最高职位。

2014年3月，在几内亚发现并确认了埃博拉出血热疫情，并传播蔓延至利比里亚、塞拉利昂等非洲邻国，美国、西班牙、英国等欧美国家也相继出现病例，呈现全球蔓延态势。2014年8月，世界卫生组织宣布该疫情为国际关注的突发公共卫生事件。2014年9月，联合国历史上首次启动针对公共卫生事件的应急响应。中国政府及时向西非疫情国家伸出援手，成建制地派出临床和公共卫生专家1200多人次援非，在中国公共卫生援外历史上是派出人数最多、持续时间最长、工作覆盖最广的一次。

在抗击全球重大传染病疫情的过程中，中国青年医生一次又一次地"临危受命"，成为最美的逆行者，为全球战疫、胜疫作出了巨大贡献。例如，2015年，中南大学湘雅医院牵头组建第五批中国（湖南）援塞抗疫医疗队。那时，正是援塞抗疫最紧急、危险的时候，每一名踏上西非土地的医务工作者都将生死置之度外。青年医务管理人员吴静承担了医疗队的后勤保障工作。面对埃博拉这个当时并不完全了解的"敌人"和塞拉利昂这个贫穷落后的"战场"，吴静与团队成员不分昼夜工作。前方信息来源极少，吴静团队就在网上广泛搜罗其他省份、其他国家救援医疗队的新闻，逐条分析信息，制定物资配给方案。最终，吴静团队出色完成队伍组建、物资采购、后勤服务、经费保障、队员培训等一系列工作，保障医疗队取得"打胜仗、零感染、全治愈"的好成绩。

二、丝路青年积极参与抗击新冠肺炎疫情

2020年新冠肺炎疫情暴发后，中国政府本着对全球公共卫生事业高度负责的精神，积极主动地与世界卫生组织开展合作，及时通报疫情发展情况和中方采取的各种应急措施，得到世界卫生组织的高度认可和赞赏。中国同时也向世界各国及时通报相关信息，开展必要的信息交流与沟通。特别重要的是，中国在本国抗疫形势相当紧迫的情况下，向"一带一路"沿线国家、美国等发达国家以及世卫组织等国际机构，提供了包括现汇在内的各种抗疫援助和医学支持，并派出几十支包括青年骨干医生的援外医疗队和专家组，协助相关国家开展多种形式的疫情防控。

为了全面参与并积极推动全球抗疫合作，习近平主席在G20特别峰会上庄严承诺，中方秉持人类命运共同体理念，愿同有关国家共同分享疫情防控有益做法。就此，他提出四点建议：一是坚决打好新冠肺炎防控全球阻击战；二是有效开展国际联防联控；三是积极支持国际组织发挥作用；四是加强宏观经济政策协调。

在2020年5月召开的第73届世界卫生大会视频会上，习近平主席再一次呼吁世界各国，要团结合作战胜疫情，共同构建人类卫生健康共同体。这个具有创造性的合作构想，极大拓展了"一带一路"国际合作的路径和前景。基于这一新理念、新构想、新思路，未来两年内，中方将对外提供20亿美元国际援助，与联合国合作在中国设立全球人道主义应急仓库和枢纽，建立30个中非对口医院合作机制，中国新冠疫苗研发完成并投入使用后将作为全球公共产品。

在2020年8月召开的中非团结抗疫特别峰会上，习近平主席强调，在中非团结携手抗疫的过程中，双方要加强共建"一带一路"合作，将合作重点向健康卫生、复工复产、改善民生领域倾斜。这不仅适用于中非抗

疫合作，同时也适用于"一带一路"建设全过程，进而适用于全球公共卫生治理，适用于整个人类社会的公共卫生事业。

中国拥有强大的口罩、检测盒、呼吸机、疫苗等医护产品和设备的研发与生产能力，以及感染者大数据跟踪统计和预测技术等数字能力，在疫情全球防控中发挥着巨大作用。中国最早承诺将新冠疫苗作为全球公共产品，并加入了世卫组织主导的 COVAX 全球新冠疫苗计划，用实际行动为发展中国家提供帮助，推动实现新冠疫苗在全球的公平分配。到 2021 年 3 月，中国已经或正在向 80 多个国家和 3 个国际组织提供疫苗援助，同时向 40 多个国家出口疫苗，还同 10 多个国家开展疫苗研发和生产合作。摒弃"疫苗民族主义"，携手跨越"免疫鸿沟"，重信守诺的中国行动深刻诠释了构建人类命运共同体的崇高理念。

在罕见的新冠肺炎疫情面前，中国展现出负责任的大国担当，成为坚持团结抗疫的典范，赢得国际社会特别是广大发展中国家的高度赞誉。例如，俄罗斯总统普京认为："中国政府为抗击疫情采取了卓有成效的举措，不仅控制了国内疫情，也为保护世界人民健康安全作出了重要贡献。俄方高度赞赏中国的努力并为此感到高兴。中国向遭受疫情的国家及时伸出援助之手，为国际社会树立了良好典范。中国的行动是对个别国家挑衅和污名化中国的响亮回答。一些人试图在病毒源头问题上抹黑中方的做法不可接受。"土耳其总统埃尔多安认为："抗击新冠肺炎疫情是人类正在面临的共同战争。中国人民经过英勇努力，战胜了疫情，为世界树立了榜样。"法国前总统奥朗德认为："中国政府采取了正确决策，让国际社会对中方有效防控疫情充满信心。"

在这场抗击疫情的阻击战中，一大批"80 后""90 后"青年医生、护士等医务工作者冲锋在前；无数青年学子主动请缨，成为家乡疫情防控的"战斗员""宣传员""保障员"；各行各业的青年人才参与复工复产复商复市……中国青年表现出了大无畏、敢作为的责任担当精神，展现出蓬勃的青春力量，交出优异的时代答卷。

中国抗击新冠肺炎疫情也得到广大丝路青年的高度赞赏和认可。2020 年 5 月，联合国教科文组织与中国联合国教科文组织全国委员会联合举办的"一带一路"沿线国家青年在线对话活动上，与会各国青年一致认为，病毒没有国界，疫情不分种族，全球青年应秉持开放包容、科学专业的态度，团结协作战胜疫情。各国青年在发言中积极评价中国的疫情防控成就，认为中国在做好疫情防控常态化的同时，加快恢复经济社会秩序，及时推出支持青年就业创业的务实举措，值得各国借鉴。

另外，很多丝路青年也以不同形式为中国疫情防控提供了支持和声援。例如，甘肃农业大学加纳留学生伊拉斯塔斯专门创作《战胜新冠》歌曲，在中国新冠肺炎疫情暴发之初，曾用歌声为奋力抗疫的中国人民尤其是战斗在第一线的医务工作者加油鼓劲儿。

案　例

"丝路青年抗击新冠肺炎疫情网络视频座谈会" 呼吁团结携手、共同抗疫

2020 年 3 月，丝路青年论坛举办"丝路青年抗击新冠肺炎疫情网络视频座谈会"，来自中国、马来西亚、巴基斯坦、尼泊尔、俄罗斯、柬埔寨等十几个"一带一路"沿线国家的丝路青年代表出席发言。

"团结携手、共同抗疫"是丝路青年在这次座谈会发出的一致呼声。例如，尼日利亚青年王明认为："抗击疫情无国界。这次新冠肺炎疫情的出现和蔓延，充分说明全世界人民必须团结在一起，联合起来共同和疫情作斗争。也只有这样共同奋斗，才能彻底战胜严重的疫情。"乌兹别克斯坦青年希里认为："世界各国应该互相帮助，对外感恩，对内反省，共同战胜疫情。"

丝路青年在发言中盛赞中国政府在重大疫情前表现出的高效领导应对能力，赞叹中国精神和中国速度。例如，泰国青年欧阳圆圆认为："我敬畏中国政府战胜疫情的决心、信心和效率，举国之力将最好的医疗队与医疗设施快速调往湖北。短短几天时间火神山、雷神山医院拔地而起，表现出的中国速度令世界惊叹，

让我们再次看到了什么是"一方有难、八方支援"的民族精神和在疫情前线奋不顾身、英勇奋斗的英雄气概。"阿富汗青年哈帅认为:"中国与全球同在,中国与新冠病毒斗争经验对全球的疫情斗争是很有帮助的。"

丝路青年在发言中表现了积极鲜明的立场、成长历练的自觉、勇于担当的意识。例如,越南青年吴庆玄认为:"现在全球处在战疫关键时刻,这对青年是一种历练,是我们丝路青年应有的责任担当。要发挥当代青年在这场抗疫斗争的中坚力量作用。"马来西亚青团运终身荣誉会长祝伟文认为:"中国应对疫情的很多做法和经验是值得向国际推广和传播的,正确认识中国抗疫过程,实际上也是在帮助世界人民更好控制疫情。在国际网络空间中,要发挥丝路青年的积极作用,一起为世界人民创造团结、和谐、科学的舆论环境。"

第五节　中国与"一带一路"沿线国家青年民生合作面临的挑战与对策建议

一、中国与"一带一路"沿线国家青年民生合作面临的主要挑战

(一)新冠肺炎疫情制约丝路青年参与"一带一路"基础设施建设

一些"一带一路"沿线国家基础薄弱,政局动荡,战乱频繁,社会治安恶化,群体性突发事件屡有发生,加之基础设施建设投资大,项目周期长,利益牵涉复杂,面临较大的政治、法律、金融以及外籍员工跨文化管理、合同履约、建筑技术等安全风险。同时,新冠肺炎疫情进一步造成全球经济低迷,部分大宗商品价格走低,造成资源依托型沿线国家主权信用

水平降低,对其基础设施建设产生负债的偿还能力带来严重冲击,延缓了不少基础设施立项、建设进度,进一步传导到就业端,对丝路青年在相关领域上下游就业带来负面影响。尤其是疫情肆虐及相关防控措施已严重影响中资企业管理人员、工程技术人员正常国际往来,部分项目当地招工困难,国际供应链受到冲击,导致不少项目延迟开工、停工和成本增加。

(二)丝路青年充分就业遭遇严峻挑战

受新冠肺炎疫情叠加全球经济低迷影响,一些"一带一路"沿线国家的劳动力参与率、就业增长率明显下降,长期失业率、青年失业率明显上升,工时因开工不足而缩短,工资水平增幅下降,收入差距扩大。不少从事高技能工作的劳动者不得不降低标准从事低端工作,劳动者的职业和岗位遭遇由上向下的挤压,就业总量和质量均面临严峻挑战。联合国 2021 年 3 月发布的一份报告显示:"新冠肺炎疫情或将导致全球失去 10 年发展成果,全球经济正经历 90 年以来最严重衰退。如不及时采取行动,预计全球将损失 1.14 亿个工作岗位,约 1.2 亿人陷入极端贫困。"

据《环球时报》报道,英国保诚集团瀚亚投资公司主席康德纳认为:"在相对贫困的新兴国家,失业问题,特别是快速增长的青年劳动人口的失业问题,可能造成政局失稳。随着'一带一路'沿线国家劳动人口急剧增长,要求沿线国家在 15 年内创造出比当前欧盟劳动人口总和更多的新就业岗位,一些国家可能面临世界历史上最大的短期就业挑战。"

(三)部分"一带一路"沿线国家遭遇公共卫生危机

健康是各国民生建设的首要关切。在全球化时代,每个国家都参与到越来越多、越来越深的国际交流中,现代交通工具的普遍使用,加快了人、植物、动物和货物的跨境流动,也加快了病原微生物的流动以及化学和放射性污染扩散等,并且可能演变为新型流行疾病广泛传播,甚至演化为全局性、国际性危机,埃博拉、新冠肺炎就是典型案例。另一方面,由于部分国家过分追求经济发展短期效益,过度开发资源,环境污染导致全球气候变暖和其他自然灾害增加,也增加了引发流行病、传染病的风险。德国社会学家乌尔里希·贝克警告称:"全球化越深入发展,其可能产生的全球性公共卫生风险也越多。"

　　进入 21 世纪以来，SARS、埃博拉、甲型 H1N1、中东呼吸综合征等区域性、全球性突发重大公共卫生事件均通过人员流动造成跨境蔓延，并造成巨大生命财产损失和严重的社会、环境灾害及次生灾害。尤其是新冠病毒全球蔓延对世界造成了百年不遇的不确定性、群体性恐慌及信心缺失，旅游、客运、航空、酒店、餐饮、商贸等容易受到跨境人员流动影响的很多行业都受到巨大冲击。

　　"一带一路"沿线国家整体健康水平不均衡、医疗卫生体系发展不平衡。部分国家公共卫生体系较为脆弱，加之受贫困、极端气候和武装冲突等因素叠加影响，各类新发再发传染病的爆发形势日益严峻。2020 年，新冠肺炎疫情席卷全球，就直接威胁到沿线国家丝路青年及其家庭的民生保障、生活生计。

二、中国与"一带一路"沿线国家青年民生合作对策建议

（一）引导丝路青年广泛参与"一带一路"民生合作项目

　　面对新冠肺炎疫情冲击，世界各国以合作求发展的共识更加明确，通过"一带一路"建设增进沿线国家人民福祉的愿望更加强烈。从人类发展的历史长河和中国发展经验看，民生保障和改善是一项长期、系统、艰巨、复杂、渐进的工程，不可能一蹴而就，尤其需要青年一代肩负使命，勇于担当，挥洒青春，成为沿线国家民生保障和改善的生力军和主力军。显然，由于沿线国家的发展阶段和发展诉求各有不同，民生合作的侧重点也会有所不同，不能简单套用中国民生发展的模式和经验，需要因地制宜、因时制宜，紧密结合沿线国家的实际情况精准施策，形成"内生＋外援"协同并进的长效机制。

　　精准扶贫、精准脱贫方略是习近平新时代中国特色社会主义思想的重要内容，是对人类减贫理论突出的重大贡献之一。中国有关部门要加大习近平新时代中国特色社会主义思想的阐发、宣传力度，科学总结中国共产党第十八次全国代表大会以来精准扶贫的实践和成就。例如，中国通过产业扶贫、教育扶贫、医疗扶贫、生态扶贫等手段，为贫困人口创造可持

续发展机会，充分调动其潜在的自身能力及创造力，解决了绝对贫困人口的脱贫问题；中国农村产权改革、农村电商发展、乡村旅游开发、新能源发电等资产性、财产性收益也为精准扶贫提供了极大助力。可以说，中国在扶贫减贫领域的创新做法，对于"一带一路"沿线国家以青年群体为突破口开展减贫事业具有重要借鉴意义。

秉持"授人以渔"的可持续发展理念，中国政府部门、扶贫机构、高校、智库、社会组织要针对性总结适用于青年贫困人口脱贫的成熟经验，尤其是法规政策、项目投融资和建设运营、公益帮扶、志愿服务等领域可借鉴成果，结合青年发展的一般性规律，推出双边和多边合作倡议、政策建议、智库报告、专题课程等"套餐式"实效合作清单，打造政策制定、项目实施、人才培养等一系列丝路青年民生合作操作工具和示范实践。

同时，"一带一路"民生合作要重视量力而行，不能开"空头支票"失信于民，避免盲目满足超出沿线国家实际发展阶段的过高民生诉求，掉入"高福利陷阱"。因此，除了促进中国减贫经验的交流与共享，当前首要的重点目标是推动《联合国2030年可持续发展议程》等国际倡议的全面落实，为丝路青年民生保障兜住底线，沿线国家政府要把握本国青年发展红利，理清减贫发展思路，找准本国优势和民生合作方向，共同探讨符合本国实际的减贫方略，在民生合作项目中重视丝路青年参与决策、建设、管理和运营，使之成为民心工程、民信工程、民本工程。

发挥青年志愿者作用，可以推广北京大学"澜湄可持续愿景与青年志愿者行动"① 等品牌青年志愿者项目，发挥中国高校、青年社会组织的专业优势，根据沿线国家需求开展专业性志愿服务。例如，中国医学院校可以结合新冠肺炎疫情防控，面向沿线国家开展线上线下结合的卫生健康志

---

① 2018年12月发布的"澜沧江—湄公河合作"第四次外长会联合新闻公报提出，决定在青年志愿者、青年交流等民生领域实施一批增进六国民生福祉的新项目，其中北京大学发起"澜湄可持续愿景与青年志愿者行动"。在国家澜湄合作基金的支持下，2019年7—8月，北京大学59名学子分赴泰国、老挝、柬埔寨三国开展以支教活动为主体，并辅以动物保护、东南亚农村社会调研等志愿服务项目，传播中国爱心和智慧，从高校的角度为澜湄地区的可持续发展提供经验。

愿服务。

积极推动中国政府部门、企业、青年组织与沿线国家开展青年民生政策对接合作，将双边与多边合作、民间合作聚焦到沿线国家需求度最高的领域，尽快实现补短板、强弱项。以"南非2020—2030国家青年政策"为例，该国在五个重点领域支持青年发展：教育质量、技能和二次教育，经济转型、企业家精神和创造就业机会，促进身心健康，社会凝聚力和国家建设，以及有效和迅速的青年发展反应机制。因此，中国与南非的青年民生合作重点也应聚焦在上述五个领域。

（二）稳促扩升丝路青年就业

顺应全球劳务市场变化，中资企业、人力资源服务机构要积极与"一带一路"沿线国家在中文教师、项目经理、高科技研发人员、医生、网络工程师、设计师、酒店管理人员等高端劳务方面开展合作，将劳务输出人员从熟练工人为主逐步转向青年业务骨干、大中专院校和职业院校毕业生等中高端专业人才为主。

发挥中国青年人才勇于担当、爱岗敬业、技术熟练的优势，通过传帮带、院校培养等方式提高当地人才的技能水平。发挥中国青年学习能力强的特点，加强工作国家通用语言培训，提高人文、宗教、历史、小语种等方面知识普及，促进与本地员工、民众、社区和社会融合。

中资企业、高校、职业院校要加强与"一带一路"沿线国家教育机构、社会组织、人力资源服务机构等合作，通过建立中国院校海外教育基地、打造沿线国家校企合作和产教融合平台、共建专业技能培训学校、资助当地青年来华留学、在项目地开展职业培训、组织数字教育等方式，构建沿线国家青年人才订单式培养与长效稳就业机制。尤其是中资企业在进入沿线国家市场和实施具体项目时，要配套制定当地人才战略，构建职业技能培训体系，实现技能人才、管理人才用工属地化，吸纳当地劳动者就业，提升中资企业本地化经营水平，促进当地劳动力市场发展。创新人力资源服务模式，广泛利用互联网技术和工具，开展中资企业和丝路青年的就业供需精准高效匹配。

中国政府部门、企业、社会组织应积极对接"一带一路"沿线国家的就业促进政策，建立双边和多边的就业合作机制。例如，尼日利亚政府2020年启动一项计划，承诺在青年失业率不断上升的情况下，为75万年轻人提供就业机会，是该国历史上最大的创造就业机会举措。其中，520亿奈拉（约合1.36亿美元）的特殊公共工程计划主要针对低技能工人，提供为期三个月的就业机会。因此，尼日利亚的中资企业可以结合该项政策，与项目发展、岗位需求精准匹配，加大低技能青年工人的聘用和培训，扩大青年人才选聘规模，也能进一步获得当地政府、民众的认可和尊重。

（三）促进丝路青年高质量创业

面对新冠肺炎疫情带来的全球经济危机，中国有关部门要大力弘扬敢为人先、勇于担当、逆境奋发的创新创业精神，大力宣传中国"大众创业、万众创新"的成功实践、典型案例，引导丝路青年稳定预期，远离悲观情绪、畏惧失败的负能量，夯实"幸福源于奋斗"的人生观。例如，丝路青年论坛组织了多次丝路大讲堂，组织30多个国家丝路青年广泛交流"如何应对当前形势和有所作为"。活动中，尼日利亚青年吴一凡认为："全球经济因为新冠肺炎疫情遭受了一些挫折，但我并不感到悲观。经济的恢复与发展取决于人类的能力和决心，取决于我们如何团结和联合应对。"布隆迪青年倪永博认为："对于'一带一路'建设的影响主要有两个，一是劳动力短缺，二是海外原材料和机械设备等供应链断裂。随着中国防控疫情的进展，这两个问题都会解决。所以疫情不会对已经启动的'一带一路'项目产生重大影响。"

中国与"一带一路"沿线国家要加强营商环境对接和优化，共建创新创业协作机制和创新创业中心、创业孵化器、众创空间等载体平台，扶持人力资源服务、园区运营、会计服务、法律服务等创业服务业发展，并在双创路演、创业导师培养、国际中小企业创业培训体系（SYB）等方面加强合作，鼓励和帮助更多丝路青年投身创新创业浪潮。中资企业在沿线国家项目开发运营要考虑供应链、产业链本地化合作和落地，加强与当地中小微企业对接合作，形成链条互补、协作配套、集群发展格局。

推广中国"大众创业、万众创新"经验，面向"一带一路"沿线国家在华留学生开展创新创业培训和赛事，引导丝路青年分享中国发展红利，落实其在中国创办企业享有的税收、知识产权保护、科技成果转化、人才流动、金融扶持等优惠政策。孔子学院、孔子课堂、中国高校和职业院校海外培训基地、中资企业海外项目要积极开展创新创业赛事、活动和培训，推动沿线国家厚植创新创业文化，培育本地化供应链、产业链，构建大中小微企业融通发展格局。

（四）鼓励和引导更多丝路青年参与公共卫生合作

从短中期看，中国与"一带一路"沿线国家当前最迫切的任务就是加强防控新冠肺炎疫情合作，守望相助，相互支持，齐心协力，共同打赢疫情防控阻击战，并合理调整、完善各国间的人员、货物跨境防疫监控机制，为尽快恢复正常经济社会秩序奠定基础。中国抗疫已经取得明显成效并积累了丰富经验，而一些沿线国家疫情还较为严重。沿线国家可以借鉴中国抗疫经验，动员本国青年医生、护士、大学生等群体广泛参与本国疫情防控和国际公共卫生志愿活动。中国有关机构要向出国留学生、在华留学生广泛普及疫情防控知识，利用中国新冠肺炎疫情防控网上知识中心及微信、微博、抖音、Twitter、Facebook 等社交平台，向丝路青年广泛传播中国疫情防控相关知识、最新资讯，争取丝路青年对中国抗疫体系的认可、理解并实践，做好个人防护，引导丝路青年向本国宣传和推广中国抗疫经验，形成跨国界的疫情联防联控。

在疫情防控国际合作过程中，中国有关部门、新闻媒体、青年组织要大力宣传中国青年抗击疫情的责任担当和英雄事迹，激发丝路青年共鸣与参与。发挥中国青年医生圆满完成援外医疗任务的优良传统，合理安排抗疫经验丰富的中国青年医务工作者参与沿线国家抗击疫情。

丝路青年医生、医务工作者、专家学者、研究人员要积极参与"一带一路"卫生政策研究网络、公共卫生合作网络、医院联盟、健康产业可持续发展联盟等平台和项目，促进沿线国家在重大传染病监测、预警、防控和应急管理等领域的协调合作。建立"一带一路"重大公共卫生突发事件青年应急合作体系，协调落实青年权益维护、志愿者招募、科研攻关项目组织等事项。鼓励丝路青年广泛参与公共卫生领域人文交流，维护全球公共卫生安全，促进本国公共卫生体系发展，提高本国民众健康福祉、社会凝聚力和开放包容性。

中国有关部门要继续做好"一带一路"沿线国家援外医疗队派遣工作，开展妇幼健康工程、对口医院合作、中医推广、医务人员培训等项目，推动更多中国青年医务工作者、教学科研人员与沿线国家医疗机构、教育机构、同行同业人员的交流合作。探索在中资企业、中国籍人员、华人华侨较为集中的沿线国家和海外产业园区建立医疗健康服务中心，提供便捷、高效、适合华人的针对性医疗健康服务。

发挥中国在医药科技、医药产业、中医药等领域的研发与生产能力优势，支持青年医疗医药、信息技术等领域专家携手合作，将 5G、大数据、人工智能、区块链、卫星遥感等前沿技术引入公共卫生领域，开展医防融合、疫苗开发、新药研制、临床试验、市场开发等合作，为全球提供更多、更新、更好的公共卫生产品。比如，AI 影像辅助诊断产品、AI 识别测温设备、手持式核酸即时检验仪、新型可复用口罩、健康码技术、新冠疫苗、慢性病筛查等公共卫生产品均有中国青年专家的创造和贡献，这些技术和产品也是具有全球适用性的公共卫生产品和服务。

随着新冠肺炎疫苗全球接种率不断提升，"疫苗护照"的施行可以为打开国门、恢复国际秩序和国际贸易提供有效的保障。沿线国家有关政府可以借鉴中国版"国际旅行健康证明"① 的经验，推进疫苗护照颁发和互通互认，尤其是为持有"疫苗护照"的青年留学生、青年游客、青年工程师、青年医务人员等入境人员创造就学、旅行、商务、务工、创业等便利。

---

① 中国版"国际旅行健康证明"是一种综合性证明，展示持有人的核酸、血清 IgG 抗体检测结果及疫苗接种情况等，健康证明内含加密二维码，以供各国相关部门验真并读取个人相关信息。

第四章
中国与"一带一路"沿线国家青年
贸易合作进展与建议

随着中国与"一带一路"沿线国家的贸易自由化和便利化不断深化，区域和双边贸易协定、跨境电子商务等新业态迅速发展，以及广交会、进博会等贸易合作平台加快建设、贸易和投资规则的衔接与融合，沿线国家将更多分享中国市场和机会，贸易合作将持续较快发展。进一步看，中国与沿线国家贸易合作具有较强的互补性和增长潜力，中国是当今世界唯一拥有联合国产业分类中全部工业门类的国家，并且生产能力领先全球，制造业增加值占全球份额已超过1/4，在为满足世界需求提供大量产品供给的同时，也向世界反馈了巨大供应链需求。沿线国家多数处于工业化初期阶段，在初级产品尤其是农产品、矿产品和原材料出口上具有优势，中国与之加强贸易合作可以实现优势互补、强链补链。同时，中国经济高质量发展转型和消费升级，对沿线国家的投资和进口也会不断增加。另外，随着沿线国家工业化、城镇化的起步和发展，对"中国制造"的需求会逐步增加。

第一节　千年驼铃传承新时代交响：中国与"一带一路"沿线国家青年贸易合作

千年驼铃，大漠孤烟，贸易是丝路上最深刻的印记，是最宏大的篇章。西域葡萄和中国丝绸在这里交易，法国酒和中国茶在这里交融，葡萄牙香料和中国陶瓷在这里交汇，阿拉伯珠宝和中国铁器在这里交换……络绎不绝的商旅驼队，带来的不仅是独特的物产和丰厚的财富，还有中外各自先进的生产技术、文明理念、生活方式，交织荡涤中延续着文明血脉。无论是险途莫测，还是烽火连天，抑或匪患猖獗，绵延万里的丝路贸易连接着世界的互通有无。

贸易畅通是"一带一路"倡议的核心内容，也是促进沿线国家经济繁荣与区域合作的重要手段。八年多来，在贸易通道建设和贸易政策沟通的基础上，中国与沿线国家贸易额稳步增长，自由贸易新格局正逐步形成。希腊驻华大使伊利奥普洛斯认为："2020 年第一季度，'一带一路'旗舰项目比雷埃夫斯港在逆境中实现了集装箱吞吐量同比增长 3.9% 的成绩。在中国和希腊共建的基础上，比雷埃夫斯港近年来发展迅速，已经跃居为地中海第一、欧洲第四大港。"多米尼加驻华大使马丁·查尔斯认为："多米尼加和中国建交以来，双边关系发展迅速，双方在国际事务中相互理解和支持，在经贸、文化、教育等各领域的交流日益密切，两国人民友谊不断加深。'一带一路'联结了我们和中国的友谊，给我们带来很多发展机会。希望两国之间多加强青年人之间的互动交流，让多中关系未来取得更加突出成就。"

一、中国与"一带一路"沿线国家贸易合作

（一）贸易规模持续扩大

从货物贸易看，2013—2020 年，中国与"一带一路"沿线国家的贸易规模保持在年均 1 万亿美元的水平上，其占中国货物贸易总额的比重逐

年提升，由 2013 年的 25% 提升到 2020 年的 29.1%，年均增长率高于同期中国外贸年均增速。从服务贸易看，沿线国家已成为中国服务进出口的重点海外市场，"中国服务"国际化品牌正迅速成长，2018 年，中国与"一带一路"沿线国家的服务进出口占全国服务贸易总额的比重约为 16%，较 2017 年提高约 2 个百分点，市场潜力巨大。同时，中国与"一带一路"沿线国家服务外包合作继续深化，2019 年承接沿线国家服务外包合同执行额达人民币 1249.5 亿元，占全国服务外包总额的比重为 19.1%。

中国在抗击新冠肺炎疫情中率先实现复工复产，外贸产业链、供应链运转逐渐畅通，成为全球产业链、供应链的"稳定锚"。在 2020 年全球贸易哀鸿遍野的背景下，中国与"一带一路"沿线国家贸易实现"逆势"增长。据公开数据，2020 年，中国与沿线国家货物贸易额为 1.35 万亿美元，较 2019 年增长 0.7%；中国与欧盟商品贸易总额达 5860 亿欧元，同比增长逾 4%，中国一跃成为欧盟第一大贸易伙伴。跨欧亚运输国际协调理事会秘书长根纳季·贝诺夫认为："疫情对全球贸易显著的冲击主要体现在供应链和产业链遇阻。而'一带一路'沿线贸易正是通过交通运输的紧密联通为货物贸易增长创造了有利环境。"

（二）贸易结构趋于优化

从贸易的商品结构来看，中国对"一带一路"沿线国家和地区的出口主要以机械电子、纺织和金属制品等商品为主，而进口则主要集中在矿产品和部分机电产品、农产品，双方贸易商品结构呈现出较强的互补性。例如，搭载在中欧班列上的货物品类日益丰富，从小商品和电子产品为主逐步丰富到纺织品、汽车及配件、机械装备、家具等，从最初的单向运营，到现在的双向运营，西班牙红酒、波兰牛奶、保加利亚玫瑰精油、德国汽车……越来越多的回程货搭上中欧班列国际列车，更快进入广袤的中国市场。

服务贸易则以旅游、运输和建筑三大传统领域为主，中国"一带一路"网数据显示，中国已连续七年保持服务贸易世界第二大国地位，与世界近 240 个国家和地区有服务贸易往来，与 14 个国家签订了双边服务贸易合作协议，2020 年与"一带一路"沿线国家和地区服务贸易额达 844.7 亿美

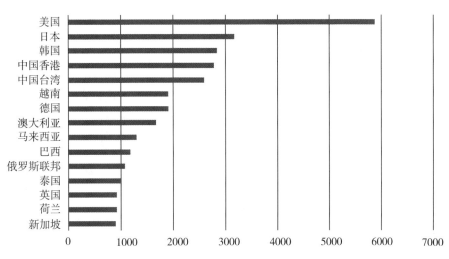

图2　2020年中国十五个主要贸易伙伴排名情况（单位：亿美元）

资料来源：亚布力中国企业家论坛网站。

元。随着互联网迅速普及和数字技术迭代发展，网络贸易、电子商务跨越千山万水，为跨国贸易提供了便捷路径，节约了时间成本。中国制造、中国建设、中国服务受到越来越多沿线国家欢迎，沿线国家更多的产品、服务、技术、资本也源源不断地进入中国市场。

从贸易的区域结构看，市场分布相对集中，东南亚地区市场份额最大，接近中国与沿线国家和地区贸易额的一半，但其他沿线国家发展速度同样较快，有望成为贸易合作的新增长点。

（三）贸易方式创新加速

总体上看，中国与"一带一路"沿线国家和地区进出口以一般贸易方式为主，但随着跨境电子商务等新模式、新业态的快速发展，后者逐渐成为推动"一带一路"贸易畅通的生力军。截至2019年底，中国跨境电商贸易实现对"一带一路"沿线国家全覆盖。"丝路电商"正成为"一带一路"建设颇具发展潜力的经贸合作新引擎，很多中外消费者体验到了"在家购全球"的便利。到2021年4月，中国与22个国家建立双边电子商务合作机制，在金砖国家等多边机制下形成电子商务合作文件，加快企业对接和品牌培育的实质性步伐。

（四）贸易自由化便利化水平不断提升

贸易畅通作为"一带一路"建设的重要内容，得到众多参与方的积极响应和支持，中国与沿线国家在海关检验检疫、税收、审计监管、认证认可、国际互认等领域的合作不断深化。同时，中国积极构建高标准自由贸易网络，担当多边贸易体制的捍卫者。通过设立自由贸易试验区，探索建设自由贸易港，深化服务业扩大开放试点改革等一系列举措，将关税总水平降至当前的 7.5%，继续加大国内市场开放力度，营造市场化、法治化、国际化、高标准的国际营商环境，吸引沿线国家来华投资。

2020 年，中国与 14 个国家共同签署《区域全面经济伙伴关系协定》（RCEP），与柬埔寨签署自贸协定，与东盟、新加坡、智利签署的自贸协定升级文件正式生效，与欧盟完成投资协定谈判，积极考虑加入《全面与进步跨太平洋伙伴关系协定》（CPTPP）。到 2021 年 3 月，中国已与 26 个国家和地区签署 19 个自贸协定。

中国持续打造开放型合作平台，与世界分享中国市场机遇。例如，2020 年第三届中国国际进口博览会（进博会）吸引来自 180 多个国家、地区和国际组织的 3800 多家企业参加，累计意向成交 726.2 亿美元，比上届增长 2.1%。

2019 年 10 月召开的第 126 届广交会以"一带一路"沿线国家为重点目标市场，开展面向沿线国家采购商的精准营销推广。数据显示，主办方共向"一带一路"沿线国家邮寄 7.4 万封邀请函，占直邮邀请总量的 52%，并通过新媒体等渠道，触及沿线国家潜在采购商 279 万人次；本届广交会共有 21 个沿线国家和地区的 367 家企业参加进口展，较往年持续呈现增长态势。

二、丝路青年广泛参与中国与"一带一路"沿线国家贸易畅通

"一带一路"倡议为丝路青年参与贸易畅通带来巨大机遇，其一，越来越多丝路青年企业家主动融入经济全球化发展，面对瞬息万变的世界市场环境，有定力、有担当，灵活制定有效策略，积极拓展沿线国家贸易市

场；其二，一大批兼具专业技术知识和国际贸易经验的丝路青年成为贸易畅通的创业者和市场主体骨干力量。

（一）中国青年参与"一带一路"贸易畅通案例

案　例

宁波中东欧博览会：中国青年以细致服务提升贸易合作质量

中国青年何坚是宁波市中东欧博览与合作促进中心的一名普通工作人员，自2014年起，她作为宁波与中东欧国家双方交流和经贸合作的联络员，至今已经6年多了。塞尔维亚的不老莓、罗马尼亚的玻尿酸、保加利亚的玫瑰水、黑山的葡萄酒，这些品质优良的中东欧产品都是随着"一带一路"建设和贸易畅通各通道源源不断抵达中国，尤其在宁波中东欧博览会现场，受到中国采购商和消费者的热捧。何坚介绍："每年6月是我和同事们最忙的时节，为了服务好中东欧各国政府以及企业，我们从4月就经常连续奋战，目标就是为了确保所有参展嘉宾和参会人员能够从中国满意而回，满载而归。"

2020年，全球各国受到新冠肺炎疫情影响，何坚有了新的工作挑战，参与筹划2020宁波投资贸易云洽会暨中东欧商品云上展。2019年4月，希腊加入中国—中东欧国家合作大家庭。为了保证17个中东欧国家都能参与，何坚每周来往于宁波和上海两地，经过多次沟通，最终敲定希腊参展参会方案。博览会开幕当天，何坚看到现场呈现了以蓝白为主色调的希腊国家馆，看到采购商和消费者为希腊产品驻足，她觉得自己的工作特别有意义，那一刻她非常满足。何坚认为："作为一名普通的商务工作者，我有幸能够参与和见证'一带一路'建设的伟大事业，这是难得的人生体验。"

案 例

阿拉山口岸海关：中国青年的坚守与奉献

阿拉山口位于中国新疆博尔塔拉蒙古自治州境内，是中国向西面对中亚、西亚乃至欧洲距离最近、最便捷的口岸，毗邻哈萨克斯坦。1990 年，中国政府批准建立阿拉山口口岸，与哈萨克斯坦德鲁日巴口岸实现铁路连通。从此，东起中国连云港，西至荷兰鹿特丹，逾万公里的第二座亚欧大陆桥贯通。

随着"一带一路"建设推进，蓉新欧、汉新欧等中欧班列相继开通，阿拉山口口岸也掀起新的建设篇章。到 2019 年 12 月，途经阿拉山口口岸出境的中欧班列有 14 条线路。过去阿拉山口口岸出入境货物多为矿产品、原油等初级产品，如今这里的出口产品种类扩展到服装百货、电子产品、汽车整车、发动机、洗衣机、冰箱、笔记本电脑等消费品和工业品。

1990 年，一批中国大学毕业生组成首支阿拉山口海关队伍，直到现在每年都有"新鲜血液"注入这里，最初只有不到 20 人的海关队伍，如今已增加到 200 多人。阿拉山口的"大风"（恶劣自然环境）并没有将这一批批青年"刮走"，他们用青春扎根阿拉山口，为"一带一路"建设奉献青春力量，也成就了自己的事业和人生。

34 岁的党少飞是阿拉山口海关监管二科副科长，大学毕业后来到新疆，一待就是 8 年。党少飞所在的科室成为服务中欧班列的专门科室，党少飞在新疆安了家，成为一名"驻边"青年。从工作单位乘车到家需要两个小时，但因为工作关系，党少飞一个月只能回家一次，一年中与同事生活工作的时间占了近 300 天。党少飞结婚时，接亲、订酒店等事项都是同事帮忙操办的。党少飞并无怨言，"一代代阿拉山口海关人都是这样过来的，亲如一家"。

　　31 岁的萨尔达·艾克白尔大学毕业来到阿拉山口海关，初来时，他很失落，这座城市很小，也没有太多娱乐场所，他甚至怀疑在这里没有发展空间。渐渐的，他需要学习的海关知识、要打交道的通关人员越来越多。下班后，他在宿舍里学习外语，以方便与国外货车司机交流；他学习综合保税区的各项政策……如今，他明白了，"阿拉山口虽然是个小城市，但这里是面向世界的窗口，小窗口能看大世界，也有大作为"。

　　29 岁的杨琳大学毕业后先在青岛做贸易、统计方面的工作，那时，她因工作关系时常进出海关大楼办理事务，"很喜欢那身制服。"2018 年，她成为阿拉山口海关人，从祖国的最东面来到最西头。每天准时上下班、早餐后乘坐 5 分钟班车到达阿拉山口海关大楼，办理退补税等业务，一坐就是一天，几乎没空当从工位上离开。杨琳认为："在这里发展与前往北上广是一样的。同样是很久回家一次，同样需要学会自己照顾自己，下班时间要不停地学习新业务、新知识。与北上广不同的是，在这还要抵挡常年的大风，并不是所有人都能扛得住这里的大风。"

案　例

金太阳纺织：青年团队保障国际业务平稳发展

　　江苏金太阳纺织科技有限公司以"打造百年品牌，让天下人享受美好家居生活"为愿景，是中国顶级的家纺面料供应商之一，集研发、销售、服务为一体的集团化家纺配套企业。

　　金太阳纺织公司始终把青年人才作为重要培育和锻炼对象，从工作氛围、设计风格、人员梯次等方面均积极向年轻人靠拢，培养了一批业务过硬、全面发展的青年人才。公司拥有中国家纺行业规模最大、设计师平均年龄 30 岁的家纺设计研发机构——金太阳家纺设计研究院，积极在家纺设计做有益的突破与尝试，深受国内外年轻消费者欢迎。

由于全球家纺市场行情下行，部分"一带一路"沿线国家中间商客户对价格十分敏感，甚至出现不考虑产品细节及品质直接压价的行为，供应商营销服务人员态度稍不耐心就会丢单。结合国际市场变化，金太阳纺织公司组建了青年国际营销团队，发挥年轻人敢拼搏、敢啃硬骨头的优势，以耐心态度和周全服务保障国际订单不流失。

案　例

义乌：丝路青年助力小商品拓展"一带一路"沿线国家市场

义乌中国小商品城创建于 1982 年，现拥有营业面积 640 余万平方米，商位 7.5 万个，从业人员 21 万多人，日客流量 21 万人次，经营 26 个大类、210 万个单品，被联合国、世界银行与摩根士丹利等权威机构称为"全球最大的小商品批发市场"。2020 年，义乌实现外贸企稳回暖，全年外贸总值达到 3129.5 亿元，首次突破 3000 亿元大关，较上年增长 5.4%。目前，每年到义乌采购的境外客商超过 50 万人次，100 多个国家和地区的 1.3 万多名客商常驻义乌。可以说，一大批丝路青年外贸人在义乌成长、成才、就业、创业。

随着"一带一路"倡议的提出，义乌开通"义新欧"国际货运班列，开展班列运邮试点，如今的义乌小商品市场已成为名副其实的"丝路商贸城"。以中东市场为例，在甘肃省临夏回族自治州、浙江省金华市义乌市两地政府牵线搭桥下，近年已有多批来自临夏的阿拉伯语专业毕业生来义乌就业。通过短期培训后，他们迅速被义乌当地外贸和电商企业录用，成为拓展中东市场的生力军。掌握波斯语的马信就是众多毕业生的一员，他被义乌一家外贸公司聘为翻译。前三年，马信借助语言优势，总结出和中东客户打交道、做生意的经验。而后，马信创办了自己的外贸公司，将不锈钢作为主打外贸产品，并在伊朗成功打开市场。像马信一样来义乌打拼的中国西北地区青年还有很多，而在义乌国际商贸城里，随处可见不同肤色的丝路青年商人，他们在这里一批又一批地将小商品销往世界各地。

案　例

中哈合作中心：促进哈萨克斯坦青年就业

中哈霍尔果斯国际边境合作中心是中国、哈萨克斯坦共建的跨境自由贸易区，是"一带一路"建设示范项目，两国公民及第三国公民持护照或办理相关证件即可进入。目前，合作中心已成为中国西部最大免税购物区，已有中方和哈方总投资超过300亿元的35个重点项目入驻，10多个投资过亿元的综合商城建成开业，吸引了中哈两国及周边国家的5000多家商户入驻经营。据霍尔果斯海关数据，中哈霍尔果斯国际边境合作中心2012年4月正式运营，至2018年2月，共监管进出该合作中心人员达1787.09万人次，贸易额212.53亿人民币，年均增长分别为88.1%和225.6%。

中哈合作中心的设施完善、商业发展促进了中哈边贸繁荣，吸引大批包括哈萨克斯坦在内的各国客商投资和游客购物，也吸引越来越多的哈萨克斯坦青年过境务工。例如，在哈萨克斯坦长大的维吾尔族姑娘娜依拉·茹斯兰高中毕业后来到中哈合作中心，在中方一侧的某外贸鞋包商店工作，中国相对优厚的工资待遇吸引她每天从哈萨克斯坦边境小镇扎尔肯特乘车往返两个小时跨境来到中国打工。掌握哈萨克语和维吾尔语是娜依拉的职场竞争力，她正在努力学习汉语，并希望能在中哈合作中心开一家属于自己的小食品店。

（二）"一带一路"沿线国家青年参与贸易畅通案例

案　例

东盟青年企业家分享"一带一路"贸易畅通红利

目前，中国是东盟第一大贸易伙伴，东盟是中国第三大贸易伙伴。借助"一带一路"倡议，中国与东盟国家的贸易与投资日益紧密，中国与东盟国家青年企业家也获得广阔的发展舞台。

例如，在中国—东盟青年企业家"一带一路"（宁夏）主题经贸合作活动上，印度尼西亚青年企业家玛迪布·费克里与宁夏本土企业万齐农业发展集团达成合作，采购宁夏的苹果、枸杞、食用菌等农产品，并向中国出口泰国大米。费克里认为："我们各自的产品都很丰富，这次活动让彼此有机会深度了解对方需求，必将促成实质性合作。共建'一带一路'是一个非常好的倡议，中国发展很快、市场很大，希望我公司的特色农产品能早日进入中国市场。"泰国青年企业家蔡松润能说一口流利的中文，在塑料、铝管等制造业摸爬滚打十几年，一直从中国进口生产设备。刚开始是蔡松润指导中国企业按其要求生产相关设备，但现在"中国制造"的质量和功能已远超其想象，反而给他的生产经营带来启发。蔡松润认为："中国设备不仅便宜，安全性能也很不错。"

案　例

非洲青年商人在义乌和广州"淘金"

在全球最大的小商品集散地浙江义乌，聚集了大量来自非洲的青年贸易商人，约占义乌外商人数的四分之一。塞内加尔青年苏拉就是其中的代表，他大学毕业后经同乡介绍来到义乌"淘金",当时他发现义乌的五金产品价格低、质量好,通过将五金产品卖到塞内加尔赚得第一桶金。而后苏拉开始在义乌常驻,成立自己的贸易公司,规范化开展中非贸易合作。目前,苏拉在中非两地共雇佣几十名员工,经手的各类商品主要销往五个非洲国家,一年营业额达到 5 亿元,平均每个月会有 200 至 300 个装满货物的集装箱发往非洲。除了经商,苏拉还成为义乌涉外纠纷人民调解员,通过他的真诚沟通,基本每件涉外纠纷都能得到妥善解决。苏拉还被任命为塞内加尔总统经济顾问,塞内加尔媒体以《"中国制造"的苏拉》为标题对他进行报道。

作为广州的经济、行政、商贸和文化中心,越秀区自 20 世纪 90 年代以来,已成为来穗外国人最活跃的居住地、工作地和贸易地之一。宝汉直街位于越秀区登峰街道,对于许多在广东经商、学习、工作的非洲人而言,是一个家喻户晓的地方,也是非洲青年客商聚集规模最大的地区。作为中国最大规模的商贸展会,中国进出口商品交易会(广交会)从 1957 年创办以来一直在广州举办,一年两度的广交会为周边区域带来庞大的商贸人流。毗邻广交会展馆的宝汉直街"近水楼台先得月",也因客商纷至沓来而逐渐兴旺。

目前,宝汉直街的非洲青年客商形成两种贸易模式:一是个人带货模式。经同乡介绍或者受周边赚钱朋友的影响,越来越多非洲青年客商远渡重洋来到广州宝汉直街,提着黑色塑料袋,坐着摇晃的公交,循着口耳相传的路线,将中国商家库存的衬衫、领带、沙发等小商品运回非洲,赚取差价。由于不少非洲青年客商不懂中文和英文,在华非洲留学生就成为门店拉客和采购者沟通的桥梁,因而宝汉直街也带动不少周边高校的非洲留学生兼职实习和就业创业。"攒够钱,买一张到中国广州的机票,拎一个黑色的大塑料袋,从宝汉直街开始淘金之旅,成为无数非洲大陆青年客商的'广州梦'。"二是公司化经营。据公开数据,在宝汉直街常住的非洲人超过 800 人,其中不少人在当地外国人综合服务中心的帮助下注册贸易公司，租用正规商铺和办公室，成为中非贸易"正规军"，持续稳健开展中非贸易，与当地居民其乐融融地生活、工作，成为一道靓丽风景线。

例如，作为一家跨国货运贸易公司驻广州代表，38岁的非洲青年菲列目前主要从事家具、室内装饰品和日用品的对非贸易。多年沉浸中国市场，菲列对中国优势产业布局愈加熟悉，他的采购范围远远超出宝汉直街附近商圈，经常去佛山等其他城市采购家居用品，还频繁前往义乌、重庆、福州等地工厂进货。喀麦隆青年商人金斯利拥有自己的西服工厂、造纸厂和货物航运公司，是喀麦隆最大的西服供应商。他在祖国喀麦隆读完大学后，经朋友介绍去山西教了两年英语，而后到宝汉直街创业。金利斯的工厂开在广东，在中国购买原料，雇用本地工人加工生产，再通过宝汉直街的非洲客商把成品卖回非洲，形成"买中国、卖非洲"的商业闭环。

第二节　中外好物"飞"到家：中国与"一带一路"沿线国家青年数字贸易发展

2019年世贸组织年度报告认为："未来'物联网、3D打印技术、区块链、人工智能'四种数字技术可能会改变世界贸易方式。到2030年，全球贸易将会因数字技术增加1/3，并且价值链也会随之重塑，世界贸易的既定方式也会改变，并且会使经济体之间的比较优势发生改变。"世贸组织总干事阿泽维多指出："新技术可以实现通过降低运输和存储成本来降低贸易成本，同时也可以减少运输时间，而更好的物流也可以消除交货时间不确定带来的成本。在贸易中，这些成本通常占据整体贸易成本的较大比重。"

一、中国与"一带一路"沿线国家数字贸易发展

（一）数字丝绸之路建设引领数字贸易高质量发展

新冠肺炎疫情虽重创世界经济，但5G、云计算、人工智能、大数据、物联网等新兴信息技术却使远程医疗、在线教育、共享平台、协同办公、跨境电商等数字服务得到更广泛应用，使人们的消费方式和工作方式发生重大变化，带动数字经济迅速发展，客观上进一步加强了中国制造作为"世界工厂"在全球的结构性领军地位。高性价比、高品质的中国商品广受全球消费者青睐，加之疫情下各国提振经济的愿望日趋强烈，"数字丝绸之路"建设也为"一带一路"沿线国家经济复苏重振提供更多新机遇。

2020年中国国际服务贸易交易会上发布的《"一带一路"数字贸易指数发展报告》显示："近年来，中国与大部分'一带一路'沿线国家数字贸易呈现良好发展态势。比如，新加坡、俄罗斯、马来西亚与中国深度合作，印度、以色列、伊朗、塞尔维亚等国与中国的数字贸易指数在过去5年间保持持续上升趋势。"中国商务部负责人表示："新冠肺炎疫情持续蔓延激发出中国与欧亚地区国家间服务贸易合作的新动能，其中增长最快的是基于数字经济的服务贸易，包括跨境电商、远程办公服务、无线支付金融服务等。"

总的看，数字丝绸之路建设已成为"一带一路"建设的重要组成部分。从双边和多边合作看，中国与埃及、老挝、沙特阿拉伯、塞尔维亚、泰国、土耳其、阿联酋等国家共同发起《"一带一路"数字经济国际合作倡议》。截至2019年，中国已与16个国家签署加强数字丝绸之路建设合作文件。从沿线国家反馈看，数字丝绸之路建设正起到良好的示范带动作用。

例如，联合国秘书长南南合作特使、联合国南南合作办公室主任豪尔赫·切迪克认为："中国对南南合作和促进发展中国家发展作出重要贡献，尤其是探索疫情下的经济复苏、发展数字经济方面，有很多新思路和经验值得借鉴。希望能和包括中国在内的各国携手合作，通过数字技术创新，

创造更多元的商业模式，搭建更多跨境交易平台，增加就业，实现包容性增长，以应对当前的全球性挑战。"巴基斯坦驻华政务公使艾哈迈德·法鲁克认为："巴基斯坦 60% 的人口都是年轻人，具有发展数字经济的基础。巴基斯坦政府也希望能发展数字经济。我们希望与中国加强合作，将'数字丝绸之路'、中巴经济走廊联结在一起，推动'一带一路'建设，繁荣国家经济，让人民得到更多实惠。"中国欧盟商会负责人认为："新兴的通信技术打破了原有屏障，让各国都有机会接触到新的广阔市场。中国正不断提升数字技术能力，日益重视服务贸易，欧洲一些政府和企业与中国在此方面合作的意愿非常强烈。"

（二）空中丝绸之路为数字贸易进一步夯实根基

习近平主席在 2017 年 6 月 14 日会见卢森堡首相贝泰尔时提出支持建设空中丝绸之路。空中丝绸之路建设近年来结出丰硕成果，例如，中欧货运航线网络越织越密、货源结构日趋优化，围绕航空经济合作新平台，中欧跨境电商共同铺就"空中繁荣之路"；到 2020 年 10 月，中国已与 127 个国家或地区签署双边航空运输协定，与 54 个"一带一路"沿线国家保持定期客货运通航，与卢森堡、俄罗斯、亚美尼亚、印度尼西亚、柬埔寨、孟加拉国、以色列、蒙古国、马来西亚、埃及等沿线国家扩大了航权安排。

二、丝路电商成为数字贸易新引擎

（一）各国政府大力支持丝路电商发展

跨境电子商务等新业态、新模式正成为推动贸易畅通的重要新生力量，"丝路电商"随之蓬勃兴起。中国商务部办公厅发布的《关于加快数字商务建设服务构建新发展格局的通知》将"'丝路电商'行动"列为数字商务建设的重点任务，并提出要推动地方参与国际合作，鼓励各地制定实施"丝路电商"地区合作规划、建立专项工作机制、将相关工作纳入省部合作范畴等工作举措。

中国一些电商产业相对滞后的地区也在加大力度扶持丝路电商发展，

以期"弯道超车"和赶超发展。例如，甘肃省政府提出："经过3—5年的改革试验，力争把天水综合试验区建成以'跨境电子商务＋特色产品＋综合服务'为主要特征的丝路电商通道节点城市。"河南省发力丝路电商，大批工农业产品源源不断地卖向全球。江西省政府提出："力争用3—5年时间，将赣州打造成为全球丝路电商综合服务枢纽。2022年将实现赣州至匈牙利布达佩斯往返中欧班列合计1000列、进出口集装箱8.8万标箱的目标。"

不少"一带一路"沿线国家政府也在大力支持丝路电商。例如，2015年G20峰会期间，中国—土耳其"数字丝绸之路"跨境电子商务综合服务平台项目签约，这是中国第一个双边跨境电商合作项目。截至2019年，该项目共培训土耳其中小企业主和大学生近2500人，实现2.2万余家中国中小企业和近1000家土耳其中小企业成功上线开网店，交易额超过10亿美元。中方合作企业、敦煌网负责人认为："中土双边'数字丝绸之路'跨境电商综合服务平台促进中国企业多元化外贸出口增长，做到项目红利真正惠及土耳其中小企业，同时打造完备的跨境电子商务产业生态系统，形成多方共赢可持续发展的局面。"土耳其科奇大学毕业生哈姆迪·卡拉达什在读书时就多次参与电商知识课程学习，毕业后的第一份工作便是到敦煌网数字贸易中心上班，他认为："跨境电商是未来新的商业增长点，中国在这一方面具有优势。在中国电商企业的工作经历，使自己积累从事跨境电商的宝贵经验，在未来一定有更大发展空间。"

（二）丝路电商国际合作已见成效

随着中国加快构建双循环新发展格局，各国数字基础设施不断完善和联通，参与建设数字丝绸之路的国家越来越多，各参与国及跨境电商创业者、从业者获得了实实在在的发展红利，推动"丝路电商"国际合作不断深化。尤其是新冠肺炎疫情造成全球供应链中断，过去国际贸易基本上靠经销商，通过各种贸易类展会来招募经销商，由经销商和贸易商做外贸业务的传统模式遭遇重创，而跨境电商使得厂家和小的经销商直接面向海外消费者，其稳促扩升消费和外贸的价值开始显现。

近年来，阿里巴巴、京东、苏宁、腾讯等电商平台的跨境贸易分站功能不断完善，跨境物流愈加高效，中外商家从市场布局和扩容的考虑，纷纷开设面向海外市场的网店。俄罗斯跨境网购业务中，中国电商企业已占半壁江山；在东南亚排名前列的电商平台中，中国跨境电商平台和中资企业控股的电商平台表现抢眼。

截至 2020 年 11 月，中国已经与 22 个国家签署电子商务合作备忘录，在金砖国家等多边机制下签署电子商务合作文件。2020 年，中国跨境电商进出口 1.69 万亿元，同比增长 31.1%，其中出口 1.12 万亿元，增长 40.1%，进口 0.57 万亿元，增长 16.5%。企查查网站数据显示，到 2021 年 4 月，中国在业或存续的跨境电商企业 2.6 万个，2020 年新注册企业 5688 个，其中"一带一路"参与省、区、市的注册量达 3130 个，占比 55.02%。

另外，中国跨境电商综合试验区线上综合服务平台注册企业已经超过两万家，带动 168 个配套园区、超万家传统企业转型升级。中国跨境电商综合试验区积极与"一带一路"沿线国家开展政策、技术和贸易标准对接，探索专线物流的跨境电商物流新模式，鼓励海外仓和跨境电商基础设施连通合作。

例如，宁波跨境电商综合试验区与拉脱维亚投资发展署合作启动中国（宁波）—拉脱维亚跨境电商港湾项目，西安开通长安号（西安—明斯克）跨境电商出口专列；到 2020 年 12 月，中国跨境电商综合试验区有关市场主体在沿线国家建设了 200 多个海外仓，成为中国地方与沿线国家合作的典范；2020 年 11 月 18 日，"跨境电商欧洲专列"从义乌西站出发，这是中国首列多省跨区域合作中欧班列，主要装载的是跨境电商包裹，总货值约 144 万美元，经过 16 天的运输时间，商品到达终点站比利时列日多式联运货运场站后，再运往欧洲其他国家。

（三）数字时代的新外贸丝路青年日趋活跃

在数字贸易和跨境电商的浪潮中，涌现出"80 后""90 后"新外贸丝路青年。他们不再单一依靠资金、人脉、渠道等传统要素资源，而是通过创新商业模式、领先技术工艺来建立市场优势，并通过数字化赋能实现供应链、产业链提质增效和"不见面做成生意"。他们被社交媒体称为"时差青年"，打破时间差、距离差和观念差，来成为人生赢家。

案　例

阿里巴巴国际站赋能新外贸丝路青年

目前，阿里巴巴国际站有 20 万卖家、超过 2000 万买家，分布全世界 200 多个国家和地区，其中"90 后"商家占了四成，"95 后"商家比例接近两成。从 2016 年开始，阿里巴巴国际站从一个商品展示网站转变成一个拥有支付、交易、结算的全链路跨境贸易网站，买卖双方可以在此完成担保交易。

2020 年，阿里巴巴国际站宣布启动"百亿生态投资基金"计划，加快完善数字化新外贸赛道，帮助中小企业开源、提效，货通全球。同时，阿里巴巴国际站实施"春雷计划"，通过全程成长护航服务、线上展会等形式，帮助传统企业和年轻创业者顺利步入新外贸赛道。阿里巴巴国际站还开发出全球第一个跨境贸易虚拟青年主播 Ava，成为商家"替身"，用 18 种语言进行直播，还能引导询盘和交易，同时克服"倒时差"和语言不通两大难题。阿里巴巴国际站负责人认为："数字化新外贸不仅让世界更小、生意更大，同时也改变了年轻人与世界的相处之道，带来超越生意的温暖、趣味与刺激。"

江苏民诺特种设备有限公司总经理孔德尧是一名"90 后"，他们一家三代人从事煤气罐生产经营，完整经历了中国煤气罐产业的兴盛和没落。2015 年之前，孔德尧对自家的煤气罐工厂不感兴趣，因为那时候的中国城市已经鲜见煤气罐的身影。市场艰难，祖辈父辈一筹莫展。大学一毕业，他不得不回家接手家族产业，为企业找出路。跑遍国内市场，孔德尧发现，有同行在阿里巴巴国际站往国外卖煤气罐。一直守着国内市场过日子的孔德尧这才缓过味来，世界很大，中国市场萎缩，不代表国外也没人用。很快，孔德尧开通第一个阿里巴巴国际站网店，并根据国外市场标准，做生产端的改造，并在 2016 年底做成来自海地的第一笔两万多美元的外贸订单。

2017 年，一个来自也门能源部的询盘成为孔德尧外贸事业的转折点。也门虽然盛产石油，但是该国并没有装液化石油气钢瓶的生产能力，只能从国外进口。而且当地长期战乱，网络跨境贸易进口是最有效的贸易方式。刚开始，江苏民诺公司的一个外贸员靠着国际站自带的翻译功能应对也门客户的询盘，由于订单较大，双方并没有建立足够信任，故而进展缓慢。巧合的是，也门能源部长的弟弟恰好在中国义乌市，于是孔德尧趁机邀请这位部长弟弟亲自去工厂查看。当部长弟弟看到企业完备的生产资质和良好的生产能力后，意见反馈回也门能源部，后者最终确认了这笔订单。这笔订单让更多也门买家认识江苏民诺公司，也了解到中国制造的可靠性。此后，也门订单接踵而至。孔德尧顺势把运营重心放到也门，2019 年订单增长到 1.2 亿，孔德尧的企业重新活了过来。

"90 后"青年创业家刘诗蕴 2016 年成立公司，并在阿里巴巴国际站开了网店，主营帐篷、睡袋等户外用品。创业至今，刘诗蕴和她的青年团队一直通过大数据了解买家需求，进而做出理性决策。2017 年，她发现有大量买家想采购 8 人速开帐篷，但业内暂无此商品在售。新品研发的技术难度和成本都不低，但刘诗蕴决定把握机会，填充市场空白。经过两个多月开发，8 人速开帐篷正式问世，销量一炮而红。刘诗蕴还将中国电商的"新玩法"用于跨境电商，尝试过跨境直播，与海外 100 多名网红合作，通过创新营销方式实现自有品牌"出海"，2020 年她的公司订单增长 66%。刘诗蕴认为："针对不同国家做不同选品、不同价格、不同定位，国际贸易抗风险能力才会更强，市场机会才会更多。"

在外贸价值链中，传统中小中间商利润小、风险高、竞争压力大，义乌奎特贸易有限公司青年企业家俞锋利用阿里巴巴国际站等跨境电商平台，把通过数据分析重新设计、定制的义乌小商品销往全球近百个国家，品类也拓展至健身、母婴、饰品、箱包等多种产品，匹配不同国家客户需求。俞锋的创新在于对所有产品进行重新审视、包装和定位，除了品类维度扩展，也在搭配组合上不断拓宽思路。比如，在坦桑尼亚、肯尼亚、乌干达、卢旺达等非洲国家，来自义乌的手电筒产品颇受欢迎。但是俞锋通过数据分析得知，对手电筒有多种需求，非洲消费者晚上收割庄稼需要头灯，停电需要帐篷灯、吸顶灯，走夜路需要手提应急灯，因此他进一步整合义乌供货商资源，对产品进行优化组合，将单品销售转变为套餐式产品组合推广。

广东省潮州市枫溪区东阳陶瓷制作厂外贸负责人何佳阳是一名"95 后"法国海归。过去东阳陶瓷主要依赖参加展会、熟人介绍等传统外贸形式接单，但产品利润被各个环节的中间商拿走，利润低，品牌知名度难以打造。何佳阳在法国留学时调研发现，欧洲消费者的审美品位更加鲜明专一、个性化，偏好独特、时尚的定制化产品。2019 年，何佳阳回国后第一件事就是组建一支 5 名应届毕业生组成的数字化外贸青年团队，明确"小工厂、大贸易"产销一体的企业新战略，基于陶瓷制作厂的产品基底，借助阿里巴巴国际站的渠道资源，加大对海外市场渗透，为客户提供更多定制产品。为摆脱柔性化生产与原有人效不匹配、生产流程杂乱无序等问题，何佳阳一步步引入自动化、现代化管理流程为公司降本提效。结合新冠肺炎疫情催生的直播带货新机遇，何佳阳又加速布局线上直播，2020 年公司营收逆势增长 30%。

三、"一带一路"沿线国家青年积极参与跨境电商

虽然新冠肺炎疫情给全球人员、货物、物资流动带来限制和挑战，但是丝路电商提供了一个拉近距离、降低成本、加深推动国与国之间贸易流动的新契机和新模式，成为推进"一带一路"合作的突出亮点，也得到了沿线国家政府、社会各界、企业和丝路青年的广泛认同和积极参与。

例如，哥伦比亚驻华大使路易斯·蒙萨尔韦认为："目前，超过 21%

的哥伦比亚人有网上购物习惯，超过30%的公司在互联网上推广和销售他们的产品，哥伦比亚将与中国加强丝路电商合作。"加蓬驻华大使波德莱尔·恩东·埃拉认为："加蓬的互联网普及率50%，线上购物占比也在不断增长。加蓬愿继续深化与中国加强跨境电商贸易。"乌克兰驻华大使焦明奥列格认为："我们高度关注中国的'一带一路'倡议，它带来众多的商业合作机会，尤其是因互联互通为跨境电商打通了无国界贸易。"俄罗斯企业联盟第一副主席谢尔盖·德米特里延科认为："借助跨境电商，'双11'已经成为全球众多国家的购物节。2020年的'双11'，俄罗斯交易额达到创纪录的127亿卢布。"哈萨克斯坦"萨姆鲁克—卡泽纳"国家主权基金驻华首席代表伊斯坎达·拜塔索夫认为："哈萨克斯坦政府正加大力度促进电商发展，推出了数字哈萨克斯坦国家计划，内容包括发展在线支付系统、加强数字化和金融教育等，与中国合作是哈萨克斯坦电商发展的重要推动力。"

近年来，非洲在华留学生创业从传统批发采购贸易，向跨境电商、美食外卖、在线旅游服务等互联网创业转型。好望观察和云时资本联合发布的《2019年非洲新经济白皮书》调研了200多名非洲在华留学生，数据显示："非洲留学生毕业后最想从事的行业中，电子商务占比最高，达到19%。在毕业后是否选择创业问题上，69%的人更愿意创业，其中19%的人将创业方向选择为电子商务。"学电商，搞创业，已经成为非洲学生来华学习的新目标。联合国国际贸易中心与阿里巴巴研究院联合发布的研究报告提出："亚洲最不发达国家在阿里巴巴国际站上的买家和卖家每年增长30%以上，充分表明电子商务对发展中国家的可适用性和普惠性。"

以金华职业技术学院为例，目前在校非洲留学生有300多名，来自33个非洲国家，大部分学习计算机和电子商务专业。安平是金华职业技术学院卢旺达留学生，先后学习计算机网络技术和物流专业。头脑灵活、专业对口，加上学校鼓励，安平很快学会运用电商和社交平台做生意。最初是在线下批货，之后是从淘宝上买样品，寄回卢旺达的合作门店展示，有人喜欢和下单，安平再到阿里巴巴平台大批量购买——小到背包、鞋子，大到电视、冰箱，甚至大型游戏机的投币机，安平都卖过。放假回家时，他也把卢旺达咖啡、调味品等家乡货带回中国，卖给非洲留学生解乡愁和中国消费者尝鲜。2019 年，安平把弟弟也带到金华学习计算机，兄弟俩和同学一起注册公司，当起"卢旺达合伙人"。据媒体报道，安平创立的公司"已经实现月入 10 万元的小目标"。

再如，泰国互联网渗透率超过 70%，人均手机拥有量超过 1.3 部。过去泰国消费者从中国淘货主要由本土代购执行，消费者看中某款商品，代购用 excel 表格登记下来，传递给其在中国境内的合作者，再从中国买货，发回泰国。传统代购模式效率低，也难以规模化。泰国青年吴金荣开发了跨境电商网站，让不懂中文和英文的泰国消费者直接用泰语从阿里巴巴的淘宝、天猫上搜索商品，然后把中文页面信息转化成泰语以便于泰国消费者阅读。泰国消费者无须自己注册账号，而是通过吴金荣网站背后的账号以原价统一下单。吴金荣利润来源于换汇时的差价和运费。商品从中国卖家手中发到吴金荣物流公司在广州的仓库，再由该物流公司运回泰国，从发货到收货全程大约 7—8 天。这种商业模式创新使得吴金荣的跨境电商网站订单量几乎每个月翻一翻，三年后仍然保持着 10% 以上增长率，年营收 1.9 亿泰铢（约合人民币 3800 多万元）。

案　例

阿里巴巴"互联网创业计划"培养丝路电商人才

阿里巴巴在中国市场电商运营的经验和模式对非洲互联网青年创业者具有较大参考价值。2017 年 7 月，阿里巴巴创始人马云访问非洲期间宣布启动"互联网创业者计划"，阿里巴巴携手联合国贸易和发展会议，帮助发展中国家培养 1000 名年轻创业者。同时，阿里巴巴还倡议打造 eWTP（Electronic World Trade Platform，世界电子贸易平台），推动建立自由、开放和普惠的全球电子商务市场，帮助各国中小企业和年轻人更好发展。除杭州外，eWTP 先后在马来西亚、卢旺达、比利时落地。

卢旺达是第一个与中方共同建设 eWTP 的非洲国家。2019

年9月,在卢旺达政府与阿里巴巴合作的eWTP框架下,22名卢旺达年轻人经过层层选拔来到杭州阿里巴巴商学院,开启为期四年的国际贸易(跨境电商方向)专业学习。他们除了学习中文、市场管理、国际贸易等基础理论课程,还要参与电商直播教学、摄影摄像等实践课程,以及具有阿里巴巴特色的GDT(全球数字人才)系列课程,同时也有行业专家指导他们的创业项目。

2020年海外"黑色星期五"销售季,卢旺达留学生参加了中国跨境电商平台直播,为中国外贸商家带货,他们的共同目标是学成回到卢旺达从事电商和直播带货方面的工作或者创业,为家乡带货。

在阿里巴巴的推动下,卢旺达掀起了电商热,"全民带货"将成为该国经济振兴的亮点。例如,2020年12月底,联合国副秘书长、非洲经济委员会执行秘书维拉·松圭、卢旺达驻华大使詹姆斯·基蒙约在淘宝直播间,为卢旺达产品"站台",直播带货卢旺达咖啡,1000多万人在线观看,销量相当于该国过去1年咖啡豆的总销量。

另外,阿里巴巴在全球业务拓展过程中,招聘了大量海外员工,并对之标准化、系统化培训。部分海外员工离职创业,得益于阿里巴巴的工作经历和职场资源,也取得了不错业绩。比如,集酷是一家总部在中国杭州的跨境电商平台,由阿里巴巴前员工创立,是加纳最大的电商平台,在加纳全境建立超过200个自提点,并进入加纳、乌干达、坦桑尼亚等9个非洲国家市场,其业绩已成功超越被称为"非洲电商第一股"的纳斯达克上市公司Jumia。与Jumia偏好雇佣有欧美公司工作履历的员工不同,集酷主要招聘当地青年人才实现本地化运营。

加纳青年Seyram负责管理集酷加纳公司物流团队,并参加了阿里巴巴倡议的"互联网创业者计划",在杭州接受两周专业培训。曾经有中国客户抱怨加纳快递小哥"懒",下午4点就下班。Seyram参考中国快递物流经验,制定阶梯式激励机制,并自建配送团队，给快递小哥配上摩托车。Seyram 每周上六天班，平时组织快递员开晨会，一起唱圣歌做祈祷，还告诉大家要诚信，行善事，他的团队丢包裹事情几乎不再发生。

四、直播带货成为丝路青年双创新场景

2020 年中国政府工作报告提出，电商网购、在线服务等新业态在抗击新冠肺炎疫情中发挥了重要作用。特别是全天候、零距离、少接触、体验良好、价格优惠的直播带货火遍神州大地，越来越多的领导干部、知名企业家、专家学者、大小明星、网络达人等成为带货主播，一大批城市、企业、商家、个人纷纷涉足，并形成了直播带货引领的电商、商贸、农产品、文旅等多业态的直播经济，成为疫下重振消费的一抹亮色。

丝路青年直播带货也在跨境电商领域兴起。过去直播带货主要由网络流量明星、网红带动粉丝线上购物，只是作为传统电商平台、网商的市场营销手段。近年来随着宽带网和智能终端普及，视频直播和真人秀兴起，国内外越来越多年轻人热衷于摄录、直播、刷看、打赏短视频。新冠肺炎疫情造成线下实体店停摆和产品滞销，全民直播带货顺势而起，主播现场在线讲解、试用商品，分享当地风土人情，与观众、粉丝互动交流，相较于传统电商更具有直观性和体验性，一定程度上保证了消费者能买到心仪商品。

尤其是 2020 年中国广交会首次在线举办，更是把外贸直播推到一个新高度。云上广交会利用数字技术，将全球参展商和采购商从"面对面"交流转到"屏对屏"交互。主办方为 2.5 万家参展企业提供了每家至少 1 个直播间，并安排了 60 多场新品直播发布会，参展企业通过文字、图片、音频、视频、3D 动画等方式直播，向采购商和网友推介公司产品、研发生产基地、品牌故事等内容，并在云端进行网上推介、直播营销、供采对接和在线洽谈。从参与方看，除了传统的制造商、贸易商，云上广交会还集聚了阿里巴巴、京东等外贸电商平台，以及数量庞大的外贸直播背后的

主播、技术开发和维护、影像制作、导购、客户服务等年轻运维团队。

换言之，云上广交会深刻改变过去依靠人脉、关系维持的传统外贸业务模式，让更多胸怀梦想、具备创新和执行能力的丝路青年一跃成为贸易畅通的"主角"。

例如，黑龙江俄速通国际物流有限公司是中国最大的对俄跨境流通服务商，针对2020年新冠肺炎疫情导致许多俄罗斯消费者隔离在家里，以及催生的网购需求，选择年轻的俄罗斯员工Dilyara为主播，在俄罗斯市场迅速启动直播带货。目前，该公司一场直播观看人数最多可达到3.5万人，带货近8000元。Dilyara认为："直播带货这种形式越来越受到俄罗斯人欢迎。直播可以更加直观地向消费者展示我们的商品，向观众展示商品的性能以及如何使用，这些通常很难通过商品销售网页的文字描述来了解到。这就是直播的魅力！"俄速通公司负责人认为："通过打造年轻网络红人以及跨境直播带货，能迅速增加品牌曝光度与产品转换率，加速资金循环速度，推动跨境供应链全球化、社会化发展，快速实现国际品牌孵化。在跨境电商领域，直播更能增加用户对正品保障的信心。"

再如，据公开数据，2020年东南亚网购人数达3.1亿，电商市场潜力巨大。Lazada跨境生态创新服务中心位于广西壮族自治区南宁市跨境电商综合试验区，是中国首家面向东盟电商市场的综合服务平台，每日网络流量400万人次以上，以35岁以下的年轻消费群体为主。东南亚消费者喜欢刷短视频，对直播带货的接受程度高，年轻的人气主播通过录制小视频推荐商品或者直播带货就能实现流量转化。Lazada的商业模式重点是培养东南亚本土年轻主播，他们对当地市场比较了解，又会说当地语言，只要经过专业培训和人气打造，就能成为具有带货能力的人气主播。越南青年陈氏垂美是Lazada的一名学员，在接受如何打造个人造型、使用专业设备、设计脚本等系统培训后，成为一名能独当一面的人气主播。泰国年轻主播金雅丽经过Lazada培训，在中国—东盟博览会直播，向泰国消费者介绍广西产品。

第三节 中国与"一带一路"沿线国家青年贸易畅通面临的主要挑战与对策建议

一、中国与"一带一路"沿线国家青年贸易合作面临的挑战和风险

（一）"一带一路"沿线国家贸易合作发展不平衡不充分

沿线国家的经济发展程度和水平差异大，既有发达经济体，也有新兴发展中国家，还有欠发达国家，导致很难形成较大规模的自由贸易区，并且贸易政策和规则的协商协调也较困难。一些沿线国家工业基础薄弱，经济规模和市场需求有限，制约了贸易合作的空间。少数沿线国家面临文化多元化、语言差异、宗教冲突、种族歧视、地区冲突等地缘政治和制度环境风险，同时关税壁垒较高，给贸易合作带来不确定性风险和额外成本。一些沿线国家没有正式加入 WTO，对外贸易法规政策体系不健全，无法保障贸易合作参与方利益。

（二）新冠肺炎疫情严重冲击跨境贸易合作

新冠肺炎疫情不仅导致大量经济活动骤停，而且疫情的不确定性加剧了恐慌，多数国家经济陷入衰退，对贸易合作带来巨大冲击。尤其是疫情加剧去全球化、去国际工序分工、去人际交流的冲击，使部分"一带一路"沿线国家产业链、价值链、供应链转向并不经济的本地化、区域化和分散化，对贸易、生产、投资、服务一体化和全球化带来严峻挑战。疫情暴发国无暇顾他，由此也使双边、多边的自由贸易安排与区域经济一体化进程受到严重影响。

（三）丝路电商高质量发展仍然面临系列挑战

跨境电商需要协调国内外供应商、经销商、政府部门、海关税务部门、跨国物流企业、不同国家内的物流企业，全流程十分复杂，存在丢件、货物包装破损等问题，以及跨境资金、信息数据、商品质量、假冒伪

劣商品等安全风险,加之部分"一带一路"沿线国家政策稳定性不足,对于运营管理经验不足、抗风险能力弱的跨境电商中小企业的青年创业者、从业者而言,无疑面临较大挑战。

另外,由于不少沿线国家经济、语言、消费、文化、宗教等营商环境复杂,而跨境电商业务规模在起步阶段即呈现爆发性增长态势,导致这些沿线国家在要素保障上并未做好充分准备,通晓信息技术、跨境电商业务和当地语言、人文环境的复合型人才极度匮乏。

目前大部分跨境直播带货的主播多为兼职参与者,只能起到某些场次直播带货的推动作用,而精通本地语言、了解自己产品和当地消费习惯的专业化、专职化主播则是跨境直播带货可持续发展的关键要素,实际上拥有较强的语言沟通、网络营销、表达交流、现场互动、临场应变等综合能力,以及具备法律法规知识、熟悉售卖商品功效的合格主播仍然稀少。

跨境直播带货也亟待纳入法制监管。依据《中华人民共和国广告法》《中华人民共和国电子商务法》等法律法规,网络主播事实上是所推销商品的广告代言人,要对商品质量、性能、规格、成效、价格、有效期等深入了解并承担相关责任,而当下主播推销商品热情高,对商品产供销涉及的法律风险却不重视。另外,淘宝、天猫、京东等传统电商平台建有成熟的售后服务体系,但直播带货的主体为商家,有关售后服务、消费者维权仍亟待商家进一步完善运营体系和政府出台专门监管政策,以及建立丝路国家的跨境监管机制。

二、推动丝路青年参与"一带一路"贸易畅通对策建议

(一)完善"一带一路"贸易畅通制度机制

中国与"一带一路"沿线国家要进一步完善同国际投资和贸易通行规则相衔接的制度体系,构建"投资贸易自由、规则开放透明、监管公平高效、营商环境便利"的双边、多边自由贸易体系,并形成法治化、国际化、便利化的营商环境和公平、统一、高效的市场环境。面向中国非自贸地区和沿线国家推广投资自由、贸易自由、资金进出高度自由、运输自由、人

员从业自由等中国自由贸易试验区改革创新成果，大力发展贸易科技产业、新型国际贸易、高能级物流服务、跨境金融服务等开放型产业集群，促进贸易数字化和数字贸易化，提升贸易畅通效率效能。支持传统外贸企业聘用青年数字经济人才，以人才年轻化和业务数字化促进"上线触网"和上云用数智赋。

在"一带一路"沿线国家的贸易开放上，可以通过双边、区域谈判逐步消除贸易壁垒，降低关税和非关税壁垒，推动贸易便利化和自由化。在贸易制度和规则建设上，沿线国家政府要根据贸易发展适时完善贸易法律、制度和规则，共同构建覆盖更多沿线国家协调互认的统一规则体系，降低贸易成本，释放贸易潜力。在一体化市场和贸易协定的构建上，构建双边、多边的高标准自由贸易区网络，远期要积极探索构建"一带一路"自由贸易区。

另外，面对部分沿线国家地缘政治和经济的不稳定性、不确定性，有关政府部门、跨境电商机构要持续构建涵盖事前事中事后各环节的自由贸易风险防控体系。聚焦投资、贸易、金融、网络、人员进出等"重点要素领域"和检验检疫、原产地、知识产权、跨境资金等"特殊要素领域"，以过程监管、分类监管、协同监管、智能监管为基础，构建一体化跨境监管服务管理平台，实现贸易合作全流程实时风险监测、预警和管控。

（二）继续推动"丝路电商"走深走实

"一带一路"沿线国家应在海关、检验检疫、税收、外汇管理等方面缩减限制条款，有效解决跨境电商在数据流动、争端解决、技术标准、法律规则、物流网络衔接、金融服务等领域的"肠梗阻"，并加快沿线国家在一体化、高效率、低成本通道方面的配套建设。沿线国家政府部门应支持建设跨境电商公共服务平台、产业园区、孵化基地，制定落实各项优惠政策，引导丝路青年创办的中小微跨境电商企业集聚发展、抱团发展和产业链、供应链上下游交流合作。建立丝路电商青年企业家联盟、行业联盟、商协会等社会组织、自律组织，开展信息服务、业务培训、人才培养等公共服务，引导更多丝路青年参与数字贸易和跨境电商，提高创业成功率。

　　沿线国家政府部门要支持和引导跨境电商企业、外贸企业积极数字化转型。有关跨境电商企业要加快构建数据要素驱动的精准产供销机制,加强与目标市场国家人气主播、网红主播合作,加大力度发展直播带货、视频电商等新型电商模式,增加品牌曝光度与商品销售转换率,推动跨境供应链全球化、社会化、市场化发展。引导传统外贸企业在微信、抖音、快手、Facebook、Twitter、Youtube、Instagram 等全球社交平台开展品牌传播和内容营销,提高品牌影响力和渗透率。

(三)大力培养跨境电商青年人才

　　由于工作性质特殊性,跨境电商一方面与传统贸易一样需要国际经贸、商务谈判、外语沟通等方面专业人才,另一方面由于贸易流程大部分借助互联网进行,跨境电商还需要精通网络程序开发、网店设计、网络营销、在线客服、物流运输等方面人才。因此,中国与"一带一路"沿线国家在电子商务、中文、商科、软件开发、互联网等专业的青年人才培养合作项目,增设跨境电商专业、人才培养方向及相关课程。沿线国家教育部门要把握跨境电商人才需求导向,加强本国高校、职业院校跨境电商学科、专业、课程建设,建立人才培养国际合作机制。中国有关高校、职业院校、头部电商平台、大型跨境电商企业在学历教育、职业培训、远程教育、人才招聘、创业扶持等方面,应根据跨境电商运营产生的人才需求增量,以订单式培养聘用一体化方式向沿线国家青年人才倾斜。

第五章
丝路青年参与"一带一路"资金融通和
金融合作的进展与建议

　　金融活、经济活，金融稳、经济稳，经济是肌体，金融是血脉，发挥着聚集资本、配置资源的关键作用，两者共生共荣。当前，"一带一路"建设仍然面临长期、大额的投融资需求和缺口，亟待创新投融资模式和高效配置金融资源，急需强化国际合作机制营造良好金融环境。推动构建长期、稳定、可持续、风险可控的多元化融资体系，提供足够的资金保障，促进各国资金融通，是"一带一路"建设的关键点之一。"一带一路"倡议提出八年多来，中国已初步构建多层次金融服务体系，打造了一批更具包容性、适用性的金融产品，积极引导各类资本参与实体经济发展和产业链创造，为企业参与"一带一路"建设提供多元化金融支持和服务，推动世界经济复苏与健康发展。

第一节　资金融通让"一带一路"行稳致远：丝路青年 参与和创新沿线国家金融合作

　　金融合作是"一带一路"沿线国家经济、贸易与投资合作的重要支柱。"一带一路"倡议发起以来，中国与沿线国家开展了多种形式的金融合作，对拓展中资金融机构海外业务、推进人民币国际化和金融务实合作起到重要作用。

一、中国与"一带一路"沿线国家金融合作

（一）金融服务水平不断提升

八年多来，中国积极推动相关市场主体在境内外募资设立了一批对外投融资机构、基金，为推进"一带一路"倡议、促进国际产能合作、深化与相关沿线国家和地区互利合作发挥了积极作用。

例如，2015 年 12 月，中国倡议筹建的亚洲基础设施投资银行（Asian Infrastructure Investment Bank，简称亚投行、AIIB）成立，成为"一带一路"资金融通的重要平台。亚投行是一个政府间性质的亚洲区域多边开发机构，重点支持基础设施建设，成立宗旨是为了促进亚洲区域的建设互联互通化和经济一体化的进程，并且加强中国及其他亚洲国家和地区的合作，是首个由中国倡议设立的多边金融机构，总部设在北京，法定资本 1000 亿美元。截至 2020 年 7 月，亚投行有 103 个成员国，已经为 24 个成员提供了 87 个、总额近 200 亿美元的基础设施项目投资，在国际上展示了专业、高效、廉洁的新型多边开发银行的崭新形象。新冠肺炎疫情暴发以来，亚投行迅速行动，成立初始规模 100 亿美元的新冠肺炎危机恢复基金，支持成员应对疫情和恢复经济，再次充分体现亚投行的行动力。

再如，丝路基金是由中国外汇储备、中国投资有限责任公司、中国进出口银行、国家开发银行共同出资，按照市场化、国际化、专业化原则设立的中长期开发投资基金，通过股权、债权、贷款、基金等多元化投融资方式，为"一带一路"建设和双边、多边互联互通提供投融资支持，运作中遵循对接、效益、合作、开放四项原则。到 2020 年 10 月，丝路基金已累计签约项目 47 个，承诺投资金额 178 亿美元，同 30 多个国家和地区的投资者以及多个国际和区域性组织建立了广泛的合作关系，投资地域覆盖俄罗斯和中亚、南亚、东南亚、西亚、北非、中东欧、西欧、北美、南美等地区，不仅包括低收入国家、发展中国家、新兴市场经济体，还包括发达经济体；投资行业涵盖基础设施、资源开发、产业合作和金融合作等领域的电力、港口、交通、油气、新能源、食品等领域；投资形式包括直接

投资、基金投资、第三方市场投资等多种形式。

又如，作为中国第一支专注于非洲投资的股权基金，中非发展基金是2006年中非合作论坛北京峰会上中国政府宣布的对非合作重要举措之一，由中国国家开发银行承办，总规模100亿美元，按照商业化原则运作，引导和鼓励中资企业对非投资，以市场化方式增加非洲自身发展能力。截至2020年8月，该基金在37个非洲国家决策投资超过54亿美元，行业涉及基础设施、产能合作、农业民生、能源矿产等，有效增强了当地经济发展能力，增加就业、税收和出口创汇，提升了当地人民生活水平，带动中资企业对非投资260亿美元。

另外，中非、中拉、中哈、中巴等中外产能合作基金自设立以来规模迅速扩大，规模已超过1200亿美元，成为中国优质产能"走出去"的重要通道，同时也是推动"一带一路"倡议的重要举措。

政策性、开发性金融机构贷款期限长，在支持境内外基础设施、基础产业和支柱产业的建设上也发挥了独特作用。例如，中国国家开发银行、中国进出口银行近年来加大对沿线国家贷款力度，到2020年底，分别提供了2500亿元和1300亿元等值人民币专项贷款，用于支持"一带一路"基础设施建设、产能、金融合作。根据第二届"一带一路"国际合作高峰论坛成果清单，中国国家开发银行与柬埔寨、哈萨克斯坦、土耳其等国有关机构签署公路、矿产、电力等领域项目贷款协议，与白俄罗斯银行、智利智定银行、斯里兰卡人民银行签署融资合作协议；中国进出口银行与瑞士信贷银行合作为尼日利亚MTN电信项目提供银团贷款，与韩国进出口银行、意大利外贸保险公司、法国贸易信用保险公司等合作为莫桑比克液化天然气项目提供银团贷款。

商业银行则在利用筹集资金渠道、多元性吸收存款、发行理财产品、发行债券等方面具有优势。八年多来，中国多家商业银行积极拓展"一带一路"市场，加大优质信贷项目储备力度，主动对接"一带一路"重大工程项目建设，并在资源配置、授信审批、授信额度、金融产品创新等方面给予针对性支持。例如，自2014年提出打造"一带一路"金融大动脉的战略目标以来，中国银行相继跟进600多个"一带一路"沿线境外重大项目，到 2018 年底，累计完成对沿线国家各类项目授信支持超过 1300 亿美元。

（二）共建开放性投融资体系

目前，"一带一路"融资模式主要分为五层：第一层为政策性银行，如中国国家开发银行、中国进出口银行；第二层是新兴多边开发金融机构，以亚投行和丝路基金为代表；第三层是国有大型商业银行，如中国银行、中国工商银行；第四层是世界多边金融机构，如世界银行、亚洲开发银行、金砖国家新开发银行；第五层是以进出口信用保险为代表的辅助机构，如中国出口信用保险公司。

中国与沿线国家政府机构在资金融通方面合作不断深入，目前，中国与 35 个沿线国家金融监管部门签署合作文件，金融服务沿线国家企业能力持续提升。例如，为推动"一带一路"融资体系建设，在中方的倡议和推动下，2017 年 5 月，中国财政部与阿根廷、白俄罗斯、俄罗斯等 26 国财政部共同核准了《"一带一路"融资指导原则》。根据这一指导原则，各国支持金融资源服务于沿线国家和地区的实体经济发展，重点加大对基础设施互联互通、贸易投资、产能合作等领域的融资支持力度；各国将继续利用政府间合作基金、对外援助资金等现有公共资金渠道，协调配合其他资金渠道，共同支持"一带一路"建设；各国鼓励政策性金融机构、出口信用机构继续为"一带一路"建设提供政策性金融支持；各国呼吁开发性金融机构考虑为"一带一路"沿线国家提供更多融资支持和技术援助，鼓励多边开发银行和各国开发性金融机构在其职责范围内通过贷款、股权投资、担保和联合融资等各种方式，积极参与"一带一路"建设，特别是跨境基础设施建设；各国期待商业银行、股权投资基金、保险、租赁和担保公司等各类商业性金融机构为"一带一路"建设提供资金及其他金融服务；各国鼓励基于"一带一路"建设需求和沿线国家需求的金融创新。

中资金融机构在海外布局全面铺开。到 2020 年初，已有 11 家中资银行在 29 个"一带一路"沿线国家设立近 80 家一级机构；多家中资银行与非洲开发银行、泛美开发银行、欧洲复兴开发银行等海外金融机构开展联合融资合作；中资保险机构走出去的步伐日益加快和扩大。

人民币国际化也在提速扩容。目前，中国与 21 个沿线国家签署了本币互换协议，与 8 个沿线国家建立人民币清算机制。人民币国际支付、投资、交易、储备功能稳步提高，2019 年中国与沿线国家人民币跨境收付金额超过 2.73 万亿元，同比增长 32%，人民币海外基金业务规模超过 3000 亿元。

值得关注的是，不少"一带一路"建设项目资金量大、项目周期长、跨境业务协调难度较大，让原本处于竞争关系的中外资银行迎来合作良机。一些外资银行在"一带一路"沿线国家已建立成熟的业务网络，中资银行更加了解中资企业需求，双方联动整合境内外金融资源，可以有效拓展业务，更好服务中资企业走出去和"一带一路"倡议。"一带一路"银行间常态化合作机制是首届"一带一路"国际合作高峰论坛的一项成果，在中国人民银行指导下，由中国工商银行倡议成立，成员来自 51 个国家和地区的 94 家金融机构，旨在为国际金融同业搭建"一带一路"合作与交流的平台。到 2019 年，合作项目数达 55 个，总金额达 430 亿美元左右。例如，中国工商银行发行首支"一带一路"银行间常态化合作机制绿色债券，并与欧洲复兴开发银行、法国东方汇理银行、日本瑞穗银行等成员机构共同发布"一带一路"绿色金融指数，深入推动"一带一路"绿色金融合作；渣打银行与招商银行、中国国家开发银行、上海浦发银行、中国出口信用保险公司、中国进出口银行签署"一带一路"备忘录或战略合作协议，参与近 100 个"一带一路"相关项目，项目累计金额超过 200 亿美元；德意志银行成立"一带一路"办公室，由专门团队协调德银集团内的业务资源，支持贸易融资、项目融资等跨国企业客户和中资客户的金融服务需求。

二、丝路青年金融人才成为"一带一路"资金融通骨干队伍

中国—中东欧基金负责人认为："做好'一带一路'投融资，商业化是导向。在对外开展'一带一路'投融资项目的过程中，除了一些政策性投融资外，商业机构或企业的投融资要走商业化道路，实现商业可持续发展。要创新投融资模式，通过股权、贷款、债券、租赁多种等金融工具，

提供投行服务、咨询顾问和可行性研究等多种金融服务。只有这样,'一带一路'投融资才能走出一条可持续的发展道路。"从全球金融业人才结构看,基础操作、技术支持、市场营销、客户管理等运营岗位年轻人比例最高,产品开发、投资银行、跨境金融等中高端岗位也有不少年轻人成为业务骨干。人才年轻化、专业化、复合型成为"一带一路"金融合作的重要特点。

案　例

厦门国际银行:为青年人才搭建服务"一带一路"建设的机制和平台

厦门国际银行是中国首家中外合资银行,已形成以中国大陆为主体、港澳为两翼的战略架构,并打造贸易金融全程通一体化融资服务,实现国际业务全流程、一站式、线上化、自动化办理,方便客户"足不出户"办理各项国际结算业务。

近年来,在"能者上、平者让、庸者下"的市场化人才管理原则和"年轻"用人观下,厦门国际银行开展"千才百将"计划、"鹰"系列专项管理人员培养体系、一对一导师辅导等活动,并通过年度人才盘点、分层级人才梯队建设、轮岗锻炼等方式,为年轻金融人才提供更多展现自我、提升自我的机会与舞台,一批优秀的青年金融人才从客户经理、团队长等不断成长,逐步成长为总行部门主管、分行及支行行长等管理层,数量充足、年龄结构合理、综合素质优良的人才队伍助力"一带一路"建设、服务中资企业"走出去"。

案　例

中国银行:服务"一带一路"建设"青年必当先"

中国银行在全球有16万青年员工,其全球青年人才战略为:

"各级管理者一定要爱护员工，珍惜青年人才，给予他们充分施展才华和抱负的平台，让他们扎根中国银行，成为中国银行改革发展的先锋队，成为中国银行这家百年老店基业长青的中坚力量。广大青年要以'青年必当先'的姿态，完成时代赋予的使命，积极投身到中国银行事业发展中，在不断奋进跨越中书写壮丽青春，实现人生价值。"

2017 年，首届中国银行全球青年节在北京召开，来自中国银行海内外各机构、各条线的 160 名优秀青年员工现场参会，海外 51 个国家和地区、600 多家分支机构的青年员工通过互联网参加此次活动。青年员工、中国银行波兰分行综合柜员帕特·瑞西亚认为："在集团总部现场感受青春的力量，是让我最感到光荣的事情，我将珍惜每一天，走好每一步，不辱时代赋予我们青年人的使命。"中国金融系统青年五四奖章获得者、中国银行江苏南通海门支行袁卫华认为："在建设最好银行的道路上，我们基层青年员工要对自己高标准、严要求，做到平时能看出来，关键时刻能站出来。"

另外，中国银行还选树了一批最美青年员工，他们在"一带一路"沿线国家舒展凌云之志，在基层一线闪耀青春之光。中国银行巴拿马分行财务运营部 IT 经理高鑫是分行唯一的外派信息科技人员，先后承接科隆分行搬迁、营业部开业、分行本部扩建装修等项目。在实施周期时间较长、涉及技术领域较广的项目时，高鑫均进行大量分析研究和前期准备工作，顺利促成项目实施落地。

中国银行维也纳分行公司金融部客户经理徐悦，名下客户贷款余额折合 5.8 亿欧元、存款余额 2 亿欧元（到 2019 年底）。新冠肺炎疫情暴发初期，她主动对接全球知名橡胶制品生产企业，第一时间完成 100 万双医用手套的采购，顺利送达湖北抗疫第一线。

中国银行法兰克福分行风险管理部助理经理范晓天在较短时

间内掌握授信制度和流程情况，并协助团队提高分行授信管理和审批的规范化、标准化程度，提高工作质效。面对德国央行检查组对法兰克福分行开展现场检查，在同组同事因事假未能在岗的情况下，她主动承担相应责任，配合检查组调取法兰克福分行基本情况材料、部分项目卷宗和重要规章制度，以及参与多场访谈，顺利完成了现场检查任务。

中国银行米兰分行公司金融部资金条线中级经理张政在多项国家级重大活动承担组织协调工作，在米兰分行抗疫救援捐赠工作中担任中坚力量，并承担米兰分行市场周报、出访参阅材料撰写工作。

案　例

中国建设银行湖南省分行国际业务部："青年铁军"服务湖南企业走出去

中国建设银行湖南省分行国际业务部是一支"青年铁军"，注重条线专业能力的培养与锻造，围绕"学、写、讲、做、赛"等多维度，提升青年员工专业能力。2018—2020年，该分行累计为湖南省企业投放进出口贸易融资850亿元，金融服务延伸至29个国家地区，为14个海外重大项目提供金融支持，年均增速20%，投放量稳居同业第一。

国际业务部根据总行提出的发展构想，在缺乏先例可循的情况下，通过广泛调研和产品创新，确立针对海外工程不同进展阶段的"三建客"系列融资产品：在海外项目合同签署后，适用于前期勘察、方案设计等准备阶段的"建单通"；工程完工后，根据应收账单为企业提供融资的"建票通"；在客户投保中国出口信用保险公司"短期出口信用保险特定合同险"前提下，由建设银行提供买断型融资"建信通"，切实帮助企业减轻负债压力。

针对企业信息不对称、资源整合不力、海外项目资金不足等三大制约湖南企业参与"一带一路"建设的瓶颈问题，国际业务部青年团队搭建"湘企出海＋"综合服务平台，协同建立政府、企业、金融机构及第三方服务机构多方互动的快捷通道，实现信息传递、咨询互动、项目撮合、统计分析、业务申报等多功能叠加。2019 年，湖南省 14 个特色地市专区以及首尔、香港、米兰、约翰内斯堡四个海外专区全部上线。新冠肺炎疫情期间，线上活动直播模式、撮合平台对接模式、境内外分行联动模式、云签约模式彼此融通互联，都可以在"湘企出海＋"综合服务平台集中呈现，实现平台共享连通、服务创新融合。

案　例

亚投行青年专业人员计划

2018 年，亚洲基础设施投资银行（亚投行）启动青年专业人员计划（Young Professionals Program），主要在亚投行的投资运营、政策和战略、财政部和风险部门工作，旨在招募和培养一批优秀青年专业人员，为实现亚投行使命做出贡献。

被选中的青年专业人员将在亚投行不同部门工作，融入跨部门团队，以发展、提高和利用他们的专业技能和专业知识，同时获得实际经验。通过与亚洲国家和地区公、私部门的客户合作，青年们将对亚洲基础设施发展和融资方面的挑战与机遇有更广泛认识。

此外，被选中的青年专业人员还将获得职业指导、培训等发展机会，使他们能够在专业领域成长和发展。

案 例

中非发展基金：青年员工成为中非合作的青春力量

中非发展基金的青年员工占比超过50%，且活跃在项目一线，奔走在非洲大地，为加强中非金融合作挥洒青春。

中非发展基金的目标市场是非洲所有与中国建交的国家，无论政治、经济、自然、文化环境都很复杂。面对特殊的工作环境，中非发展基金青年员工除了要能负荷长途奔袭、高密度会见、高强度谈判、野外考察外，还需要具备坚强的心理素质以及非凡的勇气，去面对疟疾、霍乱、武装动乱等各种突发事件。

有了这群敢打敢拼的青年团队，中非发展基金的大部分项目由青年员工担任项目经理，包括加纳AWA航空项目、加纳深能安所固电力项目、海信南非家电园项目、一汽南非生产基地项目、莫桑比克农业园项目、中非棉业项目以及尼日利亚莱基自贸区等，这些项目在突破非洲基础设施瓶颈、提升当地制造水平、增加本土就业、改善民生、扩大出口创汇等方面发挥重要作用，提升了当地自身发展实力和可持续发展能力，助力了非洲工业化进程和民生改善。

案 例

青年金融志愿者服务上海进博会

中国国际进口博览会召开期间，上海金融机构积极组织骨干青年员工参与志愿者队伍，为采购商、参展商提供专业综合金融服务支持。

例如，浦发银行青年志愿者队伍创建了青春进博青年文明号，为进博会采购商和参展商提供国际结算、贸易融资、避险增值等境内外、本外币、全方位、一体化的全功能综合性跨境金融服务，并结合网上银行、手机银行等电子渠道提供在线办理业务服务，让境外企业有更多渠道深度参与中国市场。

案　例

"一带一路"沿线国家金融机构积极拓展中国市场

"一带一路"沿线国家的金融机构也在积极拓展中国市场，并致力于中国市场运营团队年轻化，提升其绩效。

例如，捷克捷信集团主要为中东欧、独联体及亚洲国家提供消费信贷业务，2004 年进入北京、成都等中国市场，与中国对外经济贸易信托有限公司、民生银行等中国金融机构合作，在中国注册担保公司，2010 年捷信集团在中国成立捷信消费金融公司。目前，捷信消费金融公司在中国的业务已覆盖超过 260 个城市，拥有 33000 多名员工和 8000 多名青年客服人员，与迪信通、苏宁等中国零售商建立良好合作关系，设立超过 6 万个贷款服务网点，累计服务客户超过 2000 万人次，成为中国规模最大的消费金融公司之一。

第二节　青年创新者的新赛道：中国与"一带一路"沿线国家金融科技合作

随着大数据、人工智能、云计算、区块链等金融科技有效降低普惠金融的运营成本和准入门槛，带来高效、规模化、风险可控的高成长效应。金融科技实现中小微企业、公众等长尾客户的信用可测量、资产化和数据化，让人人均可参与经济交易和社会资源分配，以及平等享受金融服务，而金融科技借此成为新经济的明星产业。可以说，金融科技作为科技驱动的金融创新，日益成为数字化时代世界各国金融发展与产业布局的焦点领域。

目前全球金融科技有两大类型。一是以原始创新引领的美国模式。美国在技术创新、金融基础设施、创业创新环境等方面有显著优势，传统金融机构也在积极利用金融科技进行业务创新。二是以技术应用和生态构建引领的中国模式。中国已成为仅次于美国的世界第二大数字经济体，计算机出货量、手机出货量、网民数量、电商交易额、移动互联网、双创、移动支付等细分领域世界第一。通过普惠型应用创新与赋能型生态构建，中国创新发展移动支付、网络借贷、大数据征信、智能投顾、金融云、数据金融、互联网金融交易平台、区块链金融等新金融业态，将金融科技从效率驱动批量获客的营销工具升级到效能驱动高质量发展的新动能，不断巩固金融科技领域规模化、细分化、生态化等先发领跑优势，国际知名度、影响力、话语权开始全面凸显。

一、金融科技赋能中国与"一带一路"沿线国家金融合作

"一带一路"建设为金融业提供了巨大的发展机遇，越来越多金融机构通过金融科技，在提升核心业务能力、业务效率、用户体验，降低风险与成本的同时，也推动大数据、云计算等数字经济发展和智慧城市建设，连接成 21 世纪的"数字丝绸之路"。

（一）金融科技使支付更便捷

得益于创新的技术应用与商业模式，以及监管、市场等诸多因素的合力推动，中国数字支付经过数年发展，已处于世界领先地位。近年来，中国数字支付企业与"一带一路"沿线国家共享支付能力与技术，共同推动支付基础设施建设、普及创新支付应用，降低交易成本，为消费者、商户带去便捷、周到的支付及金融增值服务，并为沿线国家企业带来数字化转型机遇，携手促进跨境贸易发展。2020 年，中国人民币跨境支付系统处理业务量 220.49 万笔，较上年增加 32.06 万笔，同比增长 17.02%；处理

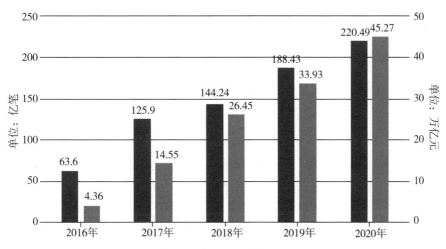

图 3 2016—2020 年中国人民币跨境支付系统处理业务量、业务金额统计
资料来源：中国人民银行。

业务金额 45.27 万亿元，较上年增加 11.34 万亿元，同比增长 33.44%；中国人民币跨境支付系统日均处理业务量 8855.07 笔，较上年增加 1317.92 笔，同比增长 17.49%；日均处理业务金额 1818.15 亿元，较上年增加 461.13 亿元，同比增长 33.98%。

中国银联持续在"一带一路"沿线国家市场加大支付服务力度，发卡业务、创新产品落地均取得积极进展。中国银联通过加快受理和发卡业务、布局移动支付产品、联合实施支付标准、参与支付基础设施建设等，推动区域内形成互联互通的支付网络。截至 2019 年 10 月，中国银联受理网络已延伸至全球 177 个国家和地区，受理商户、ATM 终端累计达 2862 万户、175 万台，在境外 57 个国家和地区已累计发行银联卡 1.3 亿张，包括手机闪付、二维码支付以及银联标准电子钱包在内的银联移动支付服务已在境外 48 个国家和地区、超过 300 万家商户落地。

特别是在"一带一路"沿线国家，中国支付产品和标准更是得到快速推广普及，银联卡累计发行量超过 8500 万张，覆盖超过 1200 万家商户、80 万台 ATM，较"一带一路"倡议实施前分别增长了逾 50 倍、9 倍和 3 倍。

"一带一路"建设涉及基建、国际贸易和旅游服务等多个领域，各国间经济紧密联系刺激跨境支付需求，而人民币跨境支付系统（CIPS）致力于解决经济合作中这些广大的支付需求。人民币跨境支付系统自2015年投产运行以来，向境内外参与机构提供资金清算结算服务，为人民币跨境支付开通"高速公路"。截至2019年6月，人民币跨境支付系统实际业务已经覆盖全球160多个国家和地区，其中63个国家和地区处于"一带一路"沿线区域，涉及1500多家法人金融机构的5300多家分支机构（含中国大陆和港澳台地区）。

支付宝、财付通、连连支付、PINGPONG、易宝支付等拥有跨境支付经验和牌照的中国第三方支付机构也在全力参与"一带一路"跨境支付市场。蚂蚁集团已在印度、巴基斯坦、孟加拉国、泰国、菲律宾、马来西亚、印尼、韩国、中国香港等沿线国家和地区，打造当地版支付宝，实现从技术赋能到生态赋能升级的转化。

微信是一款拥有超过10亿用户的超级社交软件，2018年，微信支付跨境支付月均交易笔数同比增长500%，月均交易金额同比增长400%，服务商数量同比增长300%，商户数量同比增长700%，微信支付跨境支付已在超过49个境外国家和地区合规接入，支持16个币种直接交易。

由于支付宝、微信支付在个人用户及其支付市场构筑了庞大的垄断地位，中国第三方支付机构连连支付则在商家端（跨境电商卖家）突围，构建全球性跨境电商服务平台，覆盖卖家、电商平台、供应商、物流服务商、数据服务商、金融机构等跨境电商产业链上所有参与者，为广大跨境电商卖家带来从开店、采购、运营、收款、付款到贷款等一站式全产业链服务。

（二）金融科技使融资更顺畅

科技进步正在深刻影响全球经济贸易生态，随着科技进步和企业经营模式调整，全球金融服务也正在发生深刻变革，金融科技广泛应用正在加快成为银行业的核心竞争力之一。金融机构正利用自身的信息中介优势和客户资源优势，持续发挥金融科技创新助力实体经济、贸易自由化和便利化的重要作用。目前，金融科技通过商业银行生态服务体系，在跨境供应链整合、贸易风险管理、运输模式多样化、贸易产品升级、数字化处理等方面惠及"一带一路"沿线国家。

2020 年，中国工商银行发布自主设计研发、面向全球企业开放（中英双语）的"环球撮合荟"跨境金融撮合服务平台。在上海进博会期间，来自 32 个国家和地区的 500 多位企业代表通过该平台的云端商务洽谈，签约及达成合作意向近 300 项、金额 30 多亿元。

中信银行、光大银行、民生银行、华夏银行、浙商银行、南京银行、青岛银行等中国中小银行将"一带一路"供应链金融作为重要业务予以推进。供应链金融的核心是为中小企业增加信用和及时授信，从而有效破解其融资难困境。例如，中信银行推出"信 e 链—应付流转融通"融资产品，将该行与核心企业的供应链金融平台对接，借助标准化电子"付款凭证"的多级流转，向其上游多级供应商提供全流程的线上融资。青岛银行成功为山东陆桥国际货运代理有限公司发放一笔线上供应链贷款，帮助企业实现线上实时支付欧亚班列发车运费，标志着胶州上合示范区首笔"一带一路"欧亚班列供应链金融业务落地。

2021 年 4 月，海南银行上线"大宗商品离岸贸易综合服务平台系统"，并成功办理首笔金额为 1000 万美元的线上汇入汇款业务。该行通过接口对接模式，实现银行结算系统与服务平台的信息共享和数据交换，为离岸贸易型企业提供线上国际贸易结算及其融资业务支持，一站式为企业提供线上国际汇款、信用证及贸易融资等金融服务，做到"让数据多跑路、让企业少奔波"，全方位提升金融服务效率。

金融壹账通是平安集团孵化的金融科技云平台，在海外与超过 20 个国家地区、100 多家客户建立合作关系。2018 年，金融壹账通在新加坡成立分公司，作为东南亚市场总部和研发中心。到 2020 年，金融壹账通业务范围扩展到东南亚、中东、欧洲等"一带一路"沿线国家。2020 年，全球金融市场受新冠肺炎疫情严重影响，金融壹账通海外市场业务依然亮点不断，与印尼私营征信机构 KBIJ 共同推出 SKORKU 消费者评分模型，加速信贷审批；与瑞士再保险公司达成战略合作，共同开发基于人工智能和数据分析的数字端到端解决方案，用于欧洲市场的汽车理赔服务。另外,金融壹账通的虚拟银行正式在中国香港开业,在马来西亚设立新公司,与阿布扎比国际金融中心合作开展数字实验室平台建设,等等。

毕马威"全球金融科技100强"WeLab公司2013年创立于中国香港,2014年进入中国内地,利用自主研发的风险管理系统,可在秒级内整合和分析大数据,从而计算出客户的风险程度及贷款审批结果,提供线上贷款。WeLab旗下品牌有中国大陆移动贷款平台"我来贷"、中国香港线上贷款平台"WeLend"、印尼金融科技合资公司"AWDA",并在中国内地积极发展消费分期和融资租赁业务。另外,WeLab亦为金融机构及企业提供金融科技解决方案。WeLab投资者来自马来西亚国家主权基金、TOM集团、世界银行国际金融公司、阿里巴巴创业者基金、建银国际、红杉资本、欧洲ING银行等。

(三)中国金融科技企业积极走出去

以蚂蚁集团、腾讯金融、京东数科、百度金融等为代表的头部互联网平台打造的中国金融科技企业纷纷布局"一带一路"市场,进行战略投资和模式输出,延伸其全球价值链。例如,蚂蚁集团战略投资印度最大电子钱包Paytm、泰国支付机构AscendMoney、菲律宾支付机构Mynt和印尼消费金融公司Akulaku,其中Akulaku已在印尼、菲律宾、越南和马来西亚拥有600万用户,电商、消费贷和理财等业务年交易额超过15亿美元;腾讯金融与总部位于香港的金融科技企业EMQ达成合作,后者在东南亚拥有监管机构批准的牌照,并与银行等金融机构建立了合作关系。中国保险科技企业众安国际与东南亚地区最常用的O2O移动平台Grap成立合资公司,搭建数字化保险销售平台。

二、丝路青年成为"一带一路"金融科技合作主力军

有别于传统金融行业人才结构,金融科技领域创业者、就业者以年轻人为主,尤其是青年技术专家成为香饽饽。一些领先的金融科技企业在布局"一带一路"市场和复制转化中国经验时,不再以常规思路招聘技术人才，而是希望寻找能够成功解决突发技术事件、给企业带来不同价值、具有颠覆性一技之长的人才。某位沃顿商学院数据分析专业博士生，被一家中国金融机构开出百万年薪招徕，金融科技相关领域毕业生薪资超过平均值4—5倍很普遍。金融壹账通负责人认为："一个公司能够研究出厉害的技术，或者很牛的应用场景，都是人想出来的。人工智能技术里的算法、经验以及学习方法，都是有经验的人设计的。看似是冷冰冰的行业，其实背后都是年轻努力的科学家。"

以东南亚市场为例，到2019年，该地区超过6亿人口，其中4.2亿人口都是40岁以下的年轻人，乐于尝试新兴事物，互联网普及率较高，比如泰国移动互联网用户数占比超过66%、智能手机普及率超过60%。与此同时，东南亚的中产阶级也在快速崛起，比如印尼中产阶层超过1亿人，中产阶层一大特点便是倚重互联网，为各类互联网服务打开了想象空间。

由于东南亚人口分布不均衡、部分地区自然环境恶劣，各类金融基础设施总体薄弱，银行网点少，银行卡账户渗透率低，信用卡只是少数人选择，征信体系薄弱，交易手段依赖现金等，普惠金融缺口和潜力同样巨大。例如，商业银行在印尼金融体系中占据主导地位，但信用卡普及率不超过4%，借记卡拥有率仅为26%，支付主要依赖现金，75%的网购订单采用的是货到付款和柜台付款，网银和电子钱包等数字支付方式只占10%左右。对公业务中，约4900万中小企业无银行业务。

可以说，庞大的人口数量、较高的移动互联网普及率，再加上普惠金融的巨大缺口，在东南亚复制中国互联网金融的成熟经验，在新市场孕育新独角兽，成为不少中国金融科技企业"出海"的动机，也是中国青年金融家新的创新"蓝海"。

案　例

蚂蚁集团：青年人才创造全球金融科技超级独角兽

蚂蚁集团是移动支付平台支付宝的母公司，也是全球领先的金融科技开放平台，致力于以科技推动包括金融服务业在内的全球现代服务业的数字化升级。蚂蚁集团员工的平均年龄31.3岁，"80后""90后"占了92%。而在蚂蚁集团控股股东阿里巴巴的管理团队，"80后"占比已经过半，淘宝总裁就是"85后"。

在2014年阿里巴巴上市和蚂蚁集团成立后，其人才储备进入国际化新周期，尤其是海归、科学家级别的青年人才引进力度不断加码。目前蚂蚁集团7000多名员工中，10%左右的员工拥有海外留学或工作经历。这些海归青年创新者大多毕业于美国常春藤院校，有Google、Facebook、Microsoft、Oracle等世界一流科技公司的工作实习履历，甚至在美国高校做过教授。阿里巴巴和蚂蚁集团的人才制度核心是"超越伯乐，青出于蓝而胜于蓝"，要求本就年轻的管理者具备导师精神，敢招比自己更牛、更年轻的人才。

2016年，蚂蚁集团在成立两周年的年会上提出新战略目标："未来十年内为20亿人提供金融服务。"为达成这一目标，蚂蚁集团在东南亚、印度等"一带一路"沿线国家和地区不断加大投资，并派遣青年业务骨干给当地公司提供技术支持和赋能。比如，从2015年开始，蚂蚁集团相继投资新加坡M—Daq、菲律宾GCash、印尼DANA、泰国Ascend Money、巴基斯坦EasyPaisa、越南Wave Money等多家移动电子钱包。

通过在阿里巴巴生态体系内外不断拓展应用场景，蚂蚁集团围绕用户生活服务完成从支付到平台金融科技的"云—管—端"蜕变和完整布局，成长为一家全球化金融科技平台型公司。蚂蚁集团董事长井贤栋认为："公司正在寻求战略与位置优越的本地实体建立合作伙伴关系，并可以从技术中受益。"在不少"一带一路"沿线国家，这通常意味着要与当地政府合作，并在当地招募年轻团队实现本土化高效运营。

案　例

腾讯金融：青年人才赋能金融科技"出海"

腾讯金融科技前身为财付通，是腾讯公司提供移动支付与金融服务的综合服务平台。秉承合规、精品、风控、开放、有所为有所不为的发展理念，腾讯金融科技以微信和QQ两大平台为基础，致力于连接人与金融的美好，构建金融开放生态，携手合作伙伴为全球用户提供移动支付、财富管理、证券投资、企业金融、民生产品等服务。

例如，到2020年底，微信支付日均交易量超过10亿笔，成为中国内地主要移动支付平台之一。到2019年8月，腾讯跨境支付已在日本、新加坡、新西兰、美国、加拿大、法国、德国等49个境外国家和地区合规接入，发展近1000家合作机构，包含美元、日元、加拿大元、欧元、新西兰元等在内的16个币种交易。

腾讯创始人马化腾认为："金融最核心是稳定和稳健，其实是拼谁的命长，而不是谁在短期内跑得多快。"在金融科技领域，腾讯的角色是合作者，提供相关技术，多于颠覆者，并未锐意扩张规模，强调与监管机构密切合作。据腾讯2019年年报披露，金融科技与企业服务的收入与网络游戏相差无几，为1014亿元，但是增速却高达39%。

腾讯金融科技的团队成员以"80后""90后"的年轻人为主，录用新员工以应届毕业生为主，用人标准为"内心强大的技术男"，追求"小团队作战"的工作方式。腾讯金融科技负责人认为："年轻人比较能吃苦，我们需要吃苦精神和创业激情。小团队目标高度一致，每人都能独当一面，保持旺盛战斗力，确保'随处沟通无限制'，员工的即兴想法都能发表在公司的公开媒介，方便随时随地自由讨论。"

案 例

京东数科:青年技术工程师构筑国际化竞争力

京东数科前身是京东金融科技公司。2015年,京东金融提出"科技公司"的战略定位。2016年,京东金融开始对外输出数据和技术。2018年,京东金融更名为京东数科,将电商和互联网金融业务积累的数据、技术和解决方案,进行跨行业的横向输出和赋能。京东数科负责人认为:"不以扩张资产负债表等传统金融机构发展战略作为盈利模式,而是专注场景、获客、运营、风控、交易和系统服务等,通过技术服务来赢取利益。"

国际化一直是京东数科重要的企业战略之一。聚焦"一带一路"沿线国家和地区,京东数科在泰国、印尼、中国香港等地均有业务落地。例如,京东数科联手泰国最大的零售商之一尚泰集团共同成立金融科技子公司,上线金融科技平台Dolfin,为泰国用户提供安全、便捷的金融服务。京东数科与中银香港、怡和集团合资成立第四家中国香港虚拟银行Livi Bank。

京东数科负责人认为:"一家公司能够走向国际化,关键在于持续理解并提供客户需要的东西。从国家政策、国际产业层面出发去设计产品,把科技能力、业务能力和行业know—how提供给其他国家公司的运营团队,带来更优质服务,才能共襄高质量共建'一带一路'的国际盛举。"

从京东数科招股书看,到2020年6月,公司研发及专业人员占比近70%,用于技术研发投入占比接近16%,该比例是蚂蚁集团的两倍多,而这些钱实际上大多花在改善员工待遇,薪酬在研发投入占比接近80%。高投入也得到可观回报,京东数科绝大部分营收来自技术服务。2019年,京东数科专为核心年轻人才成立青藤计划人才池,有意推动年轻人承担更多职责。此外,京东数科还成立技术人才委员会,推出公开透明的技术人才任职资格标准。

同样值得关注的是，还有一批毕业于世界名校、具有头部金融机构和金融科技机构从业履历的丝路青年创办的金融科技初创企业，聚焦"一带一路"沿线国家细分市场，凭借技术和商业模式创新，正成长为具有核心竞争力的独角兽企业。例如，InFin Technology 由毕业于北京大学的一批青年创业者创办，核心团队的工作背景包括中国平安、中国工商银行、Bank Mandiri（印尼最大的国有银行），核心业务为东南亚客户提供征信、小额借贷中介等 P2P 网贷服务。RupiahPlus 团队成员来自腾讯、阿里巴巴、微软、EMC 等头部 IT 和互联网公司，主要在印尼做互联网现金贷、蓝领贷业务。TangBull 是由中国百度公司前员工创办的手机分期借贷平台，主要为印尼年轻人提供线上现金贷服务，公司团队已达 200 多人。

第三节　丝路青年参与"一带一路"沿线国家资金融通和金融合作面临的主要挑战与对策建议

一、"一带一路"沿线国家资金融通和金融合作面临的主要挑战

（一）国际金融合作面临系列结构性矛盾

"一带一路"建设可覆盖全球近 70% 人口，这也致使相关建设资金需求量巨大，单靠任何一家金融机构并不能满足。据亚洲开发银行测算，2016—2020 年，亚太地区国家（除中国外）在基础设施的投资需求每年大约 5000 亿美元，其中资金缺口 3000 亿美元。由于沿线国家经济规模和金融发展水平存在较大差别，相关金融合作存在碎片化现象，尚缺乏统一规则标准，在规则对接方面存在明显短板，进而影响金融合作的广度和质量。另外，近年来大国博弈风险不断显现并具有外溢性，国际贸易投资风

险向金融合作领域传导的可能性加大。

尤其是随着新冠肺炎疫情防控叠加各国超常规刺激政策，部分西方发达国家向发展中国家输出通胀风险，部分沿线国家基于自我保护需要，不断出台限制性经济金融法规政策，导致沿线国家经济恢复不平衡、不充分，新兴市场国家由于外债激增导致违约概率增加，发展中国家金融脆弱性暴露，世界经济金融仍面临较大不确定性，对沿线国家资金融通持续造成冲击，部分金融合作风险不断上升。面对沿线国家复杂多样的风险类型，中国部分金融机构沿用的风险评估指标、风控策略和工具存在一定滞后性，中资金融机构、中资企业对沿线国家的投融资的资金结构和长期债务管理水平有待进一步优化。

加之中国与沿线国家资金融通和货币结算规模不断扩大，跨境交易支付清算规则日益复杂，敢于开拓艰困市场且熟悉金融和科技的复合型、创新型青年人才队伍建设亟待进一步加强。

（二）金融科技合作发展不平衡不充分

总的看，中国、新加坡、韩国、印度、以色列、新西兰、波兰、俄罗斯、马来西亚、泰国、印尼等沿线国家金融科技发展较快，其余沿线国家虽有一定基础，但是总体水平仍然不足。尤其是数字科技基础设施建设水平参差不齐，标准不统一，缺乏行业领军企业，无法对传统金融机构和业务提供完整的技术服务，对金融科技的互联互通带来严峻挑战。

新金融业态中，数字支付交易规模最大且技术最为成熟，但是智能投顾、数字理财、网络借贷等其他业态发展总体相对滞后。值得关注的是，"一带一路"资金融通的需求侧与金融科技的供给侧对接不充分，导致金融科技在基础设施建设、国际产能合作、贸易畅通等资金密集型领域的应用场景相对不多、业务规模有限。

同时，由于沿线国家缺乏金融科技创新试验和技术开发的载体平台，难以形成金融科技企业培育和集聚，并与当地金融机构、中国出海的金融机构、金融科技机构实现联动发展和务实有效合作，因而中国在金融科技领域的领先经验复制和输出仍然总体处于起步阶段。

另外，在科技与金融深度融合、金融科技迅猛发展的形势下，在增强金融体系适应性、普惠性的同时，可能使金融风险传导更加迅速、金融风险结构更趋复杂，给沿线国家金融安全带来巨大挑战。由于金融科技的青年创业者更强调业务创新和短期规模效益，部分机构和创业者的合规意识、法律意识、风险意识、消费者权益保护意识相对缺失，沿线国家传统监管手段往往滞后于技术创新、市场发展和业态创新。在中国、东南亚、东亚等沿线国家和地区互联网金融兴起过程中，还有一些人打着金融创新幌子从事非法集资、传销、诈骗等违法犯罪活动。

二、丝路青年参与"一带一路"沿线国家资金融通和金融合作对策建议

（一）发挥丝路青年创新能力，促进"一带一路"资金融通

部分"一带一路"沿线国家投融资缺口巨大，想要帮助这些几乎没有建立起金融体系的国家，单一依靠贷款"输血"难以为继。因此，必须建立和强化涵盖各国政策性金融机构、商业银行及丝路基金、亚投行、世界银行、亚洲开发银行、金砖国家新开发银行等多边金融机构的金融合作与投资保护长效机制。构建"一带一路"金融合作标准化体系，加强规则对接和标准联通。推动建立以多边机制为基础的国际金融新规则，有效吸收借鉴国际通行规则，细化形成"一带一路"金融合作评价标准，提高金融服务的可及性、科学性与合理性；加强会计准则合作，推动建立投融资信息共享平台，建立相应评价体系；规范跨境信用信息披露维度和内容，助力跨境合作方减少信息不对称，增强金融风险防控能力。

遵循债务可持续原则，依据《"一带一路"高质量发展的融资政策框架》，沿线国家监管部门应建立容错机制，鼓励金融机构和融资方的青年投行经理敢于打破常规模式，更加注重"造血"功能和能够产生现金流的项目，策划设计股权投资、PPP项目融资、债券融资等创新方式，构造开放、包容、多元、可持续的融资体系。尤其是鼓励商业银行、开发性金融机构的投资银行青年团队立足长远市场布局，深挖沿线国家市场机会，促进"银团贷款业务""债券承销业务""并购业务""股权投资"等金融服

务差异化落地。

中资金融机构在"一带一路"沿线国家业务、网点布局时,要派遣年富力强、爱岗敬业、能力突出的骨干青年员工"传帮带",聘用当地青年人才,构建中方与当地人才相结合的高绩效团队,率先将中国经验输出和中资企业项目投融资服务较快落地见效。中国有关政府部门要按照《外商投资法》《优化营商环境条例》等法律法规,为沿线国家金融机构在华开展业务提供便利和支持,尤其是在青年人才选育用留和人才政策落实等软环境建设提供支持。引导中国与沿线国家各类合作项目的市场主体设立投融资专门机构,聘用具有创新合规意识和业务能力的青年金融人才,量身设计投融资模式,以实现项目高效开展。

沿线国家高校、智库、社会组织的青年研究人员要积极开展一线调研,深入研究与"一带一路"资金融通密切相关的基础性、应用性、综合性课题,建立"一带一路"金融合作相关的法规政策库、投融资模式与案例库等可供广泛参考借鉴的业务指南、基础资料数据库,促进智库成果转化。加强培养"一带一路"金融复合型、金融创新型、金融科技型紧缺人才,重点提高从业者金融专业能力和参与国际事务、跨国商务、跨文化沟通等方面的能力。

(二)推动金融科技成为丝路青年金融合作的重要领域

"一带一路"沿线国家政府部门要加快出台金融科技产业化应用、原始创新、公共服务平台建设、集聚区建设、多渠道融资服务体系建设、企业协调服务、金融消费者教育和保护等领域专项法规政策,建立沿线国家金融科技合作与互联互通的标准体系和长效机制,建设多层次、全方位、跨部门、跨区域、跨国家的"一带一路"金融科技监管治理体系。

探索和推广产业沙盒等新型包容性监管和初创企业孵化培育方式。金融科技头部企业可以不直接应用风险型技术和模式,也不用直接投资、收购处于种子期的企业和项目,而是在沿线国家基于目标市场建立产业沙盒先进行测试、验真、验证,其前期投入远小于冒进带来的投资和技术风险。初创企业也有动力,如果测试成功,可提升公司估值和融资话语权,即使与产业沙盒测试方谈崩了,拿着测试结果找其他投资人的成功概率也会提升。另外，沿线国家可以设立金融科技园区等载体平台，并将产业沙盒这一公共服务作为企业培育、政策扶持、财政奖补的实证依据，扶持打造一批应用场景丰富、技术领先、熟悉金融规律和当地市场的金融科技龙头企业。

中国有关政府部门要支持中国金融科技企业走出去开展技术合作、业务合作、投融资、市场拓展等商业活动，推动中国金融科技企业参与"一带一路"金融基础设施建设和场景服务，以及为中国与其他国家地区的产能合作、国际贸易、跨境电商、跨境商旅等国际经济合作提供金融互联互通服务。举办具有国际影响力的金融科技展览会议，扩大"一带一路"金融科技朋友圈。

第六章
中国与"一带一路"沿线国家数字经济
合作进展与建议

数字经济的发展从客观上来说是信息技术、数字技术发展到一定程度带来的变化，从另一方面来说，数字经济能够快速发展也受惠于各国为加快经济转型，以实现经济从国际金融危机中尽快复苏的需要。目前，全球主要国家早就对"数字经济"制定战略规划，将发展数字经济上升到国家战略。"一带一路"沿线国家数字基础设施和数字经济发展普遍落后，但数字化建设和普及发展迅猛，中国与沿线国家在 5G、智慧城市、数据中心、数字政府、数字贸易、数字文化创意等诸多领域深化合作，促进沿线国家构建和完善数字治理体系。同时，数字经济又是丝路青年为就业创业主体的创新经济，深刻体现了青年担当与青年创新。

第一节 共建共享数字丝绸之路：中国与"一带一路" 沿线国家青年数字经济合作

一、数字经济筑就中国"双循环"新发展格局的新动能

数字经济是指以使用数字化知识和信息作为关键生产要素、以现代信息网络作为重要载体、以信息通信技术有效使用作为效率提升和经济结构

优化重要推动力的经济活动。包括软件、网络、终端，以及各行业、领域的数字化、网络化、智能化应用、服务。简而言之即数字产业化、产业数字化和城市数字化。其技术经济特征表现为以数字技术为根本动力，数据成为新型生产要素，万物互联和智能＋无处不在，数字化为生态逻辑，产品形态、业务流程、产业业态、商业模式、生产方式、组织方式、治理机制等方面相较于传统经济发生了颠覆性变革。

新冠肺炎疫情肆虐进一步加剧了逆全球化逆流，贸易保护主义上升，全球市场萎缩，世界经济低迷。在外部环境相对恶化的现实下，中国提出"加快形成以国内大循环为主体、国内国际双循环相互促进的新发展格局"。尤其是在全球普遍进入数字新时代，中国加速推动传统依靠矿产、能源、简单劳动力、粗放式土地开放的资源驱动型工业时代向创新驱动的数字经济转型。

近年来，中国数字经济总量占 GDP 比重均超过 30%，数字经济和实体经济深度融合，"数字中国"、分享经济、共享经济活力四射，做大做强数字经济的发展方向深入人心，已成为经济高质量发展、推动新旧动能转换、布局新兴产业形成更多新增长点的重要支撑。

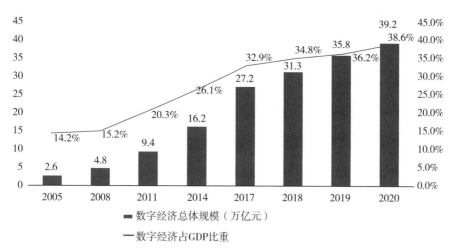

图 4 2005—2020 年中国数字经济总体规模与 GDP 占比
资料来源：中国信息通信研究院、艾媒数据中心。

（一）新冠肺炎疫情为数字经济按下"快进键"

居家战疫使得越来越多中国老百姓适应和习惯非接触式服务、在线办理业务、在线消费、移动支付等智慧生活。5G、大数据、人工智能、云计算、VR（虚拟现实）、AR（增强现实）等新一代数字科技在中国疫情防控与复工复产复商复市得到大规模场景应用。远程医疗、移动支付、电子商务、"云监工"、"云办公"、"健康码"、"云课堂"等新业态、新应用、新服务发挥了巨大作用。综合电商、拼购电商、社区电商、视频电商、直播带货等在线购物形式愈加丰富，体验更具个性化和真实性；云诊疗覆盖各级医疗和公共卫生机构，基于大数据的健康码覆盖10亿多人；在阿里钉钉平台上云课堂的大中专小学生超过1亿人，数字化全民终生学习渐成趋势；用工单位实施云招聘，互联网＋社会服务助力居家养老……在中国经济遭遇疫情非常态失速时，唯有数字经济成为超常规的增长动能。

（二）应用创新和生态构建引领

中国已成为仅次于美国的世界第二大数字经济体和全球最大的数字消费市场，计算机出货量、手机出货量、网民数量、电商交易额、移动互联网、双创、移动支付、5G、量子通信、云计算、在线教育等细分领域世界第一。尽管美国在原始创新、信息网络基础设施、创新环境等方面仍有一定的技术先发优势，而中国凭借用户、应用、场景、交易等规模化、细分化、平台化、国际化等比较优势，有望弯道超车并实现"数字产业化、产业数字化、城市数字化"的数字经济"双循环"新发展格局。

（三）数字贸易成为"双循环"的重要业态

这是中国对外贸易、开放型经济最大的增量空间，也是"腾笼换鸟"从低端制成品出口向技术含量高、附加值高、国内已形成规模化产业化应用的数字产品服务迭代。大国博弈、企业竞争的焦点愈加集中在数据这一新型生产要素，以及数字化这一生产方式和生产关系变革。华为、阿里巴巴、腾讯、字节跳动、海康威视、大疆等中国数字经济头部企业走出去，将中国成熟的数字产业化商业逻辑、市场逻辑、技术逻辑与全球化实现了融合、赋能，中国制造、中国智造也通过跨境电商、数字供应链等数字化方式货通全球，数字贸易所带来的广覆盖、更低成本的普惠，将数字化红

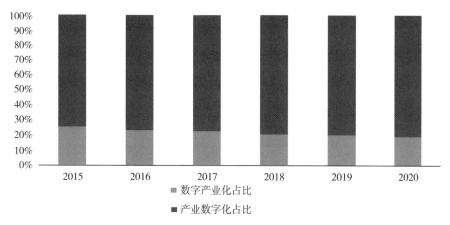

图5　2015—2020年中国数字经济内部结构

资料来源：中国信息通信研究院、艾媒数据中心。

利与更多市场主体、消费者共享。

二、中国青年成为数字经济创新创业的主角

据统计，2019年中国数字用户中，35岁及以下用户占比为68.15%，当代中国青年正在互联网释放出蓬勃朝气与澎湃动能。疫情期间，主播直播带货，为复产复销赋能；贫困地区青年干部走进直播间，带动消费扶贫。随着互联网技术的发展，中国青年顺应网络化、数字化、智能化发展趋势所打造的新兴业态，正激活中国消费一池春水，创造了电子商务奇迹、物流奇迹、支付奇迹，成为中国经济转型升级的驱动力。

（一）互联网始终为中国青年发展赋能

当今世界，网络信息技术日新月异，已经全面融入社会生产生活，网络时代的中国新青年伴随着互联网发展而成长，互联网为中国青年发展提供了丰富的信息资源、广阔的发展平台与无限的发展前景。从新冠肺炎疫情期间"停课不停学"，青年学生们足不出户、随时随地在线学习；从各种云展览、云赛事线上举办，以灵活的方式为青年群体提供展示交流、前沿探讨的平台；再到经由互联网的催化，各种新业态和新职业不断涌现，为经济发展注入新活力，也为青年就业创业提供新思路新方向。新时代

下，互联网成为中国青年发展不可或缺的一部分，使中国青年能够时时增长知识、开拓见识、启发思维，也为中国青年提供了 "心有多大，舞台就有多大" 的历史性契机。

（二）中国青年引领数字未来发展

如今，伴随着信息化时代成长起来的 "网络原住民" 已成为新时代中国的新生力量，"世界的未来属于年轻一代"，中国数字化的未来更离不开青年担当。当前，新一轮科技革命和产业变革加速演进，人工智能、大数据、物联网、区块链等新技术新应用快速迭代，互联网迎来更加强劲的发展动能和更加广阔的数字化发展空间。依托 "数字赋能发展" 的新时代，广大中国青年把握数字时代新机遇，成为数字创新的生力军和数字化转型最积极的创造者。

第一财经商业数据中心发布的《了不起的 30 岁——阿里巴巴数字经济体 "90 后" 生产力报告》显示：一是互联网深刻影响年轻一代的择业观，近 17% 的毕业生以互联网相关行业作为就业意向，选择率位居第一。电子商务作为轻量化的创业平台，吸引了越来越多年轻商家。二是淘宝天猫上 "90 后" 商家人数占比超过 "80 后"。"90 后" 店主更加深谙年轻人需要，化身创意好物达人，把潮流与个性延伸到工作，偏好颜值类、设计定制类和玩具等，悦己的同时，"90 后" 店主在所有代际中销售额占比较前两年提升 12%。三是快递从业人员中近 5 成为 "90 后"。28% 的年轻骑手将配送员作为立足新城市的第一份工作，他们在此次新冠肺炎疫情中表现突出，他们的工作保障了人们基本生活和防疫物资的在地供给，也引起社会的广泛关注和认可。四是 "90 后" 淘宝主播人数占比逐渐上升，占比已经超过 4 成。2019 年 12 月的数据显示，拥有 Top5% 粉丝数的 "90 后" 淘宝主播月人均带货 174 万元，为各代际最高，光鲜背后是勤勉奋斗和对性别、年龄刻板印象的挑战。五是 "90 后" 的 "创一代" 和 "厂二代" 们有强烈的学习意愿和动力，他们通过专业系统学习，形成科学化、数字化的经营理念，深度拥抱互联网变化。"厂二代" 们在渠道拓展、订单管理、营销推广、服务深度等多种经营细节方面都与父辈有不同认识，并在实践中验证了自己的新经营理念。

（三）中国青年成为数字时代的创新者

数字时代是一个创新时代，唯创新者进，唯创新者强。中国工程院院士吴建平认为："不光互联网本身是年轻人创新的结果，由互联网带来的数字经济也是年轻人创新的结果，青年要把握当下机遇，为社会创新不断注入新活力。"

案　例

杭州：青年人才成为数字经济弄潮儿

2018 年，浙江省委省政府把数字经济作为"一号工程"，制定并实施了数字经济五年倍增计划，省会杭州提出打造"中国数字经济第一城"，2019 年，杭州又提出打造"中国数字治理第一城"，争取在数字经济前沿基础和关键核心技术创新、重点产业领域数字化转型、社会治理数字化应用等方面领跑中国乃至领跑全球，为数字中国建设当好先锋、提供样本。

如今，杭州已成为中国数字经济最活跃、体量最大、占比最高的地区，初步形成数字经济杭州路径，围绕互联网＋、信息化、电子商务、互联网科技、数字科技带来广泛用户应用需求，把数字要素资源变成产业新蓝海，推动传统产业数字化改造升级，加强城市数字化治理，以技术普惠优势迅速在 C 端（个人用户）做大业务规模和应用场景，同时加速 B 端（商业机构）和 G 端（政府部门）数字化升级，构筑了层次丰富、协同互补的"一超多强＋小微企业群"全数字科技产业链，涌现出一批敢于创梦未来的青年企业家，他们创造出一批以之江实验室、梦想小镇等为代表的创新平台，孵化出一批大数据、人工智能、云计算、物联网等领域的独角兽企业。

第一梯队是阿里巴巴、蚂蚁集团为代表的全球一流数字科技平台企业；第二梯队是高成长性、高估值（市值）、高活跃度的大中型数字科技企业，其中不乏上市公司、细分领域领军企业和隐形冠军，如恒生电子、新华三、海康威视、信雅达、51信用卡、安恒信息等；第三梯队是众多小微高成长型数字科技企业。

值得关注的是，杭州的青年创业者为数字化防控新冠肺炎疫情提供了一系列远程诊疗、公共卫生、远程办公、在线教育、直播营销、现代物流、文化创意、餐饮食品等数字应用示范成果。首创健康码、企业复工数字平台，目前杭州健康码申领达1247万人、每日访问使用量1380万次，短短半个月推广到中国200多个城市；阿里云与浙江、北京等多个省市政府部门合作搭建"数字防疫系统"，上线达摩院"智能疫情机器人"和"新型冠状病毒肺炎防控"专栏，支持当地疫情数字化防控；阿里创新智能营销平台联合中国中小企业协会、钉钉、优酷等机构，为中小企业、教育机构、学生提供在线教育资源；"外婆家""老鸭集"等餐饮企业应对堂食取消挑战，发力线上外卖业务，产品供不应求；米奥兰特会展公司将线下展览搬到网上，为参展企业提供做外贸、找客商、拓市场的在线平台；送吧物流成功运用无人机配送医疗用品；OT酒吧主动尝试"云蹦迪"，一场直播收入近200万元……

围绕数字应用创新，杭州青年创新者又延伸出云招商、云招聘、云签约、共享工厂、共享员工等企业运营、城市治理、要素配置、危机应对等未来经济新思维、新模式，例如：杭州推出"战疫引才、杭向未来"八大举措，启动高层次人才"云聘会"，对接劳动力集中输出地开展"云招聘"；外贸企业加快拓展数字化营销渠道，探索"社交带货""直播带货"等新电商，进一步降成本、保市场。尤其是随着机器换人、企业上云、智能制造、数字化改造等一系列行动的有序推进，杭州正一步步勾勒出数字车间、无人车间等"未来工厂"智能制造新蓝图，2020年全市规模以上工业企业数字化改造覆盖率计划提高到90%以上。

第二节　将"一带一路"建成创新之路：丝路青年数字经济创新典型案例

数字经济的发展，不仅为传统经济转型和全球经济发展增添动能，也为"一带一路"国际合作带来了新机遇。习近平主席在首届"一带一路"国际合作高峰论坛开幕式上提出，要坚持创新驱动发展，加强在数字经济、人工智能、纳米技术、量子计算机等前沿领域合作，推动大数据、云计算、智慧城市建设，连接成21世纪的数字丝绸之路。近年来，中国大力推动数字丝绸之路和创新丝绸之路建设，数字经济合作呈现项目多、成效显著、辐射带动性强的特点。

一、中国积极推动"一带一路"数字经济合作

数字经济正成为"一带一路"建设的新热点和新亮点，形成了广泛共识。例如，阿联酋经济部外贸国务部长萨尼·宰尤迪认为："互联网支撑着全球诸多社会活动，并已成为创新、经济增长和社会福祉发展的强大的催化剂。2019年，阿联酋的数字行业占到阿联酋国内生产总值的4.3%。预计，随着阿联酋继续向数字经济转型，未来几年这一数字还会继续增长。各国应秉持团结协作的态度，共同打造一个可持续、公平和包容的数字未来。"泰国数字经济和社会委员会秘书长、APEC贸易和投资委员会数字经济指导组主席婉娜潘·特哈沙丁认为："应用通用数据治理架构和数据管理原则保证开放数据，提高公共部门的透明度，促进集成数据共享，考虑与合作伙伴共同创建共享数据池。"巴基斯坦前总理肖卡特·阿齐兹认为："数字化为疫情期间的经济发展提供了机遇，各国利用数字化和现代技术革命来实现经济复苏。互联互通是可以打破国界的，各国努力以合作开放的态度适应当今世界的数字化发展趋势。"

应该说，推动和深化"一带一路"数字经济合作，有利于中国将成功成熟的数字技术和场景应用向沿线国家推广与普惠，延伸和扩容数字经济

市场，促进中国经济从要素驱动向创新驱动和高质量发展转变，也有利于沿线国家抓住数字化发展机遇，促进数字要素资源创新集聚和高效配置，带动本国产业融合发展，提升信息化水平，实现跨越式发展。

2017年9月，中国分别与捷克、匈牙利、塞尔维亚联合举办数字丝绸之路合作论坛，以推动中国与捷克、匈牙利和塞尔维亚的数字化商贸往来、商业模式创新以及数字经济发展。

2017年12月，在第四届世界互联网大会上，中国、埃及、老挝、沙特、塞尔维亚、泰国、土耳其和阿联酋等国家代表共同发起《"一带一路"数字经济国际合作倡议》。

2018年9月，首届数字经济暨数字丝绸之路国际会议在杭州召开。中菲数据港正式揭牌，数字（网上）丝绸之路国际产业联盟工作机制正式启动。

2020年7月，中国国际贸易促进委员会和阿联酋经济部共同主办的首届中国—阿联酋经济贸易数字展览会成功举办，超过3000家参展商通过3D和AR技术展示了他们的最新产品。

近年来，中国持续开展非洲科技人才培训，通过"国际杰青计划"资助埃及、埃塞俄比亚、肯尼亚、尼日利亚等国非洲青年科技人员在华开展研究工作，并通过"发展中国家先进适用技术和科技创新管理培训班"，为中非科技创新合作奠定了坚实基础。此外，中方还持续采用现代教学手段，通过在线教育让更广泛的非洲青年学习先进技术和专业知识。

二、中国青年创新创业者加快拓展"一带一路"数字经济新市场、新业态

纵观拓展"一带一路"数字经济市场的中资企业，既有华为、腾讯、阿里巴巴、京东、百度、海康威视、中兴通讯等行业领军企业，也有图胜科技、云从科技等初创企业；既涉及丝路电商、数字贸易等本报告前文所述的产业数字化、贸易数字化，也有数字产业化等探索探路和平台构建、生态打造。

值得关注的是，中国不少"走出去"的数字经济企业创始人、高管团队、核心技术团队来自头部企业系、中国名校系、海归系、商帮同乡系等"青年新四军"，背景渊源深，人脉互通性强，使得中国数字经济企业在"一带一路"沿线国家市场也形成了业务合作、相互投资、联合投资、交叉持股等合纵连横，促进了资金、项目、人才、政策等高端要素资源融合集聚，创业创新的"星星之火"呈现"燎原之势"。

案　例

腾讯：构筑服务社交生态体系的青年技术团队和创新网络

2018 年，腾讯提出了流量和资本两大核心战略，至今构筑了涵盖通信和社交、网络游戏、数字内容、网络广告、金融科技、云计算和企业服务等领域的"数字经济帝国"。到 2021 年 3 月，微信全球活跃用户达 10 亿，QQ 活跃用户达 6 亿，成为全球最大的流量平台。

全球 586 家独角兽公司中，腾讯投资将近 1/10，高达 52 家，仅次于红杉资本。相比之下，阿里系（阿里、蚂蚁、云锋）投资了 44 家，谷歌投资了 7 家，亚马逊投资了 2 家，苹果 1 家未投。腾讯位列前十大股东的 41 家上市公司，总市值高达 5.4 万亿元，相当于目前中国科创板的体量，也超过腾讯自身 4.6 万亿的市值。以网络游戏为例，腾讯投资了韩国、美国、欧洲等 37 家拥有游戏研发能力的公司。

尽管腾讯的不少产品、技术、创意都是借鉴同行先行者，但是凭借强大的技术储备和青年人才队伍，以及对社交平台的专注，构建了围绕年轻人社交为主的产品服务网络和战略规划、技术开发、营销、投资等运营体系。精益求精、做深做大、完善生态是这家老牌互联网公司维系青春活力的关键。

值得关注的是，随着互联网应用场景更趋细分，单靠腾讯公司自有团队难以满足用户和市场需求，腾讯也在构筑全球化的技术团队孵化网络。以腾讯 AI 加速器为例，通过腾讯众创国际创业大赛选拔优胜技术团队，腾讯开放其 AI 技术、创投、导师、渠道、市场五大资源，助力创业团队打磨自身 AI 产品，完成项目升级，而腾讯也可以将项目成果纳入自己的生态体系。

案 例

阿里巴巴："一带一路"市场扩张过程中并行青年团队培养

作为全球最早、规模最大的电商平台，阿里巴巴同样拥有一支年轻的国际团队，并在"一带一路"市场多有斩获。《建设 21 世纪数字丝绸之路——阿里巴巴经济体的实践研究报告》数据显示，阿里巴巴通过推动跨境电商、普惠金融、云计算和 eWTP 倡议等数字经济领域的发展，促进"一带一路"沿线国家贸易畅通、数字基础设施完备，为全球中小微企业和青年人创造普惠和可持续的发展机遇。

2019 年，天猫国际进入沿线国家商品总销售额较 2018 年同比增长 120%；菜鸟已接入遍布全球 250 多个跨境仓，服务覆盖 224 个国家和地区，推动秒级通关，使全球中小企业拥有世界通货权；全球已有 9 个支付宝本地钱包，服务全球超过 10 亿消费者。速卖通已开通 18 个语种站点，覆盖全球 220 多个国家和地区，海外买家数累计突破 1.5 亿，在全球 100 多个国家的购物类 APP 下载量中排名第一，是中国唯一覆盖"一带一路"沿线全部国家和地区的跨境出口 B2C 零售平台；在飞猪平台，2018 年到"一带一路"沿线国家旅行的中国消费者比 2017 年增长 44%；2016 年，阿里巴巴 10 亿美元控股跨境电商平台 Lazada。截至 2019 年 3 月，Lazada 已成长为东南亚第一大电商平台，在印尼、马来西亚、菲律宾、新加坡、泰国、越南设有分部，目前拥有 40 多万卖家，数千个品牌合作伙伴和 100 多个物流合作伙伴。

表7　阿里巴巴拓展"一带一路"市场大事记

序号	时间	事件
1	2015 年	菜鸟在全球首次推出"无忧物流"服务,跨境物流时效从 70 天缩短至 10 天。
2	2016 年	阿里巴巴提出世界电子贸易平台倡议(eWTP),促进全球普惠贸易,这一倡议被写进《二十国集团领导人杭州峰会公报》。
3	2017 年	马来西亚政府和阿里巴巴签署协议,联手打造中国以外的第一个 eWTP"试验区"。
4	2018 年	卢旺达政府和阿里巴巴签署协议,共同建设非洲首个 eWTP"试验区"。
5	2019 年	马云非洲青年创业基金启动,10 年内将向非洲创业青年提供 1000 万美元资金。

案　例

百度：人工智能青年技术团队重塑公司竞争力

作为与阿里巴巴、腾讯同等体量的中国互联网公司,百度于 2018 年 12 月开启新一轮组织架构调整,新晋升的 12 名高管全是"75 后""85 后"年轻人,加上数千名年轻员工,百度公司这家老牌互联网公司团队更趋年轻化、多元化。百度创始人李彦宏认为："应对所有困难和挑战,唯一的解决方式就是创新,尤其是技术创新。公司将加速干部年轻化的进程,选拔更多的'80后''90 后'年轻同事进入管理层。"

2010 年,百度开始全面布局人工智能,提出了"All in AI"的战略布局,投入研发自然语言处理、机器翻译、语音、图像、知识图谱、机器学习、数据挖掘、用户理解等前沿技术,逐渐突破听觉、视觉和语言一体化的多模态语义理解等技术难题。目前,百度多年技术积累和业务实践的集大成——百度大脑,已形成从芯片到深度学习框架、平台、生态的 AI 全栈技术布局,不仅对内支持百度所有业务,也通过开放赋能合作伙伴与开发者,推动交通、工业、医疗、零售、金融等领域的产业智能化升级，拥有近10亿海外用户，并在新加坡等"一带一路"沿线国家布局和投资。

值得关注的是，百度还致力于人工智能青年人才培养，与联合国教科文组织国际工程科技知识中心、中国工程科技知识中心、西安交通大学合作举办"一带一路"国际大数据竞赛，该项赛事已成为国际知名AI赛事。2019年，赛事首次面向"一带一路"沿线国家高校开放，吸引来自16个国家的2312支赛队，其中不乏哈佛大学、牛津大学、苏黎世联邦理工学院、帝国理工大学等世界名校。2020年，赛事规模进一步扩大，覆盖五大洲22个国家、580所高校的3000多支赛队、近5000名大学生参加。

案　例

短视频：丝路青年创新创业新赛道

短视频即短片视频，是一种互联网内容传播方式，一般是在互联网新媒体上传播的时长在30分钟以内的视频。随着移动终端普及和网络的提速，短平快的大流量传播内容逐渐获得各大平台、粉丝和资本的青睐。随着网红经济的出现，视频行业逐渐崛起一批优质的青年内容制作者，抖音、微博、秒拍、快手、今日头条纷纷入局短视频行业，募集一批优秀的内容制作团队入驻。截至2020年12月，中国短视频用户规模为8.73亿，占网民整体的88.3%。

短视频已成为全球网友认识、了解、认同和参与"一带一路"建设的重要形式和载体，越来越多的短视频作品记录和展现了丝路故事和"一带一路"建设精彩案例。

2020年10月，为了顺应短视频发展潮流，进一步提升影响力，中国一带一路网正式入驻抖音平台，并致力于打造"一带一路"科普窗口、国际瞭望台、"走出去"企业及海外项目的宣传平台和与网友的交流互动平台。

"一带一路"百国印记短视频大赛由中国国务院国资委新闻中心和中国公共外交协会共同支持、中国环球网主办。2019年首届大赛共收集到来自70多个国家、200多个项目的300余部短视频作品，讲述了中国如何携手所在国共同参与当地建设、带动当地经济发展，从而构建人类命运共同体的故事，并在快手、Facebook、Twitter等国内外视频及社交媒体平台推出后，引起海内外网友的关注与探讨，来自全球各地的投票超过3750多万人次。2020年第二届大赛所有展出作品的全球总播放量则超过3亿，包括海外播放量近5000万。

字节跳动致力于打造全球创作与交流平台，全球化布局始于2015年，"掌握核心技术，技术出海"是字节跳动全球化发展的核心战略，旗下产品有抖音、今日头条、西瓜视频、火山小视频、皮皮虾、懂车帝、悟空问答等。目前，字节跳动在洛杉矶、纽约、伦敦、都柏林、孟买、新加坡等地设有规模较大的办公室，仅美国公司在2022年前招聘1万名青年工程师，同时在东南亚、中东、非洲、中南美洲等"一带一路"沿线国家和地区的业务也在飞速发展，全球员工超过10万人，成为员工规模最大的中国互联网公司。

作为一家年轻的全球互联网公司，字节跳动从高管到一线员工，几乎全为风华正茂的年轻人，核心产品和市场的负责人几乎为清一色"90后"，甚至抖音视频社交产品"多闪"的产品负责人只有25岁，大学毕业不过3年多。可以说，字节跳动超常规飞速发展，恰恰体现了青年创新的无穷力量和无限可能性。

字节跳动负责人认为："公司非常鼓励年轻人，招聘时不看资历，而看是不是聪明、年轻、有冲劲。很多公司都在说要给年轻人更多的发展路径，看公司是不是重视年轻人，你去看这个公司重要的产品岗位上产品负责人有多少是年轻人，这个就能看出来。只要给足年轻人机会，年轻人就能涌现出来。"

2017年9月，字节跳动孵化出一款定位垂直音乐和UGC的短视频应用——抖音，11月收购当时一款风靡海外但在中国热度却不高的短视频应用Musical.ly（中文名"妈妈咪呀"），并在2018年将其合并到抖音国际版应用Tiktok中，创建了一个更大的视频社区。

截至2021年1月5日，抖音日活跃用户数已经突破4亿，成为中国最大的短视频平台。2020年5月，全球移动应用商业情报分析机构SensorTower数据显示，Tiktok拥有大约8.5亿每月活跃用户，在全球AppStore和GooglePlay应用商店的总下载次数已突破20亿次，排名前三的市场为印度、巴西和美国，分别占27.5%，9.6%和8.2%，为全球最大的短视频社区平台之一。

案 例

华为：让青年人才在良性约束下自由发挥

华为的出现改变了世界电信市场的格局。西门子与诺基亚合并，北电网络出售，阿尔卡特与朗讯合并，诺基亚终端业务被微软收购，摩托罗拉被联想收购等行业大事件，跟华为的强势崛起都有着或多或少的关系。从一个注册资金只有两万元的贸易代理公司，到今天成为8000亿营收的世界500强和通信行业巨头，华为成为中资企业走出去的典型代表。

目前，华为助力全球170多个国家和地区的1500多张运营商网络稳定运行。全球多家第三方机构进行的全球大城市5G网络体验测试结果显示，华为承建的多个运营商5G网络体验排名第一。华为已参与全球超过3000个创新项目实践，和运营商、合作伙伴一起在20多个行业签署了1000多个5GtoB项目合同。业界首创的AirPON解决方案，可以借助无线站点和光纤资源，有效降低站址获取难度，快速实现家庭网络覆盖，已在全球超过30家运营商成功商用部署。华为 RuralStar 系列解决方案已累计为超过 60 个国家和地区提供移动互联网服务，覆盖 5000 多万偏远区域人口。

截至 2020 年底，华为企业市场合作伙伴数量超过 3 万家，其中销售伙伴超过 2.2 万家，解决方案伙伴超过 1600 家，服务与运营伙伴超过 5400 家，人才联盟伙伴超过 1600 家。华为联合伙伴在超过 600 个场景落地和探索智能体①应用，覆盖政府与公共事业、交通、工业、能源、金融、医疗、科研等行业。全球通过华为认证的人数已超过 40 万，其中 HCIE 专家级认证 1.3 万多人，为行业数字化转型提供了优质的 ICT 人才资源。华为帮助全球多家运营商在 LTE/5G 网络评测中全面领先；在 GlobalData 发布的报告中，华为 5G RAN 和 LTE RAN 综合竞争力均排名第一，蝉联"唯一领导者"桂冠。华为履行绿色节能，PowerStar 解决方案已在中国商用超过 40 万个站点，每年带来约 2 亿度电的节省。华为云已上线 220 多个云服务、210 多个解决方案，在全球累计获得了 80 多个权威安全认证，发展 1.9 万多家合作伙伴，汇聚 160 万开发者，云市场上架应用 4000 多个。华为全球终端连接数超过 10 亿，手机存量用户突破 7.3 亿。全球集成 HMS Core 能力的应用已超过 12 万个，全球注册开发者超过 230 万，其中海外开发者 30 万，上架华为应用市场的海外应用数较 2019 年增长超过 10 倍，HMS 生态已经成为全球第三大移动应用生态。

人民日报海外网发布的 2020 年《中国企业"一带一路"品牌影响力榜单》，华为名列首位。第八届中国企业海外形象高峰论坛发布了"中国企业海外形象 20 强"，这份榜单基于中国报道杂志社、当代中国与世界研究院、凯度集团联合出品的

---

① 智能体是业界针对政企智能升级提出的系统化参考架构，它以云为基础，以 AI 为核心，云网边端协同，构建立体感知、全域协同、精确判断和持续进化的一体化智能系统。

《中国企业海外形象调查报告2020·"一带一路"版》，华为同样名列第一名。

尽管华为创始人任正非已年过七旬，但是他却一直致力于打造19万人规模、执行力超强、年轻的"狼性团队"。任正非对"狼性"也有自己的解读："所谓狼性，就是要有敏锐的嗅觉，不屈不挠、奋不顾身的进攻精神和群体奋斗的决心，强烈的目标导向，不达目的不罢休的精神。"同时，对于如何提拔青年人才，任正非多次强调要允许"少年将军"冒头，并反对"研发团队19级员工（一线核心员工）平均年龄居然接近40岁"，称"这样升级太慢，也说明华为没钱"。

任正非认为："少年强则中国强，华为也要有少年英雄，要让有朝气、有活力、敢闯敢干的优秀人才脱颖而出。我们让优秀人员快速成长，但是以责任结果考核干部的政策不变。我们一定要加强中、高级干部和专家的实践循环，在循环中扩大视野、增加见识，提高能力。职级低的年轻人也可以当主官，管理职级高的人。我们不提倡论资排辈，我们需要的是能带领部队冲上上甘岭的人。17、18、19级是主力作战部队，要将他们放在主力作战岗位上，担任主攻任务，不要把他们拉去搞非生产力的活动。要敢于早一点把合适的人提到相应的位置上，优秀的人员应该在30岁左右可以升到17—19级。"

以华为5G研发团队最年轻的核心成员申怡飞为例，2020年才23岁。当同龄人都在刷视频、打游戏时，他在实验室里废寝忘食地研究。经历整整一学期不分昼夜的研究，他的高效极化码平台从最开始计算一组数据需要2秒，突飞猛进到1秒计算20万组数据，达到当时全球最快速度。他的团队开创的极化码方案写入5G行业标准，促使5G计划整整提前一年落地。

华为的人才管理经验是"让青年人才在良性约束下自由发挥"。其一，打造创新平台，激发人才最大价值。2020年，华为研发支出人民币1418.9亿元，占销售收入的15.9%，名列全球第三，超过苹果、英特尔等数字经济巨头企业。华为在全球建立了 26 个能力中心，推出创新研究计划（HIRP），与全球 100 多所著名高校和研究机构、100 多位院士、数千名青年学者合作。华为布局全球创新能力的策略就是："在有凤的地方筑巢，而不是筑巢引凤。"也就是说，在全球找人才，找到后围绕他建立一个团队，而不是一定要把他招到中国来。其二，建设年轻人喜欢的组织氛围。华为建立内部网站心声社区，公司绝大多数重大和非重大的政策、决定，包括任正非的讲话、各级高管的讲话都会第一时间发表在心声社区，让 19 万员工评头论足。在 19 万员工监督和广泛民主参与下，华为总体上保持了相对健康向上的组织文化，庞大的组织仍然具有强大的活力和凝聚力。华为把工作含义定义为"工作可以是享受，也是生活的一部分"。很多年轻人进入华为之后，会潜移默化接受这种观念，最后发展到为工作废寝忘食，以办公室为家。华为设立首席员工健康与安全官，成立健康指导中心，规范员工健康标准和疾病预防工作，为员工提供健康与心理咨询。对于在海外艰苦地区进行工程项目的员工，每半年要进行强制性体检，体检通不过的，不再留驻艰苦地区工作。其三，为全球青年才俊赋能。以华为终端云服务应用为例，凭借独特的"芯—端—云"协同能力，打造华为开发者大会（HUAWEI Developer Day，简称 HDD），在阿联酋、葡萄牙、新加坡、沙特、南非等多个"一带一路"沿线国家召开，为全球开发者提供他们所急需的基础设施、技术指导、开发能力和资源支持，旨在培养本地人才，实现开发者能力进阶。

重要的是，华为为全球开发者提供了一个开放合作的平台，用以发布和实现应用变现，通过技术开发、测试、法律和营销工具等服务全方位扶持开发者创新，共同构筑以全球用户为中心的全场景智慧生态，为全球用户带来更美好的智慧生活。

另外，华为从 2008 年发起"未来种子"旗舰项目，旨在帮助培养本地信息通信技术人才。到 2020 年，已有 108 个国家和地区、400 多所高校的 3 万余名学生从中受益。

华为刚走出去开拓国际市场时，世界上很多国家对中国的认知还停留在改革开放前，甚至清末民国时代。走出国门的华为意识到，要想成功销售产品，必须让世界了解到中国的快速发展，华为品牌背后其实是中国的国家品牌。因此，2011 年，华为制定"新丝绸之路"计划，邀请大量外国政府电信官员和专家到访中国，了解中国。首先，华为请这些官员和专家参访上海、北京、西安等中国城市，让他们体验日新月异的中国，再安排他们到中国电信和中国移动的机房参观华为通信设备，让华为的中国客户告诉他们，华为是中国最大的通信设备制造商，值得信赖。最后再到华为深圳总部，参观优美的园区和展厅，进行技术交流，了解华为实力。看到中国和华为的强大实力，打消了很多外国客户的顾虑。

在世界各地的代表处，华为往往也会选择最好地段和最高级写字楼来展示公司实力，让客户相信华为，比如华为马来西亚办公室设在吉隆坡地标双子塔。随着海外业务不断发展，华为海外员工数量也在迅速扩大，海外本地化率达 71%。为了让外籍员工更好了解华为、认同华为，华为实施"掺沙子"行动，有效解决外籍员工融入问题。由海外代表处选派优秀本地员工到中国参加定制培训，并在中国总部工作，通过耳濡目染，感受华为文化。几个月培训实践结束后，海外员工返回当地，和本地员工分享沟通华为的文化和管理，同时承担更大的工作职责，成为团队负责人。

总的看，华为全球价值链重点在于将本地能力赋能世界各地，使其发挥更大价值，同时为当地培养和保留青年人才，创造就业机会，促进当地经济发展。通过全球本地化运作，华为可以确保本地精英团队承担端到端的经营责任，并拥有相应决策权。

案　例

联想：全球化、本土化与年轻化相结合的人才布局

1984年，联想从代理、分销国外电脑品牌起家，到1997年成为中国PC市场第一名，再从2004年以非凡的气魄收购IBM PC业务，开启国际化，到2013年成为全球PC市场第一名。目前，联想的业务遍及180个市场，全球约5.7万名员工，年营业额超过3400亿人民币，在2019《财富》世界500强排名第212位，并一再被国际权威媒体评选为全球最受信赖和最受赞赏的公司之一。

即便是受疫情严重影响的2020年第一季度，知名数据研究机构Gartner、IDC和Canalys发布的该季度全球PC出货量统计报告显示，联想依然是出货量、市场份额全球双料冠军，出货量高达1200万台以上。而这背后离不开联想在消费者心中长期积累的品牌声誉和对复工复产的快速部署。

联想国际化的启示在于全球化、本土化与年轻化相结合的人才布局、创新体系、全球产业链整合、坚持不懈地本土化运营管理等。尤其是联想在全球180个市场都有业务布局，均成立本地化运营团队，从领导到员工都以当地人为主，做到真正的全球化运营。

近年来，联想作为曾经的"大叔级"老品牌愈发以年轻化品牌形象呈现，诸如聘请流量明星鹿晗担任形象代言人，赞助青年音乐节等。2019年，联想创始人柳传志正式退休，联想全球中高层管理人员正加速年轻化，青年人才已成为工程师、科学家、销售人员、技术支持人员等业务骨干团队的主力军。

联想多年来在智能物联网、智能基础架构和行业智能等领域所积累的产品、服务和解决方案，在"一带一路"建设中获得大展身手的舞台。

一是业务均衡发展，联想将全球业务分为中国、美洲（北

美、拉美)、EMEA(欧洲、中东、非洲)、亚太四个大区,2018—2019 财年业绩显示,四个大区的占比比较均衡,中国市场占比 24%,美洲市场占比 32%,EMEA 市场占比 25%,亚太市场占比 19%。

二是供应链均衡布局,联想在墨西哥、巴西、阿根廷、匈牙利等"一带一路"沿线国家设有制造基地,生产线超过 45 条,员工近万人,产品涵盖 PC、服务器、手机等产品。2018 年"一带一路"沿线国家制造基地产值超过 30 亿美元,销售网络遍及亚洲、欧洲、非洲和美洲等地。

三是研发力量重点布局,联想致力于构建具有全球竞争力的全球研发布局,在全球拥有 2.7 万个有效专利,拥有超过 1 万名青年工程师、研究人员和科学家,占全球雇员的约 18%,在 7 个国家设有 15 处研发基地,在 3 个"一带一路"沿线国家设有研发中心。

案 例

小米:打造青年团队,服务青年消费者

"一带一路"倡议成为小米国际化步伐的加速器。由于"一带一路"不少沿线国家年轻人占比较高,青年消费者偏好与小米的产品和技术乃至商业模式比较契合,小米国际化迎来大发展。"米粉"是对小米产品忠实拥趸的网络热称,近年来海外"米粉"群体不断壮大。小米产品已进入数十个国家,越来越多海外消费者开始知道中国品牌小米,使用小米产品,甚至成为"米粉"。

资深"米粉"、俄罗斯青年德罗兹多夫·叶夫根尼在朋友推荐下尝试小米交互系统 MIUI,从此爱上这个系统,自发创立 MIUI 俄罗斯粉丝论坛,一年后,该论坛成为小米俄罗斯官方 MIUI 粉丝站。目前,论坛已有 11 万注册粉丝,每日浏览量

达 7 万人次，叶夫根尼也成为小米俄罗斯分销伙伴 RDC 的正式员工。

阿联酋是中东地区经济和金融中心。面对阿联酋多元化消费者，小米积极调整营销战略，既推出性价比高的"千元机"，也主打黑科技感强的高端手机，实现线上线下联动销售，进驻阿联酋手机专营店和家乐福超市。

小米创业十年即成长为全球 500 强，其成功奥秘在于：一是把自身发展融入"一带一路"倡议，将市场需求与产品设计结合、本土制造与当地销售结合，提升品牌国际竞争力，实现从单纯产品贸易向实业投资、技术转移、人员培训与生产合作转变。二是小米从不吝啬对年轻人的培养，目前，小米绝大部分事业部一把手都是"80 后"。同时，在小米近 2000 人的中层核心管理队伍中，"90 后"占比已达 60%。2020 年，小米开启"新十年创业者计划"，更加重视高潜员工培养，将陆续选拔百名年轻干部，激励他们以创业者心态和投入度，和公司共绘未来十年的美好蓝图。值得关注的是，作为一家将目标客群定位为全球年轻消费者的技术公司，小米更强调用年轻团队来开发满足年轻消费者的产品，例如，小米 CC 产品团队是公司最年轻的产品团队，大部分成员都是"90 后"，其中一半成员还是艺术和美术专业出身。

案　例

科大讯飞：青年技术专家攻关顶尖认知智能技术

科大讯飞依靠在语音和人工智能方面强大的技术实力，被业界称为"语音产业国家队"。截至 2020 年 7 月 31 日，讯飞开放平台已有翻译、直播、农业、无接触、数据标注、司法、医疗、智慧城市八大行业专题，聚集超过 138.9 万支开发者团队，总应用数超过 86.7 万，累计覆盖终端用户数超过 29.2 亿。

科大讯飞教育产品在新加坡、日本、澳大利亚等"一带一路"沿线国家都有应用。比如，科大讯飞教育系统已应用于新加坡中小学生华文学习及华文评测，该技术得到了新加坡教育部的认可。科大讯飞开发的中文在线学习平台（Chinese Online Learning Portal）在网络孔子学院上线，已在美国、韩国、日本、澳大利亚、法国等国家推广使用，覆盖人数超百万人。科大讯飞"多语种语音云"产品不仅支持汉英、汉俄、汉法等语言互译，更涵盖维吾尔语、哈萨克语、藏语、锡伯语、越南语、葡萄牙语、乌尔都语、泰语等27种小语种语音识别、语音合成功能。科大讯飞还将各类语音应用深入到手机、汽车、家电、玩具等多个领域。

作为一家22年历史的技术公司，"顶天"和"立地"两个关键词贯穿始终，前者代表科大讯飞一次次发起对顶尖认知智能技术的攻关，后者意味着科大讯飞不断推动核心技术示范应用和产业落地，让人工智能技术服务千家万户。

目前，团队成员平均年龄29岁的科大讯飞认知智能国家重点实验室已具备解决国际公认复杂难题的科研实力，让中国在认知智能产学研走在国际前列。科大讯飞负责人认为："我们的团队非常单纯，就是希望努力实现技术突破，所以我们工作氛围非常直接、务实，随时随地有人提出一个创新的点子，大家就开始讨论起来。每年都要进步至少30%，这样能让我们一直保持领先的位置。"

三、丝路青年积极参与和分享"一带一路"数字经济合作红利

随着中国数字经济企业加快布局"一带一路"沿线国家市场，越来越多丝路青年受益于数字化生活美好体验，同时也有更多丝路青年参与到中资企业本地化就业。值得关注的是，不少丝路青年创新达人、技术达人选择加入中国数字经济价值链成功创业和知识、技能、流量变现。

一是参与到华为、科大讯飞、联想等拥有核心技术的中国企业全球生态体系中，通过创新变现得以成功创业，中国企业也得以成为其首个用户，将其创新成果应用到自身的用户群体，例如华为的全球开发者多达数百万人。

二是参与到阿里巴巴、腾讯、字节跳动等全球电商、社交等互联网平台，基于平台的海量全球用户，通过销售商品、提供服务、创意创作获得持续收益，构筑"巨平台＋海量小微创业者＋海量用户"的互联网生态体系。

三是瞄准"一带一路"市场机遇，选择某些细分市场创业，在本国样板市场取得成功后，向沿线国家推广。

案　例

非洲技术公司借助"一带一路"建设实现跨越发展

尽管大多数非洲国家仍然落后和贫穷，但现代科技正在改变这片曾经的"数字荒原"，越来越多非洲青年创办的技术公司借鉴中国数字经济企业的经验，利用先进的互联网模式和前沿科技改善非洲居民数字生活。尤其是随着"一带一路"建设不断推进，非洲技术公司迎来与中国企业合作和国际化的良机。

赞比亚青年光明（Bright Chiyundu）创建了电子支付公司"BroadPay"。创业之前，光明作为技术工程师曾两度在华为赞比亚公司工作。从华为离职后，光明发现赞比亚60%的人没有银行卡，电子支付市场潜力巨大。拥有编程基础的光明开发了一款电子支付软件，能够通过APP操作或者发送短信实现小额转账。光明陆续和2000多家遍布在赞比亚街头巷尾的杂货店达成合作，并向杂货店支付推广佣金，这些杂货店店主也为 BroadPay 带来超过 10 万笔电子支付交易。同时，光明还和赞比亚一些基建公司和商家合作，引导用户通过手机支付水电费和购物，目前有1000 多家机构用户接入 BroadPay。

尼日利亚金融科技公司 Kudi 开发的聊天机器人可以内置于 Facebook Messenger、Telegram、Slack、Skype 等社交 APP，为用户提供转账、交话费、支付账单、信息查询等服务。南非农业数字科技公司通过无人机、卫星和人工智能为用户提供农业数据，帮助农民优化种植，降低农业生产成本。肯尼亚农业信贷平台 Apollo Agriculture 类似于中国的 P2P 网贷平台，使用机器学习、遥感技术和手机，为当地农民提供融资中介服务及农产品生产建议。突尼斯电商数据服务商 Datavora 为电商 B2C 零售商提供高精度、自动化的监控工具。埃及人工智能初创公司 Botme 能够为客户开发聊天机器人软件，并管理产品搜索、确认订单、付款和发货等业务流程。南非人工智能初创公司 GotBot 为客户在 Facebook Messenger、Twitter、微信、Skype、短信和网络聊天中提供商业聊天机器人服务。

案 例

塞尔维亚与中资企业数字经济合作结硕果

近年来，塞尔维亚开始在区块链、游戏、计算机等多个领域崭露头角。塞尔维亚游戏公司 Nordeus、3Lateral，区块链公司 Game Credits、Origin Trail 等都创造出骄人成绩，塞尔维亚软件开发和工程人才系统位列世界前列，以数字经济为基础的几大工业园区相继建成，高科技创新企业享受几乎零税收的优惠政策，以创新为主题的国际合作遍地开花。

凭借良好的数字经济营商环境和青年人才储备，塞尔维亚与中国的数字经济合作日益频繁和深入。塞尔维亚贸易、旅游和电信部长塔蒂亚娜·马蒂奇在 2020 年世界互联网大会上表示："塞尔维亚将继续致力于数字转型与网络现代化建设，在共同打造数字未来之路上向前迈进。塞尔维亚致力于发展电子商务领域的伙伴关系，将与阿里巴巴合作推广支付宝，并继续与腾讯就物流中心的建设进行商谈。"

塞尔维亚总理布尔纳比奇认为："华为是塞尔维亚最大、最优质、最重要的合作伙伴之一，它不仅带来了技术、知识，也为塞尔维亚培养了人才，塞尔维亚政府深表感激，并将一如既往地致力于双方的合作。"塞尔维亚从 2014 年开始参加华为"未来种子"项目，塞尔维亚总统府总统夫人基金会、塞尔维亚政府青年体育部作为合作伙伴参与项目的筹备和组织。2014 年 9 月，时任塞尔维亚总理亚历山大·武契奇在首次访华时，到访华为北京研究所，并通过智能设备向 10 名塞尔维亚毕业生亲切问候并互动。2020 年，华为数字化转型创新中心及 5G 测试实验室在塞尔维亚成立，致力于开展当地人才培育、生态发展、智慧解决方案、本地化和敏捷创新。

第三节 中国与"一带一路"沿线国家青年数字经济合作面临的主要挑战与对策建议

一、中国与"一带一路"沿线国家青年数字经济合作面临的主要挑战

（一）数字经济发展不平衡不充分

尽管中国数字经济已处于全球领跑地位，并上升到国家战略，但是除了北京、上海、广州、深圳、杭州等少数发达城市数字经济发展为支柱产业，中国不少城市数字经济总体处于起步阶段。例如，杭州周边城市与杭州发展差距较大，数字经济年增加值不到杭州的 10%，城市之间协同一体化发展的乘数倍增效应还未凸显。国家信息中心《"一带一路"大数据

报告》显示,"一带一路"沿线国家和地区"南北失衡"问题突出,非洲、中亚、东南亚、南亚地区基础和应用落后或相对落后。缓解与弥合"数字鸿沟",帮助数字技术欠发达的国家和地区,借鉴中国、连接中国,让全球共享数字红利的重要性和急迫性日益明显。

受发展水平、数字基础设施等方面限制,中国与"一带一路"沿线国家数字经济合作总体处于试点探索阶段,多为部分中国头部企业基于全球市场战略考量,对沿线国家进行投资和布局,多数中资企业进入时间不长,仍处于前期运筹和启动阶段。另外,除了少数头部企业、上市公司能够实现较强盈利能力,不少沿线国家初创数字科技企业还没有形成稳定的盈利模式,只能依靠持续融资来建立维持技术优势和扩大业务规模,如何提升数字经济企业的生存发展能力也是亟待破解的挑战。

因此,中国数字经济企业拓展沿线国家市场,切莫急于求成,应统筹规划、循序渐进,尤其是探索适合本地市场可持续发展的创新路径。例如,由于中国市场足够大,中国数字经济企业只需吃透中国市场即可获得高速成长,但是东南亚、非洲、中亚等发展中国家市场规模有限,当地数字经济企业从创业之初就必须考虑如何利用数字化赋能实现国际化拓展,才能生存下去。

(二)数字化基础总体薄弱

"一带一路"沿线国家在数字基础设施、技术标准、市场规模等方面存在巨大差距,部分沿线国家网络基础设施不完善,相关基础设施大多集中于首都和大城市,宽带速度缓慢且成本居高不下,数据跨境互联互通以及数据跨境传输尚未形成,使得数字"一带一路"地区内的协调难度大。例如,卡塔尔移动互联网连接速度59.57兆位/秒,列全球第五位,而巴勒斯坦为6.77兆位/秒,排名仅为第119位。

与此同时,具有先发优势国家数字经济的快速发展也有可能会进一步加剧沿线国家之间数字经济发展不平衡,带来更大"数字鸿沟"。例如,一些沿线国家只是在数字科技一些细分领域进行了产业化探索和突破,相较于传统产业尚未形成规模化、产业链和竞争力,造成传统产业和企业数字化转型基础薄弱、成本高企、自发零散、各自为战、质量不高,甚至一些制造业中小企业"不愿转型、不敢转型、不会转型",部分中小微企业数字化转型还停留在信息上网、互联互通的起步阶段。

（三）发展环境有待进一步优化

世界银行《2020年营商环境报告》显示,除中国等少数国家表现较好外,不少"一带一路"沿线国家营商环境排名普遍靠后,特别是与数字经济领域高度相关的跨境贸易、开办企业、获得信贷、知识产权保护等分项指标排名低于综合排名。另外,沿线国家在政治制度、法律制度、文化传统和宗教信仰方面差别甚大,部分国家法治化建设不完善,使得中国与沿线国家数字经济合作的制度保障受到影响。

同时,线上线下高度融合、机器代人、万物互联智能化转型提升了网络安全风险,甚至可能将风险传导渗透到关系经济社会命脉的重要领域。由于一些数字经济企业由青年技术专家创办,重视技术创新和商业价值变现,但往往忽视合法合规与商业伦理,一些互联网平台不规范经营问题较为突出,准入门槛低,经营者良莠不齐,网络售假行为时有发生,利用中心化技术、资本、资源不对称优势,占用、盗用平台其他利益相关者的核心资源(如用户大数据、长数据),侵犯消费者权益时有发生。网络安全、数据保护风险加大,用户个人信息泄露和非法利用、数据非法跨境流动、网络洗钱等违法犯罪风险不断增大。

可以说,数字经济监管核心是如何保障数字科技"向善"或者"不作恶",而现实中技术应用创新不可避免会触及政策法规盲区和市场伦理底线。对"一带一路"数字经济一体化发展的挑战在于,如何协同管控,防止利用数字科技损害社会诚信和公众利益、进行非法活动;如何发展应用合规科技、监管科技。

由于数字经济改变了传统经济运作机制,扩大了经济活动范围,传统经济规模测算体系、产业扶持政策面临不适用、"靶向"不精准的问题。随着大数据、人工智能等数字技术的快速迭代,沿线国家应对数据跨境流动以及网络空间治理的制度规范和法律法规尚不完善,缺乏统一的数据治理体系,有关合作可能会涉及数据主权和政治、外交等敏感领域。

（四）数字经济专业人才培养和供给不足

尽管不少"一带一路"沿线国家拥有丰富的自然资源和人口红利，但尚未完全转化为人才优势，尤其是不少国家还面临高企的青年失业率，国民教育体系、劳动力市场、职业培训系统对数字经济快速发展带来的技能要求变化应对不足，在大数据、区块链、人工智能等领域教育资源短缺和培训体系不完整，导致其发展数字经济面临研发人才、管理人才和技能型人才的"三重约束"。麦肯锡一项研究预测，到2030年，中东地区现有工作的45%可能会实现智能化，而现有的人才培养体系难以在短期内满足数字经济发展需求，人才资源对中东地区加快形成产业链、数据链、创新链、资金链四链闭环发展的支撑力度有限。由于本地数字经济人才短缺，当前沿线国家大部分数字经济项目主要由中资企业承接和主导，本地公司参与有限。

（五）美国等少数西方国家蓄意破坏抹黑中国数字经济发展

随着中国对科技研发的不断投入，中国在高科技领域与美国等西方国家的差距开始缩小，尤其在5G通讯领域居于世界领先地位。美国一些政客认为中国的技术优势对美国构成了前所未有挑战，威胁到美国的霸权地位，开始通过各种手段抹黑和打压中国和"一带一路"建设，抹黑和打压华为、中兴通讯、字节跳动、微信、科大讯飞等中国数字经济企业的正常商业行为，加大对中国的技术打压、封锁。

二、中国与"一带一路"沿线国家青年数字经济合作对策建议

（一）提质增效中国数字经济

一是加快发展数字产业，推动数据要素资源市场化高效配置。发挥投资关键作用，系统性布局面向未来经济的5G、物联网、工业互联网、数据中心、云计算、边缘计算、人工智能、区块链、虚拟现实、增强现实等普惠泛在的升级版数字新基建，优先覆盖核心商圈、重点产业园区、重要交道枢纽、主要应用场景等。促进大中小微数字企业融通发展、协同发展、抱团发展，搭建服务中小企业的数字化共性技术支撑平台，培育打造

集成电路、信息技术服务业等基础支撑产业，分类解决"卡脖子数字技术"，扶持打造一批服务中国智造、适应"双循环"市场纵深发展、腹地孵化的数字科技创新企业、小巨人企业、单项冠军、新型研发机构，推动数字科技企业实现围绕制造龙头企业、产业链、园区小镇、网络平台等多样化、实效化集聚。发挥消费基础作用，建设辐射带动能力强、资源整合有优势的区域消费中心、新型消费网络节点，支持电商平台、数字平台以数据赋能生产企业、服务企业，培育定制消费、智能消费、信息消费、时尚消费等新消费业态，促进商旅文体健等幸福经济多行业跨界融合，形成更多流通新平台、新业态、新模式，鼓励企业依托新型消费拓展国际市场，以智能＋O2O消费生态体系稳、促、扩、升消费。

二是加快产业数字化转型。推动数字技术与一二三产业融合应用，促进大中小微企业供应链、经营链、生产链、消费链等价值链按需上云用数智赋，打造一批行业级、企业级工业互联网平台、工业APP、智能工厂、共享工厂、智能车间、智能生产线，培育一批数字工程系统集成、数字贸易、数字供应链、数字文创、数字金融等数字化现代服务业，加快平台经济、共享经济、分享经济、集成经济等新经济发展。

三是加快数字经济治理体系和治理能力现代化建设。推动国内外政府部门、社会组织、非营利组织、信息技术企业、技术社群、民间机构、个人等各主体秉持共商、共建、共享理念，完善数据生产、流通、整合、应用、共享、开放、保护等数字经济治理的制度体系和机制流程。建立市场化数据交易平台，推动数据高效流动融通，提升数据在不同场景的按需应用和价值体现。将智慧城市通过5G、物联网等数字科技和数字经济治理升级打造成为深度链接和支撑数字经济、数字社会、数字生活、数字政府协同联动发展的城市治理共同体综合基础设施和平台。

（二）缩小"一带一路"沿线国家的"数字鸿沟"

采取差异化策略和强化重点领域突破的原则，利用"一带一路"国际合作高峰论坛、中阿合作论坛、中非合作论坛、亚洲合作对话、上合组织论坛、亚信会议等多边机制，加快数字丝绸之路建设与沙特"2030愿景"、阿联酋"智慧迪拜""智慧阿布扎比"战略、数字阿曼战略、埃及"2030

年愿景"等沿线国家数字经济战略对接,将共建数字丝绸之路纳入双边、多边合作框架,共同做好顶层设计和统一标准、规则制定,加快数字基础设施建设和互联互通,推进5G、物联网、人工智能、大数据、区块链等新一代信息技术普及应用,建立"一带一路"数字安全和保护合作机制,共同打击跨国网络犯罪和网络恐怖主义,提升数字治理水平。

(三)建设一批数字经济自贸区

目前已有多个中国城市提出打造数字经济自贸区,例如河北自贸试验区大兴机场片区、中关村软件园"国家数字服务出口基地"、北京市朝阳区金盏国际合作服务区成为北京数字贸易试验区落地的三大重点区域;杭州提出建设全球跨境电子商务核心功能区和数字丝绸之路战略枢纽;厦门提出打造数字化产业强链、补链、固链的自贸区。因此,可以参考中国经验,在"一带一路"沿线国家建设一批数字经济自贸区,将数字经济纳入自由贸易体系,体现出中国外贸从货物到服务再到数字经济的转变,更多中国创新将为全球市场主体和消费者服务和赋能,有望实现以我为主制定数字经济自贸区与海外市场的规则体系,实现全球化多赢的数字产业化、产业数字化的要素市场化配置,这对逆全球化逆流也是有效的管控手段。

从确保数据这一新型生产要素公开、公平、公正市场化配置和法治化保护,数字经济自贸区以一域的载体先行先试,进而推开形成更稳妥、完善的数据保护体系。从近年来中国数字经济企业"走出去"来看,多面临"水土不服"、国内外监管不统一等问题,同时数字经济又是创新最前沿、最频繁的领域,技术创新、场景应用往往与现行国内外法律、监管存在盲区或者冲突,数字经济自贸区也可以实施沙盒机制这类包容式监管的探索。

(四)加快数字经济青年人才队伍培养和培训

中国和"一带一路"沿线国家应以数字经济劳动力市场需求为导向,兼顾稳促扩升当地青年人才就业创业,推动人才、产业、项目、平台一体化布局,实现沿线国家青年人才发展与数字产业培育有机匹配和深度融合。围绕产业链延伸创新链,以创新链发展人才链,加快数字经济人才供给模式创新,促进沿线国家数字经济产业升级和企业数字化转型。

基于移动支付、跨境贸易、能源科技、金融服务等数字经济重点领域，中国政府和中资企业可支持沿线国家建立相关产业数字技能人才标准、在线数字教育平台，开发适合沿线国家语言、宗教、文化的网络教程和课程方案，搭建多层次、多类型、跨专业的人才培训体系。

着眼于数字经济创新生态系统和创新活动全生命周期，中国孔子学院、孔子课堂、高校、科研院所、数字经济企业可以进一步加大与沿线国家政府部门、高校、科研院所、教育机构合作，提高数字经济相关知识在沿线国家普及率，共建数字经济相关的学科专业、科研基地、产教融合基地、产学研转化平台，扩大沿线国家数字经济青年人才培养规模。

结合中国数字经济企业"走出去"和沿线国家市场布局，积极利用中国数字经济领域的龙头企业（阿里、腾讯等）人才和技术优势，以华为大学、腾讯学院等培训平台为依托，充分利用华为开发者大会、华为"未来种子"计划、阿里巴巴互联网创业者计划、讯飞开放平台、小米 MIUI 生态等中国数字经济企业发起的青年创业者孵化平台，培养和聚合更多丝路青年创新人才。

（五）妥善应对少部分西方政客对中国数字经济发展的破坏与抹黑

中国应立足于自身优势，鼓励本国的数字经济公司以质量和技术服务赢得沿线国家消费者的青睐，不断扩大在沿线国家的合作规模，通过实际行动造福当地人民。对于少部分西方政客对中国技术和中国公司的无理抹黑和污蔑，中国政府和中资企业应利用各种平台、契机和工具手段切实维护自身利益。

中国数字经济企业的青年创业者和从业者既要保有年轻人对高新技术和未知领域的探索精神、奋斗精神、创新精神，也要建立沉稳、冷静、稳健的商业手段和企业文化。在拓展"一带一路"市场时，比起竞争，搭建合作关系更为重要，避免成为海外同行眼中的"搅局者"，要"和气生财"。一方面要尊重发达国家的技术优势，要学习，另一方面要探索合作点，可以联合发达国家公司到第三国争取项目，既能实现对方技术与中资企业成本、资本等优势的互补，还能减小项目推进时的阻力，争取发达国家公司对"一带一路"建设的支持。

第七章
中国与"一带一路"沿线国家青年产能
合作进展与建议

国际产能合作是共建"一带一路"的重要途径和重大举措。2016年8月，习近平主席在推进"一带一路"建设工作座谈会上指出："以'一带一路'建设为契机，开展跨国互联互通，提高贸易和投资合作水平，推动国际产能和装备制造合作，本质上是通过提高有效供给来催生新的需求，实现世界经济再平衡。特别是在当前世界经济持续低迷的情况下，如果能够使顺周期下形成的巨大产能和建设能力走出去，支持沿线国家推进工业化、现代化和提高基础设施水平的迫切需要，有利于稳定当前世界经济形势。"国际产能合作旨在发挥中国在装备、技术、资金等方面的综合优势和其他方面的比较优势，对接中国和沿线国家供给能力和发展需求，共同发展实体经济、建设基础设施，实现优势互补、互利共赢、共同发展。

第一节 促进区域经济发展和全球经济复苏：中国与 "一带一路"沿线国家产能合作

一、中国和"一带一路"沿线国家产能合作的比较优势

（一）地缘优势

"一带一路"历史上就是陆上和海上丝绸之路的贸易大通道，不少国

家与中国接壤，这种地缘优势天生俱来，是搬不走的地理格局。经过八年多建设，"一带一路"的框架、沿线各中心城市和连接重点产业集聚区的国际经济走廊都已经开始形成，使得丝路国际产能合作更加通畅便达。

（二）发展优势

"一带一路"沿线国家之间，工业化水平差距较大，面临较为急迫的工业化发展任务，呈现出"涵盖面宽"和"包容性强"的重要特征。中国大部分工业产能几乎都可以在"一带一路"沿线国家找到合适的合作对象。通过产能合作，有助于结构调整，帮助沿线国家较快提升工业化水平，发展和完善他们的工业体系，实现工业化梦想，获得互利共赢的效果。

（三）互补优势

"一带一路"沿线许多国家要素资源丰富，如果能产业上下游合作打通，将形成涵盖"资源、能源、生产、运输、加工"完整的跨境产业链，不仅有利于大幅降低成本、形成加工规模，而且有利于增强竞争优势、增加就业。推动产能合作与资源优势相结合并相互配套，可以建设一批绿色环保的油气化工、煤化工、钾肥、钢铁、有色金属等生产基地，还可合作开发水能、光伏、风能、生物质能等资源。这种极强的互补优势，大大增强了产能合作的生存能力和竞争能力。

（四）技术优势

在 2019 年联合国工发组织发布的工业竞争指数中，中国产业整体竞争力排名第七，且链条完整、项目丰富，达到世界先进水平的制造行业有铁路、电力、造船、港口、建材、通信、轻工、冶金和家电等，居世界第一水平的工业品有 221 种，产业规模全球第一。与"一带一路"沿线国家进行合作，中国提供的产能不仅技术性强，而且性价比高，特别契合"一带一路"沿线国家发展需要，因而产能合作的基础雄厚，空间巨大。

二、中国与"一带一路"沿线国家产能合作主要成效

近年来，中国以"一带一路"倡议为统领，秉持共商、共建、共享的原则，坚持企业主体、绿色永续、开放平衡、互利共赢的原则，同沿线国

家一道推动产能合作取得丰硕成果。

（一）合作机制广泛建立

在双边层面，中国同哈萨克斯坦、马来西亚、阿联酋、阿尔及利亚、沙特、苏丹、埃及、埃塞俄比亚等几十个沿线国家签署了产能合作有关文件，把产能合作纳入机制化轨道，和有关国家对接规划和项目，共同为企业间合作穿针引线、铺路架桥。在多边层面，中方积极参与和引领区域、次区域合作，推动发表《中国—东盟产能合作联合声明》《澜沧江—湄公河国家产能合作联合声明》等重要文件，与 41 个国家签署产能合作协议并建立了双边产能合作机制，和有关国家共同谋划产能合作的重点领域和重大项目，加快形成开放包容、多方共赢的合作格局。

（二）重大产能合作项目批量落地

印尼雅万高铁、巴基斯坦卡拉奇核电机组等中国高铁、核电"走出去"的第一单都落在"一带一路"沿线国家，一批沿线国家亟须采用中国装备和技术的钢铁、有色、建材等领域重大项目稳步实施。

中国社会科学院世界经济与政治研究所《2020 年中国海外投资国家风险评级报告》显示："'一带一路'沿线国家已经成为中国对外直接投资新的增长点。截至 2018 年底，中国超 2.7 万家境内投资者在全球 188 个国家（地区）设立对外直接投资企业 4.3 万家，全球 80% 以上国家（地区）都有中国的投资。"2020 年，中资企业对"一带一路"沿线 58 个国家非金融类直接投资 177.9 亿美元，同比增长 18.3%，占同期总额的 16.2%，较上年提升 2.6 个百分点；在沿线国家新签承包工程合同额 1414.6 亿美元，完成营业额 911.2 亿美元，分别占同期总额的 55.4% 和 58.4%。

《中国"一带一路"境外经贸合作区助力可持续发展报告》显示，截至 2018 年 9 月，中资企业在 46 个国家在建初具规模的境外经贸合作区 113 家，113 家合作区累计投资 366.3 亿美元，入区企业 4663 家，总产值 1117.1 亿美元，上缴东道国税费 30.8 亿美元。

总的看，"一带一路"沿线国家已经成为中资企业对外投资的重要目的地，成为中国基建、装备、技术、服务和品牌的重要市场。中资企业也为沿线国家完善基础设施、提高生产能力、加快产业发展、扩大就业机会、改善民生福祉作出了实实在在的贡献。

（三）支撑体系不断完善

中国充分发挥政策性、开发性和商业性金融作用，发起设立超过1200亿美元的中非、中哈、中拉、中巴产能合作基金等金融平台，推动各类金融机构采取多种方式支持产能合作项目，对重大产能合作项目应贷尽贷、应保尽保，为企业开展产能合作提供有力支撑。例如，到2020年10月，中国国家开发银行累计完成共建"一带一路"专项贷款合同签约4312亿元等值人民币，发放贷款3105亿元等值人民币；到2019年4月，中国进出口银行"一带一路"执行中项目已超过1800个，贷款余额超过1万亿元人民币；2019年中国出口信用保险公司承保中资企业面向"一带一路"沿线国家的出口和投资超过1338亿美元。

同时，中国充分发挥有关部门、地方政府、驻外使馆、行业协会、中介机构等多方面的积极性，为企业开展国际产能合作提供外交、商事、信息、培训、法律等各类优质公共服务。

（四）投资环境逐步改善

中国不断深化"简政放权、放管结合、优化服务"改革，提高中资企业对外投资便利化和规范化水平，督促中资企业遵守东道国法律法规，引导中资企业积极履行社会和环境责任。截至2018年底，中国已与56个沿线国家签署了双边投资协定，与55个沿线国家和地区签署了避免双重征税协定，并且积极商签标准化合作协议、签证便利化协议等各类合作文件，促进资本、技术、人员等要素有序流动和优化配置，降低中外企业制度性交易成本，共同为中外企业开展产能和投资合作营造良好政策环境。同时，中国坚持共商、共建、共享原则，与沿线国家共同应对各类风险挑战，加大领事保护力度，推进双边执法合作，有力保障中外企业和公民合法权益。

三、中国与"一带一路"沿线国家产能合作主要特征

（一）产能合作质量不断提升

理性投资的回归使得"一带一路"产能合作步入正轨。早前持续增长

的境外投资在凸显中资企业"走出去"步伐加快的同时，少部分企业也存在"脱实向虚"、借投资来转移资产等非理性对外投资现象。基于此，中国政府从2016年开始对过热情绪、动机不良的对外投资加强引导和监管，有效推动对外投资回归理性。另外，对外承包工程业务发展也表明，随着国际产能合作顶层设计完善，一批国际产能合作项目相继投产，国际产能合作已经从顶层战略布局迈向项目落地生根，这也在一定程度上促进对外投资转向更加追求项目落实与收益的务实阶段。

（二）产能合作领域向价值曲线高端环节延伸

中国与"一带一路"沿线国家产能合作从传统行业产能输出走向传统与高端产业并举。以往的产能合作，以基建领域的对外承包工程，轻工、家电、纺织服装传统劳动密集型产业和钢铁、电解铝、水泥产业等富余产能为主。随着"走出去"中资企业和项目的增加，以高铁、核电、电子信息为代表的高端制造开始走出国门，特别是高端装备制造业的境外直接投资持续增长，表明国际产能合作的层次开始由加工制造环节为主向合作研发、联合设计、市场营销、品牌培育、管理咨询等价值曲线的高端环节延伸。

例如，马中关丹产业园是中马两国政府直接倡议并推动的重大合作项目，是中国在马来西亚设立的第一个国家级产业园区。马来西亚马中关丹产业园每年110万吨焦化工程是中马两国政府合作共建的"一带一路"重点项目，也是国际产能创新合作的示范性项目。

（三）产能合作地域进一步宽泛

"一带一路"已成为全球国际产能合作的重要阵地。"一带一路"沿线大部分国家受制于基础设施建设不足，相应产业发展缓慢，是中国大量优势产能、制造业的主要投资合作地。随着"一带一路"倡议的推进，对外承包工程快速签订和落地，中国钢铁、水泥、有色等富余产能在沿线规模化向外输出，轨道交通、风电设备、电子信息等优势产能装备加快"出海"，亚洲基础设施投资银行、丝路基金等金融服务机构也配合产能合作相继设立。国际产能合作作为"一带一路"建设的重要抓手和平台，正在加速带动中国装备、技术、服务、标准和品牌的"走出去"，推动"一带一路"的互利共赢。

第二节　创造合作共赢新篇章：丝路青年积极参与 "一带一路"产能合作

丝路青年是"一带一路"产能合作的中坚力量，是相关项目的推动者、策划者、执行者和受益者，并打造了一批示范项目和形成了若干成功经验，得到了沿线国家社会各界的广泛认可和赞誉。

一、丝路青年参与中国与"一带一路"沿线国家产能合作示范园建设运营

案　例

中阿产能合作示范园：青年建设者打造重点产能合作项目

中阿（联酋）产能合作示范园是落实习近平主席和阿联酋领导人重要共识、服务国家"一带一路"建设的重大合作项目，位于阿联酋阿布扎比港哈利法工业区内，一期为 2.2 平方千米，二期预留用地 10 平方千米，距离阿布扎比市中心 60 千米，距迪拜市中心 80 千米，示范园将着力发展高端装备、精细化工、光伏能源、商贸物流和金融服务等产业。

示范园由江苏省中江国际集团牵头，联合江苏省 4 个国家级开发区组建江苏省海外合作投资有限公司，负责示范园投资开发和建设运营。公司团队成员平均年龄 30 岁，80% 的成员具有海外学习工作经历，并组建示范园青年突击队，秉承"为江苏争光，为祖国添傲"的胸怀志向，奋勇拼搏，攻坚克难，努力推进示范园建设发展水平走在前列，该团队荣获 2019 年"江苏青年五四奖章集体"。2018 年 7 月，习近平主席在阿联酋主流媒体发表署名文章，指出产能合作迈出历史性步伐，设在哈利法港临港工业

区的中阿产能合作示范园进展良好。

目前，该示范园已经被中国国家发展改革委明确为全球首家"一带一路"产能合作园区。到 2020 年末，示范园管理服务中心大楼正式通过验收，取得竣工证明，生活服务区项目一期工程全面封顶，定制化厂房项目一期工程厂房钢结构主体封顶，园区道路完成试通车。

中资企业在境外投资建设的境外经贸合作区逐渐发展为产能合作示范区和试验田。境外经贸合作区是以企业为主体，以商业运作为基础，以促进互利共赢为目的，主要由投资主体根据市场情况、东道国投资环境和引资政策等多方面因素进行决策。投资主体通过建设合作区，吸引更多的企业到东道国投资建厂，增加东道国就业和税收，扩大出口创汇，提升技术水平，促进经济共同发展。

截至 2021 年 5 月，由中资企业在境外设立并通过商务部确认考核的合作区共 20 个，分布在"一带一路"沿线国家，成为中国与"一带一路"沿线国家产能合作和对外投资的重要平台。

表 8　通过确认考核的境外经贸合作区名录

序号	合作区名称	境内实施企业名称
1	柬埔寨西哈努克港经济特区	江苏太湖柬埔寨国际经济合作区投资有限公司
2	泰国泰中罗勇工业园	华立产业集团有限公司
3	越南龙江工业园	前江投资管理有限责任公司
4	巴基斯坦海尔—鲁巴经济区	海尔集团电器产业有限公司
5	赞比亚中国经济贸易合作区	中国有色矿业集团有限公司
6	中国·埃及苏伊士经贸合作区	中非泰达投资股份有限公司
7	尼日利亚莱基自由贸易区（中尼经贸合作区）	中非莱基投资有限公司
8	俄罗斯乌苏里斯克经贸合作区	康吉国际投资有限公司
9	俄罗斯中俄托木斯克木材工贸合作区	中航林业有限公司

续表

序号	合作区名称	境内实施企业名称
10	埃塞俄比亚东方工业园	江苏永元投资有限公司
11	中俄（滨海边疆区）农业产业合作区	黑龙江东宁华信经济贸易有限责任公司
12	俄罗斯龙跃林业经贸合作区	黑龙江省牡丹江龙跃经贸有限公司
13	匈牙利中欧商贸物流园	山东帝豪国际投资有限公司
14	吉尔吉斯斯坦亚洲之星农业产业合作区	河南贵友实业集团有限公司
15	老挝万象赛色塔综合开发区	云南省海外投资有限公司
16	乌兹别克斯坦鹏盛工业园	温州市金盛贸易有限公司
17	中匈宝思德经贸合作区	烟台新益投资有限公司
18	中国·印尼经贸合作区	广西农垦集团有限责任公司
19	中国印尼综合产业园区青山园区	上海鼎信投资（集团）有限公司
20	中国·印度尼西亚聚龙农业产业合作区	天津聚龙集团

案 例

柬埔寨西哈努克港经济特区：特色产业发展和校企合作吸纳青年产业工人

柬埔寨西哈努克港经济特区（SSEZ）是由江苏太湖柬埔寨国际经济合作区投资有限公司与柬埔寨国际投资开发集团有限公司在柬埔寨西哈努克省共同开发建设的经济特区，也是"一带一路"产能合作标志性项目，旨在为企业搭建"投资东盟，辐射世界"的集群式投资平台，得到了中柬两国领导人的高度肯定。2016 年 10 月，习近平主席出访柬埔寨期间，在署名文章中特别指出"蓬勃发展的西哈努克港经济特区是中柬务实合作的样板"。

在发展定位上，SSEZ 实行产业规划与当地国情的深度融合，工业一期以纺织服装、箱包皮具、木业制品等为主要发展产业，工业二期将发挥临港优势，重点引入五金机械、建材家居、精细化工等产业。到2020年末，SSEZ已有企业166家，吸纳超过万名青年产业工人就业，区内企业全年实现进出口总额15.65亿美元，比2019年同期增长26.52%。

在致力于搭建国际产能合作平台的同时，SSEZ携手无锡商业职业技术学院在当地共建培训中心。到2018年末，无锡商业职业技术学院已选派28名优秀青年教师赴SSEZ培训中心，举办培训13期、28个培训班，涉及市场营销、会计、企业管理、对外汉语、商务英语等10余门课程，累计培训中东青年员工3万余人次。借此平台，无锡商业职业技术学院还通过政校企合作，开展订单式留学生教育，推进中东职业教育合作。

案 例

海尔—鲁巴经济区：青年人才促进海尔国际化布局与本地化运营

海尔—鲁巴经济区由中国海尔集团和巴基斯坦鲁巴公司共同出资，以海尔在巴基斯坦的工业园为基础扩建而成，这是中国在境外正式挂牌的首个经济贸易合作区，目前拥有数十名中国常驻青年技术人员和3000多名巴基斯坦青年员工。海尔实施本土化创新，最大化地满足巴基斯坦消费者需求，成为巴基斯坦第二大家电品牌和第一大外资家电品牌。

考虑到巴基斯坦人喜欢使用毛毯、穿大袍子，当地家庭主妇一次要清洗多件大件衣物，海尔青年工程师在园区生产线对洗衣机工艺做了改良，扩大洗衣容量，并针对当地电压不稳、时常断电的情况给洗衣机增添"自动启动"功能，让洗衣机能够在恢复电力供应后自动工作。

海尔巴基斯坦青年员工谢赫扎德的工作是在流水线组装冰箱，经过海尔中国青年工程师的传帮带，已成为为数不多能够操作所有生产线的骨干员工。谢赫扎德认为："在同中方技术人员相处过程中，我学到了很多，现在我的收入足够养活一家八口人。我和中国朋友相处得很愉快，我很满意我的工作。"

进一步分析，海尔是国际产能合作的中国典范，海尔产品已经遍及世界 160 个国家和地区，超过 10 亿用户的用户群，形成全球最大用户群体。其一，海尔是中国拥有全球品牌布局的企业，分布四大洲，包括海尔、卡萨帝、统帅、美国 GE Appliances、新西兰斐雪派克、日本 AQUA、意大利 Candy 等，实现对全球市场、多消费层级的覆盖。其二，通过建立开放研发体系，高效对接全球创新资源，上万名青年技术人员持续开拓创新，海尔成为中国在海外专利布局最多的家电企业，发明专利占比、海外专利数量、PCT 国际专利申请量均居行业第一，将研发触角延伸到世界各地。其三，海尔在全球有最全面的生产布局，建有 25 个工业园，122 个工厂，其中 54 个在海外，分布在各国的海尔工厂在世界范围内形成其全球化供应链的重要一环。其四，海尔在全球建有 108 个营销中心，形成在全球范围最广泛、最深入的品牌营销体系。海尔坚持自主创牌，一开始就在海外布局服务系统，在全球建有 7200 个服务中心，覆盖全球大部分国家，是第一个实现全品类服务流程搭建的中国家电企业。

案　例

中国·埃及苏伊士经贸合作区：培养本地青年骨干锻造竞争力

中国·埃及苏伊士经贸合作区是埃及唯一的经济特区，已累计吸引了 77 家企业入驻，投资额超 10 亿美元，带动产业就业岗位 3 万余个，初步形成以宏华钻机和国际钻井材料制造公司为龙头的石油装备产业园区、以西电—EGEMAC 高压设备公司为龙头的高低压电器产业园区、以中纺机无纺布为龙头的纺织服装产业园区、以巨石玻璃纤维公司为龙头的新型建材产业园区、以牧羊仓储公司为龙头的机械制造类产业园区在内的五大产业布局，快速形成产业集群效应。

中国·埃及苏伊士经贸合作区一直是中非产能合作的典范。比如，500千伏以上的超高压变压器技术只被中国在内的少数国家掌握。中国西电在埃及成立合资公司西电—伊吉麦克公司，积极推进本土化战略，不仅招募的员工都是土生土长的埃及人，公司还组织相关培训，提高青年工人的业务能力和技术水平。艾哈迈德·贾迈勒是西电—伊吉麦克公司变压器部总装班班长，刚到公司工作时，对制造变压器几乎一无所知，公司把这批埃及青年工人送去中国西电进行专门技术培训。如今的艾哈迈德已经成长为一名技术熟练、经验丰富的变压器部工人。

巨石埃及玻璃纤维股份有限公司是目前中国在埃及实体投资最大的工业项目。巨石公司入驻埃及苏伊士经贸合作区后，实现每年20万吨的玻璃纤维产能，并且被销往世界各地。原先并不是玻璃纤维生产国的埃及，也借此一跃成为世界第五大的玻璃纤维生产国和出口国，实现产业从零起步的跨越。巨石埃及公司副总经理艾哈迈德·苏莱伊曼认为："埃及有丰富的制造玻璃纤维的原材料，但是在巨石来这里设厂之前，埃及对这些原材料的利用率非常低。巨石来这里设厂可以说确实是一个双赢举措。巨石在这里获得原材料，而大量原材料则变废为宝。"

值得关注的是，尽管中国巨石集团在埃及投入巨大，前期制造成本跟中国生产基地相比，并没有明显优势。不过，随着埃及公司产能持续增加，成本优势逐渐凸显。此外，埃及和欧盟之间玻璃纤维的贸易是零关税，至少能省去30%左右税费，规避部分国家的反倾销贸易措施。时间成本也是大幅缩减，埃及拥有得天独厚的区位优势，不仅可覆盖欧盟和土耳其市场，还能辐射整个中东和非洲地区，以往从中国出口玻璃纤维到欧洲，需要一个月的时间，而从埃及出口只需要一周。

案　例

乌兹别克斯坦鹏盛工业园：输出中国管理经验，
培养优秀乌方青年员工

乌兹别克斯坦鹏盛工业园位于乌境内的锡尔河州，由中国温州市金盛贸易有限公司投资建设，是首个中国民营企业在乌兹别克斯坦投资并被两国政府认可、批准的项目。目前，园区已入驻 10 家企业，主要从事瓷砖、皮革、鞋类、龙头阀门、卫浴、宠物食品等产品生产，现有员工总数约 1500 人，包含 1300 余名乌本土青年员工。

作为中亚的人口大国，乌兹别克斯坦国内市场对瓷砖、鞋、水龙头等消费型产品就有着旺盛需求，而乌国独特的区位优势也为产品出口到中亚、独联体地区乃至欧洲创造了良好条件。乌兹别克斯坦拥有丰富的自然资源、优惠的能源价格、高性价比的劳动力资源和较为广阔的市场规模，中国投资方拥有相对成熟的技术以及充裕的资本，双方产能合作迅速使得园区生产的优质瓷砖、水龙头、卫浴、宠物食品等都填补了乌兹别克斯坦本土生产的空白。

乌方青年员工受教育程度普遍较高，学习能力较强，通过专业培训能很快熟悉中国数控设备的操作，掌握浇筑、电焊等手工技术。另外，为进一步提升青年员工工作效率，园区实行规范化管理。一是从中国引入先进的指纹和面部识别系统用于科学记录青年员工考勤；二是实行计件工资调动青年工人生产积极性；三是实行"评优评先"机制，为优秀青年员工提供去中国接受培训和考察的机会；四是将工资与工龄挂钩，为青年员工提供长期稳定的就业保障，让青年员工安心为企业服务。

科学和人性化的管理为青年员工创造了良好的工作环境和氛围。园区负责人艾哈迈多夫认为："我经常和员工们打交道，总能看到他们脸上的笑容。现在，很多年轻人都自发学习汉语，经常和中方技术人员进行沟通和交流。和谐的工作氛围不仅促进了生产，也让两国员工的心紧密相连。"

在实现自身发展的同时，鹏盛工业园也始终履行企业社会责任。为给青年员工和周边居民提供一个健身休闲和文化娱乐的场所，鹏盛工业园和中国驻乌使馆共同出资在园区对面建设生态公园，配备400米标准塑胶跑道、足球场、泳池、篮球场、排球场以及各种健身器材。

二、丝路青年参与中资企业与"一带一路"沿线国家产能合作项目运营管理

案 例

河钢塞尔维亚公司：青年骨干助力老牌工厂焕发青春

成立于1913年的斯梅代雷沃钢厂，是塞尔维亚唯一一家国有大型支柱性钢铁企业，被誉为"塞尔维亚的骄傲"。然而一度辉煌的斯梅代雷沃钢厂，在经历过一段坎坷的发展之路后，到2016年已是举步维艰。2016年，中国河北钢铁集团收购斯梅代雷沃钢厂，重组为河钢塞尔维亚公司。

为了实现重组成功，河钢开展了务实有效的专班工作。一是先后派出11批次近200人老中青结合的雄厚技术管理团队，深入河钢塞钢产线对各系统、各工序存在的问题进行起底式专业诊断；二是组织河钢塞尔维亚公司与集团所属钢铁企业及欧洲先进企业进行全面对标，以"打造欧洲最具竞争力企业"为目标，完善技术改造方案，制定整体发展规划；三是组建银团为河钢塞尔维亚公司提供低成本项目融资，降低企业资金压力；四是投入

1.86 亿美元，相继启动多项技改项目和高炉煤气回收柜等新建项目，企业节能环保、质量效益水平稳步提升；五是发挥河钢国际全球化采购铁矿石的规模优势，以及在 110 多个国家开展商业活动的渠道优势，为河钢塞尔维亚公司稳定原料供应、扩大产品出口提供了巨大平台。

运营管理方面，河钢塞尔维亚公司坚持效益本地化、用工本地化、文化本地化，将主要收入投入到技术改造和规模提升，完全依照当地法律法规及文化习俗实施管理和经营。用工方面除了从河钢集团中国总部抽调 7 名管理人员和青年技术骨干组成高管团队外，其余全部为当地员工。河钢塞尔维亚公司成立仅半年，就结束了连续 7 年的亏损历史，实现 5000 多名员工收入稳定增长，成为塞尔维亚第二大出口企业和"一带一路"产能合作的样板工程。同时，河钢塞尔维亚公司为周边居民创造了更多新的就业机会，目前斯梅代雷沃市 20% 劳动力直接或间接围绕该公司工作。

案　例

新奥集团：青年人才促进公司在"一带一路"市场成功布局

中国新奥集团以"创建现代能源体系，提高人民生活品质"为使命，形成了贯穿下游分销、中游贸易储运和上游生产开采的清洁能源产业链和覆盖健康、文化、旅游、置业等领域的幸福生活产品链，业务覆盖中国 27 个省、自治区、直辖市的 209 座城市及东南亚、南亚、非洲、北美洲、大洋洲等地区。在全球有雇员近 5 万名，年经营收入超过 1600 亿元人民币。

作为新奥创新策源地，新奥能源研究院拥有煤基低碳能源国家重点实验室、海外高层次人才创新创业基地、国际科技合作基地、国家认定企业技术中心等科研平台，建有大型产业化示范基地,拥有青年科学家担任院长的500多人的专业化科研团队,其中海外高层次人才20多名。截至2020年底,先后承担国家"973"和"863"计划、国家科技支撑项目、国际科技合作项目、国家重点研发计划等30多项,累计申请专利2000多项,其中申请发明专利1200多项,已授权专利1500多项,其中已授权发明专利700多项。

新奥集团负责人认为:"在'一带一路'倡议中,将清洁能源作为未来绿色丝绸之路的重要依托,那么能源合作将是一个重要支持,新奥将依托30年积累的经验,以及我们自主创新技术,深化我们在沿线国家的技术和产业合作,在全球绿色低碳全新格局当中扮演好我们的角色。"可以说,新奥集团成功经验在于拥有自主创新技术,布局越南、老挝、缅甸、柬埔寨等"一带一路"沿线国家,开展综合能源解决方案以及泛能业务。

在新奥进入越南市场前,越南主要能源以煤炭为主,随着新奥进入以及该国清洁生产需求,当地企业开始更多使用燃气,而新奥依托中国市场30年运营经验,为企业用户构建安全、稳定的液化石油气供应系统。目前,新奥整套燃气供应系统已覆盖越南多个工业园区,企业年用燃气量超过5万吨。同时,早些年的越南燃气市场没有统一大型分销商,民用燃气以销售小钢瓶为主,新奥带来全新服务方式,将煤气罐变为管输液化石油气,安全、稳定的燃气供应获得当地消费者认可,目前该公司运营管理约50座民用气站,超过1.5万家都市区居民用上新奥燃气。

而支撑越南市场快速发展的,除了自主创新技术,还有新奥集团年轻的中方青年管理团队与本土化团队的高效融合、协同发展。越南城市燃气公司(新奥集团在越南的公司)负责人认为:"我们的客户也体验到了新奥的专业性,在许多方面,包括设计、建设、运营和安全,也让他们降低生产成本和提高生产效率,同时提高产品质量,因此新奥越南公司也获得良好口碑。"

案　例

华孚：布局"一带一路"市场重视选用和培养当地青年工人

中国是世界最大的纺织品生产国、消费国和出口国，并在棉纺、化纤、服装和家纺等领域有丰富经验。"一带一路"沿线国家的相关企业可以充分利用与中国纺织服装企业的互补性，实现共赢。通过海外投资与并购，不同企业间的合作将对原料、设计、品牌、市场等资源重新整合，提高相关国家相关产业的附加值。随着"一带一路"倡议与越南"两廊一圈"规划的深入对接，华孚、申洲国际、雅戈尔等一批批中资企业纷纷在越南投资建厂。

以华孚为例，华孚结合"一带一路"倡议，根据全球知识和生产要素结构，进行全球投资布局，规划形成全球开发、全球营销、全球制造、全球采购、全球营运的"五全"布局，生产基地覆盖中国东部、新疆及越南等沿线国家和地区，实现自有纱线产能200万锭，年产纱线30万吨。华孚是较早到越南投资的中资企业之一，到2019年，华孚在越南总投资额达3亿美元，年产纱锭28万锭、染色2万吨，成为华孚在东南亚地区"全能型快速反应"基地。

华孚越南工厂员工以当地青年为主。新入职的越南大学生都要进入生产一线，深入学习每一道工序。华孚中方设计员手把手教授越南员工每一道操作，与越南员工分享新产品设计理念。"90后"越南员工陈氏碧簪在产品开发中心产品设计室工作，大学专业为纺纱专业，尽管获得了其他就业机会，还是选择来到离家较远的华孚工作。她认为："我们同班7个同学，都在华孚工作。除了花园式的优美环境，我们更看中这里的培训经验和职业发展。中资企业给我们带来了资金、技术以及创新理念，这让我们受益匪浅。"

案　例

奇瑞汽车：年轻员工打造符合年轻人审美观的优质产品

2013年以来，中国奇瑞汽车集团积极响应"一带一路"倡议，加快全球化布局，在乌克兰、俄罗斯、埃及等沿线国家加大布局。经过多年深耕，奇瑞与"一带一路"沿线大部分国家的合作伙伴建立了长期友好合作，在俄罗斯、埃及等重点市场成为当地知名汽车品牌。

目前，奇瑞在建立了中国芜湖总部、上海及欧洲、北美、中东、巴西等全球研发基地、10个海外生产基地以及1500余家海外经销商和服务网点，海外总产能达20万台/年，产品出口全球80多个国家和地区，其中包括46个"一带一路"沿线国家和地区。同时，奇瑞还通过技术合作、产品合作等方式布局欧美市场。

2020年，奇瑞出口汽车超过10万辆，同比增长15%。2020年也是奇瑞"走出去"的第20年，累计出口汽车近170万辆，连续17年保持中国乘用车出口量第一的纪录。据奇瑞预测，到2025年，公司将实现汽车年出口50万辆、出口额达到50亿美元的战略目标。

公司成立以来，技术奇瑞的标签在自主品牌中颇受关注。从最早拥有自主产权动力系统开始，奇瑞就已经决定了坚持技术为核心的发展道路。而发展到现在，奇瑞的自主产权更是多点开花，除了动力系统，还涵盖生态平台、智能互联等方面的内容。在奇瑞，年轻的设计师有着充分的发挥空间，公司管理层对年轻设计师十分信任，"只有年轻人才能打造出符合年轻人审美的产品"成为奇瑞的企业文化之一。近年来，奇瑞在研发上的投入占比高达收入的7%，到2018年底，奇瑞累计申请专利1.7万多件，授权专利达1.1万多件，位居汽车行业前列。

奇瑞负责人认为:"一个品牌的长期发展,最重要的还是要回归到产品、服务、态度,给当地带来的支持,就是最大的品牌。"在"一带一路"市场,奇瑞大力推行属地化经营,不仅进行属地化生产、采购,还积极推进合作伙伴到海外工业园区发展。例如,奇瑞在伊拉克成立了散件组装工厂,不仅派中国青年技术工程师牵头在当地组建生产团队和培训技术工人,还成立合资公司负责营销等运营环节,帮助当地建立汽车工业和促进经济发展。

案 例

华坚:打造样板型、高效能当地青年团队

江西赣州华坚国际鞋城有限公司是一家集研发、贸易、皮革制造、鞋材制造、鞋机配套等于一体的多元化、集团化中高档真皮女鞋制造企业,拥有47条现代化制鞋生产线,年产超过2000万双,是中国最大的女鞋制造商之一。

作为传统制造业,华坚集团在中国经营发展面临劳动力价格上升、资源环境压力等多方面因素影响下,启动了"走出去"开拓市场的战略步伐。2011年,华坚赴埃塞俄比亚投资,成立华坚国际鞋城(埃塞俄比亚)有限公司,将自身的产能优势与埃塞生产要素成本优势相结合,创造了在非洲最穷的国家生产出美国最主流的女鞋的神话。华坚目前在当地建成9条现代化制鞋生产线和配套的鞋材厂,主要生产GUESS等世界知名品牌,具备年生产出口女鞋240万双以上的产能。

埃塞俄比亚的失业率高达46%。华坚在埃塞拥有员工近5000人,其中埃塞籍青年员工4800人。兴建工厂不仅为当地解决了就业难题,还为经济发展、出口贸易打下基础。华坚产品出口量占埃塞国家出口总量的60%,成为埃塞最大出口企业,使

当地皮革品出口量增长 57%。

在埃塞华坚鞋厂，每周一的员工早会，当地工人们都会排起整齐队伍，和中方管理层一起打着拍子，字正腔圆、气氛欢快地唱起《团结就是力量》。这一幕如中国人熟悉的中学时代出早操一样。厂里的员工 80% 来自埃塞俄比亚各地农村，大多没有上过高中。而用歌声来消除文化隔阂，这是华坚中方管理团队想出来的办法。华坚负责人认为："这些员工多为 20 出头的年纪，正是读书、学本事的时候。他们非常喜欢我们，对中国这种包容分享的发展理念和经济发展模式，心底里都有深深的认同感。"为了加深对中国的认同感和好感，华坚不遗余力地将埃塞俄比亚的年轻员工送到中国东莞总部和华坚赣州技术学校学习，一批批学成归来的埃塞青年员工已经在重要的岗位上挑起大梁。

华坚还通过设立基金方式，促进非洲青少年女性的健康、促进艾滋病预防与控制，并且在企业成立相应的关怀委员会提升对青少年和女工的人文、健康关怀。

华坚集团在埃塞俄比亚的投资，改变了世界对中国企业的看法。法新社、美联社、CNN、BBC 都做了报道，称赞其为"中国改变对非洲投资方式"，"是中国帮助埃塞俄比亚发展经济的一种方式，值得美国学习"。

第三节 丝路青年参与"一带一路"国际产能合作面临的主要挑战与对策建议

一、当前"一带一路"国际产能合作面临的主要挑战

"一带一路"倡议作为一项具有长期性、复杂性、风险性的系统工程，

面临特殊的地缘政治环境，中国在与沿线国家开展产能合作的时候，不仅面临着更为复杂的风险，而且由于部分领域和企业自身机制、技术与国际化能力存在不足，使得产能合作之路充满荆棘挑战。

（一）"一带一路"沿线国家政治、社会、市场环境复杂多变

"一带一路"国家多数属于发展中国家，经济发展水平和工业化程度比中国要低，多数国家主权信用状况不佳。"一带一路"涉及全球多个高风险地带，地区局势紧张、恐怖主义、极端主义势力及跨境犯罪等问题在部分"一带一路"沿线国家较为集中。同时，许多"一带一路"沿线国家对内还面临领导人交接、民主政治转型、民族冲突等多重矛盾。一些沿线国家贸易保护主义抬头，关税及非关税壁垒、零部件本地化生产政策、本地工厂生产产品享受银行特别贷款优惠利率成为阻止外来者的常用手段。沿线国家地区的多民族、多文化、多语言和多宗教信仰，对中资企业的产能合作项目建设和运营构成挑战。少部分西方和沿线国家媒体大肆渲染"中国威胁论"，有意制造敌对意识，增加了中国对外产能合作的交易成本。

尽管中国"走出去"过剩产能都是优质产能，并非淘汰的落后产能，短期内中国的钢铁、水泥、建材、化工等产业，转移到工业化程度较低的沿线国家受到欢迎，但是长期内潜藏着巨大的环境保护风险。

部分沿线国家市场趋于规范，产能合作壁垒提高。比如阿联酋、南非、越南、博茨瓦纳、赞比亚等沿线国家出台了一系列反垄断调查政策，当地政策规章复杂，工程项目招投标过程透明度增加，给中资企业产能合作带来潜在的"政策陷阱"，对中资企业进入非洲市场提出了更高的资质要求、产品（服务）质量标准。以莫桑比克为例，该国新一轮石油开采就是通过国家石油公司在伦敦向全球企业招标，对所有企业一视同仁。

近年来，中资企业面临着发达国家、发展中国家越来越残酷的竞争。美、日、德、法等发达国家也加大了对部分沿线国家贷款规模，并在一些制造业领域与中国争夺市场，日本、韩国、巴西、土耳其等企业在沿线国家市场与中资企业竞争激烈。

（二）中国与沿线国家部分产能合作领域制度环境和技术标准不兼容

中资企业"走出去"必须要面对与国内迥异的制度环境，但部分企业只是在中国市场陷入过饱和和增长乏力的背景下，被动实施国际产能合作。由于缺乏充分准备，简单派遣中国青年员工赴沿线国家以拓展市场的形式推动产能合作，并未考虑如何深耕当地市场，加之不熟悉国外商业习惯、法律环境和缺乏国际项目经验，短视行为和经验不足导致项目落地困难、企业被罚、运营亏损等情况。一些沿线国家虽然自身技术能力较弱，但是推崇欧美的工业技术和标准，中资企业进入面临巨大压力。中国高铁、核电等重大装备设施，以及智能化、自动化的生产基地、园区"走出去"成效显著，但由于沿线国家对工业信息安全技术与产品的重视程度不匹配，中国高科技装备缺乏与之相配套的安全防护产品与服务。

另外，"一带一路"产能合作项目投资体量大，建设运营周期较长，需要当地政府大力支持，因而不少中资企业的产能合作方案重点偏向当地政府或者执政党关注的投资额、就业、税收等经济指标，但往往缺乏与当地社区、民众的有效沟通，没有讲清楚项目如何普惠大众，容易遭遇当地反对党的阻击以及社会层面的抵制。

（三）中资企业国际化能力不足成为重要短板

近年来，一些中资企业受限于国际化能力不足，遭遇了巨大损失。比如，部分中国汽车企业对各国市场的特征和规则尚待深入了解，在品牌形象维护、知识产权保护、外方违约责任追究、反倾销诉讼等方面自我保护能力不足。部分中国工程机械企业关键技术和关键零部件依赖发达国家企业，售后服务因市场布局滞后也受到制约。部分钢铁企业由于技术水平不高、国际商务谈判能力差，在国际钢铁市场饱和的情况下被迫挤在狭窄的市场内，主要投资集中在上游矿产资源开发环节，中游冶炼环节对外投资较少。

中资企业在"一带一路"产能合作中遇到的问题，很大程度上与具有国际化视野的人才队伍，尤其是中高级经营管理人才和技术人才匮乏有关。跨国产能合作涉及各国法律、汇率、财会制度及各种复杂因素，而中资企业只有拥有完备的熟悉国际市场分析、商务规则、法律法规、投融资管理、项目管理等人才队伍，才能在错综复杂的国际市场中生存壮大。

二、丝路青年参与中国与"一带一路"产能合作对策建议

在中国市场相对饱和的情况下，在全球范围实现产能合理流动与资源优化配置，寻求规模增长和效益提升，已成为优秀中资企业自主升级的战略选择，也符合国际产业发展客观规律。在全球产业链上，中国优势产业的富余产能具有设备先进适用、技术成熟可靠、性价比高等突出优势，以领先技术转移输出、劳动密集型产业转移、资本密集型产业转移和基础设施建设四轮驱动来满足沿线国家及国民的需求，有利于沿线国家尽快形成产业配套和支撑，增强自主发展能力，实现"1＋1＞2"的乘数效应，构筑以中国为"头雁"的全球价值链"新雁阵"共赢发展模式。

（一）建立完善丝路青年参与产能合作的顶层设计与支持服务体系

当前，中国开展"一带一路"产能合作将进入提速增效的新阶段，必须始终坚持以企业为主体、市场为导向，按照国际惯例和商业原则，企业自主决策、自负盈亏、自担风险。中国政府要加强统筹协调，制定发展规划，改革管理方式，提高便利化水平，完善支持法规政策，营造良好环境，为企业开展国际产能合作创造有利条件。

例如，推动与有关国家已签署的共同行动计划、自贸协定、重点领域合作谅解备忘录等双边共识的尽快落实。制定相应的促进与支持政策措施，包括对中资企业开展海外投资与合作项目可以给予所得税优惠和关税优惠鼓励；制定相应的金融、保险促进与支持政策措施；制定相应的外贸与援外促进与支持政策措施；建设"一带一路"产能合作情报网络体系、重大项目库，向中资企业提供及时准确的境外商务信息。

再如，充分考虑中资企业在沿线国家青年员工的特殊情况，中国政府部门和相关企业要制定薪酬、福利、社保、安全保障、婚姻、家庭、社交、教育、医疗健康、心理辅导等配套政策，确保中国青年员工安心工作、安全工作和快乐工作。由于中资企业在沿线国家产能合作的时间相对不长，设立的企业和工厂多处于起步发展期，招聘当地员工以青年劳动力

为主,中资企业要积极对接当地人才、就业等相关法规政策,做到合规经营,履行社会责任,加强当地青年员工的薪酬保障、订单式职业教育、跨文化管理和社区融入,将发展模式由相对低端的资源驱动升级为以人为本的人才驱动。

中国有关地方政府应把产能合作作为本地区重要的国际合作战略,编制专项政策规划,强化"全球化思维"以及"组合拳"支持。建立跨省市、跨境"一带一路"产能合作协调机制、合作联盟、社会组织,协调促进企业间、项目间的业务合作,避免恶意竞争。各级政府部门可综合运用业务补助、增量业务奖励、资本投入、创新奖励等区域性特色扶持方式,探索组建各种类型的产能合作基金,引导金融机构和外贸综合服务企业等为企业提供融资服务。探索"一带一路"、中非十大合作计划等国家战略的本土转化和落地。

加大力度培育中介服务机构,支持中资会计师事务所、律师事务所、投资银行以及证券公司、征信、评级机构等中介机构"走出去",为中国与"一带一路"产能合作提供相关服务。支持高校科研院所、企业、社会组织等组建"一带一路"产能合作智库,加强沿线国家世情、国情、社情、民情和产业、民生等实证研究,为沿线国家政府部门、中资企业"走出去"、相关产能合作项目公司提供培训、咨询、设计、市场分析等智库服务。

(二)提高中资企业产能合作的国际化能力

中资企业不能因为不熟悉"一带一路"沿线国家市场和本地化员工不足,只是利用沿线国家自然资源优势,进行低附加值的资源开发和销售,将沿线国家作为中国市场的原材料基地。而是要根据市场需求和企业战略有序拓展"一带一路"产能合作,内部培养、外部延揽、轮岗交流、系统培训等多举措结合,尽快建立老中青结合的多元化海外用人机制,大力实施"中高级管理人才国际化,基层管理人才及操作人员本土化和年轻化"的人力资源战略,引进具有国际经营能力、熟悉国际运营模式的高级人才,同时不拘一格降人才,敢于将责任、重担和重要岗位交付于青年骨干,尤其是利用外籍青年员工的语言和熟悉当地市场的优势,推动产能合作落地见效。

中国有关政府部门、高校、科研院所、教育机构、社会组织要加强熟悉沿线国家风土人情、语言文化、政治经济的"当地通"专业人才培养，并通过援外培训、企业委培、技能培训等方式，加强对沿线国家"中国通"培养。引导中国孔子学院、孔子课堂、高校、中国"走出去"企业自办培训机构、沿线国家教育机构开设产能合作普及性课程，在商科教育、企业管理培训设置产能合作人才培养方向和专题课程，并为留学生教育、职业教育、就业培训等丝路青年人才培训提供支持和资助，培养更多认同中国和中资企业、爱岗敬业的丝路青年工程师、产业工人、管理人员。

推动更多中国民营企业、中小企业组建战斗力强、敢于创新的青年国际团队，探索在全球配置要素资源和生存发展，学习沿线国家语言，尊重当地文化，遵守当地法律和国际通行规则，秉承互利共赢合作理念，积极履行企业社会责任，规范运作，建立完善的风险管理机制，由小规模、碎片化的国际贸易向"贸易畅通＋产能合作"的国际化转型升级。支持中国大型企业加大沿线国家与主业相关的产业链投资建设，加速布局全球市场。中资企业进入沿线国家市场要加强与当地政府、新闻媒体、社会组织、公关公司、保安机构、社区机构打交道，主动履行社会责任，做好事、善事。尤其是要加强与当地高校、青年组织、中介组织交流合作，为当地青年提供更多就业、学习、扶贫、助残等针对性公共服务，树立中资企业正面形象，提高当地人和丝路青年的获得感和认同感。

（三）建设高水平的"一带一路"产业园区，促进丝路青年人才集聚发展

基建先行已经为中国与"一带一路"沿线国家产业合作开辟了道路，而建设高水平的产业园区则可以带动中国与沿线国家更紧密的产能合作与优质要素资源集聚。借鉴深圳特区、苏州工业园区、泰达开发区等产城景智融合的中国经验，以"资源换项目"、港口特许经营权、设立区域市场节点等多种形式，引导中国能源、基建、制造业等大型企业在沿线国家开展产业园区建设，吸引"走出去"的中资企业（尤其是中小企业）入园，共享优惠政策及金融、法律、培训、财务、人才等公共服务，实现安全、高效、集聚、抱团发展。

　　例如，华坚在埃塞俄比亚已形成规模化经营，享有当地重点企业的各项优惠政策和公共服务支持。以华坚埃塞俄比亚工厂为基础设立华坚国际轻工业城，吸纳华坚上下游中小企业入园形成研发生产配套，以及中国浙江、江苏、粤港澳大湾区的轻纺织企业组团在园区设厂，享受与华坚同样的政策和服务支持，进而实现全产业链配套和抱团快速发展，共同建设更大规模、国际化服务能力更强的工业园区，为中资企业在埃塞俄比亚和非洲发展壮大创造有利条件。

结语
中国与"一带一路"沿线国家青年交流
合作前景与展望

　　全球资源短缺、环境污染、生态危机、气候问题、能源危机、自然灾害、重大传染病风险、战争风险等问题和挑战频发，更加把人类命运休戚与共地捆绑在一起。面对命运与共的"百年未有之大变局"，唯有坚定不移地推动高质量全球化，全球合作治理，共建人类命运共同体。2020 年 9 月，习近平主席在第七十五届联合国大会一般性辩论上的发言指出："让世界多样性成为人类社会进步的不竭动力、人类文明多姿多彩的天然形态。"中华民族伟大复兴既是中华文明竞争力比较优势的体现，也是 5000 年中华文明在当今世界创造性传承的独有价值体现。尤其是中华文明讲仁爱、重民本、守诚信、崇正义、尚和合、求大同等独特元素是中华文明融入世界、引领世界的重要原因。

　　2019 年 4 月，在第二届"一带一路"国际合作高峰论坛期间，习近平主席发表了系列重要讲话，阐述如何高质量共建"一带一路"。习近平主席强调："无论是顺境还是逆境，无论前方是坦途还是荆棘，我们都要弘扬伙伴精神，不忘合作初心，坚定不移前进。我们都应该抱有这样一个信念：各国人民都应该拥有一个更加美好的未来，共建'一带一路'一定会迎来一个更加美好的世界。"可以说，"一带一路"建设促进构建"大变局"后的"新格局"，中国一定不是追求"霸权"或者"一家独大"的"零和游戏"，而是跨越西方文明中心主义、社会达尔文主义、"大国博弈论"、

"修昔底德陷阱",与沿线国家共同探索打造共商共建共享的人类命运共同体。

青年是国家的未来,也是世界的未来。2021年4月,习近平总书记在清华大学考察时提出:广大青年要爱国爱民,不断增强做中国人的志气、骨气、底气,树立为祖国为人民永久奋斗、赤诚奉献的坚定理想。要锤炼品德,矢志追求更有高度、更有境界、更有品位的人生。要勇于创新,以聪明才智贡献国家,以开拓进取服务社会。要实学实干,脚踏实地、埋头苦干,孜孜不倦、如饥似渴,在攀登知识高峰中追求卓越,在肩负时代重任时行胜于言,在真刀真枪的实干中成就一番事业。

在推动共建"一带一路"中,青年是中坚力量,拼搏和活跃在"一带一路"大街小巷、田间地头、沙漠戈壁的新时代青年正以匠心匠品绘就丝路未来。习近平主席多次强调青年在"一带一路"建设中的积极作用。例如,在纪念五四运动100周年大会上,习近平主席强调:"新时代中国青年,要有家国情怀,也要有人类关怀",并勉励青年"为推动共建'一带一路'、推动构建人类命运共同体而努力"。

《2021年"一带一路"青年发展报告》以"一带一路青年命运共同体与青年担当"为主题,聚焦梦想、责任、担当、合作、共享五大关键词,通过成就回顾、人物观点、案例总结、规律提炼、挑战分析、对策建议等多维度,全面解构了八年多来中国与"一带一路"沿线国家青年人文交流、民生合作、贸易合作、金融合作、数字经济、产能合作等六大方面的进展、挑战和建议,深度体现了丝路青年在政策沟通、设施联通、贸易畅通、资金融通、民心相通等"一带一路"建设的责任担当、创新实践和独特作用,给广大读者呈现了一部波澜壮阔的丝路青年奋斗史。

自2013年习近平主席提出"一带一路"这一重大倡议以来,中国已同171个国家和国际组织签署205份共建合作协议,共同开展了2000多个项目,推动共建"一带一路"沿着高质量发展方向不断前进。从中国倡议到全球共识,"一带一路"用八年多的发展历程见证了一个朴素的道理:"促进互联互通、坚持开放包容,是应对全球性危机和实现长远发展的必由之路。"愿景总是美好的,但"幸福是奋斗来的"。作为"一带一路"建设的中坚力量，丝路青年架起了东西方交流的通道、合作的纽带、和平的桥梁。本着共商共建共享三原则，丝路青年有责任担当，构建青年责任共同体；丝路青年有创新发展，构建青年利益共同体；丝路青年有共同愿景，构建青年命运共同体。从这个意义上说，“一带一路”就是这一代青年人的际遇和机缘、责任与光荣。

2019 年 4 月，习近平主席在第二届“一带一路”国际合作高峰论坛开幕式上指出：“我们要聚焦重点、深耕细作，共同绘制精谨细腻的‘工笔画’，推动共建‘一带一路’沿着高质量发展方向不断前进。”这为推动共建“一带一路”走深走实、实现高质量发展指明了前进方向和实践路径。从“大写意”到“工笔画”，意味着丝路青年参与“一带一路”建设从谋篇布局、探索试验转向走深走实，开始迈向高质量发展新阶段，必将面临更大机遇，承担更大责任。尤其是抗击新冠肺炎疫情、促进本国经济复苏振兴和构建人类命运共同体，是这一代丝路青年的历史使命和必答命题。

为此，我们建议：

一、政策沟通是推动“一带一路”建设的关键。要广泛倡导和建设青年友好型城市、青年友好型社会和青年友好型国家，推动更多丝路青年参与相关法律法规和政策规划的调研、设计、论证，有关法律法规和政策规划要体现青年权利、青年价值、青年责任和青年任务。尤其是要促进“一带一路”沿线国家青年法规政策的有效对接，以充分保障丝路青年的合法权益，有效促进丝路青年就业创业，引导丝路青年参与和分享“一带一路”建设红利。见微知著，要把共商共建共享原则落到实处和细处，将青年议题引入双边合作、三方合作、多边合作等各种机制中，提高国际合作的实效性。

二、设施联通是推动“一带一路”建设的基础。以高质量、可持续、抗风险、价格合理、包容可及为标准，以互联互通为目标，继续推进陆上、海上、空中、网上互联互通。要弘扬工匠精神、奋斗精神和国际主义精神，培养更多高素质丝路青年工程师，敢于将青年工程师放到基础设施建设的关键岗位、重要节点、攻坚任务中。要重视本地基础设施建设青年人才的选育用留，为沿线国家锻造百年精品工程和培养高质量基建人才。

三、贸易畅通是推动"一带一路"建设的动力。要坚定不移地支持和坚持多边贸易体制，加强双边和第三方市场合作，推进建设经济走廊、经贸产业合作园区，建设中欧班列、陆海新通道等国际物流和贸易大通道。沿线国家政府要为投资者、市场主体营造市场化、法治化、国际化的营商环境，促进贸易投资自由化和便利化，反对保护主义、单边主义和其他不符合世界贸易组织规则的措施，推动沿线国家进一步开放市场。支持丝路青年外贸人发挥创新意识，在贸易数字化和数字贸易化浪潮中勇于突破，大力发展数字贸易和跨境电商。引导数字世界的丝路青年投身数字经济就业创业，促进沿线国家数字基础设施提档升级和数字经济赶超发展。

四、资金融通是推动"一带一路"建设的引擎。要推动在沿线国家建设多元化融资体系和多层次资本市场，支持有关金融机构、多边金融机构、国际金融机构开展合作，包容和鼓励青年金融家产品创新、服务创新、模式创新、机制创新和科技创新，为"一带一路"建设项目提供多元化和可持续的融资支持、金融服务，以及要素优化配置支持。拓宽融资渠道，降低融资成本，更好地发挥开发性金融的作用，支持多边金融机构、沿线国家金融机构参与跨境投融资合作，让金融合作惠及更多丝路青年及其创办的企业。鼓励开展第三方市场合作、三方合作及 PPP 项目。大力发展金融科技，鼓励丝路青年为提高金融质效勇于开展原始创新、应用创新、平台打造和生态构建。

五、民心相通是推动"一带一路"建设的根基。要促进丝路青年以及不同文化和文明间的对话交流、互学互鉴。广泛开展内容丰富、形式多样的人文交流活动和项目，重点在文化、艺术、教育、体育、旅游、科技等领域进一步开展交流合作，培养更多高素质的知华、友华、亲华的丝路青年和具有国际视野、国际主义精神的中国青年。

参考文献

1. 艾渺:《"一带一路"基础设施建设步履不停》,《中国对外贸易》2020 年第 2 期。

2. 包兴安:《创新融资合作框架 国际性"一带一路"专项投资基金发展迅猛》,《证券日报》2021 年 3 月 19 日。

3. 北京师范大学文化创新与传播研究院课题组:《"一带一路"沿线七国青年对中国文化认知的调查》,《光明日报》2017 年 8 月 24 日。

4. 本刊编辑部:《非洲:学会汉语,好找工作》,《丝路百科》2019 年第 7 期。

5. 毕超、努尔别克:《"一带一路"上的"电保姆"》,《丝路百科》2019 年第 3 期。

6. 陈文玲:《"一带一路"将为人类带来更加美好的明天》,《全球化》2019 年第 12 期。

7. 陈小茹:《这些青年,因"一带一路"而改变——第二届"一带一路"国际合作高峰论坛采访侧记》,《丝路百科》2019 年第 4 期。

8. 陈昭:《以"一带一路"建设推动贸易高质量发展》,《中国发展观察》2019 年第 21 期。

9. 程琼森:《丝路青年国际行》,《丝路百科》2018 年第 1 期。

10. 董鲁皖龙、焦以璇:《为沿线国家培养技术技能人才,助力中国企业"走出去"——服务"一带一路"教育在行动》,《中国教育报》2019 年 4 月 25 日。

11. 范伊伊:《人道、人情和人心——"一带一路"上的国际社会民生建设》,《丝路百科》2020 年第 8 期。

12. 冯博:《"一带一路"的跨文化认同》,《丝路百科》2020 年第 10 期。

13. 燕元、李昱:《他们的初心,温暖澜湄腹地——北京大学澜湄可持续与青年志愿者项目纪实》,《北京大学校报》2019 年 9 月 30 日。

14. 郭朝先、邓雪莹、皮思明:《"一带一路"产能合作现状、问题与对策》,《中国发展观察》2016 年第 6 期。

15. 韩静:《中国青年志愿者海外服务计划——做中外友谊的民间使者》,《小康》

2015 年第 20 期。

16. 何屹：《藤蔓计划：架起外国人才与中国企业对接桥梁》，《科技日报》2019 年 9 月 11 日。

17. 侯彦全、程楠、侯雪、康萌越：《准确把握 "一带一路" 背景下国际产能合作新特征》，《中国经济时报》2017 年 8 月 9 日。

18. 侯云龙：《阿里巴巴助力非洲拥抱数字经济》，《经济参考报》2018 年 9 月 7 日。

19. 贾平凡、张盼、刘峣：《人文交流 促中外民心相通》，《人民日报》（海外版）2019 年 3 月 14 日。

20. 姜国权：《中文能力建设推动高质量共建 "一带一路"》，《丝路百科》2020 年第 10 期。

21. 姜志达、王睿：《中国与中东共建数字 "一带一路"：基础、挑战与建议》，《西亚非洲》2020 年第 6 期。

22. 康德纳：《"一带一路" 促就业具有全球意义》，《中国中小企业》2017 年第 6 期。

23. 柯闻：《海外版望海楼：当 "一带一路" 遇上 "青年"》，《人民日报》（海外版）2017 年 5 月 4 日。

24. 雷露、唐春辉：《选择援非，"医路" 精彩》，《"一带一路" 报道》2020 年第 2 期。

25. 李玉坤：《"一带一路" 给当地带来哪些创业机会？听听非洲小哥怎么说》，《新京报》2020 年 9 月 8 日。

26. 李玥：《我给留学生批改作文》，《丝路百科》2019 年第 7 期。

27. 梁玉春：《绘制 "一带一路" 精谨细腻的 "工笔画"》，《经济日报》2019 年 6 月 20 日。

28. 林跃勤、郑雪平、米军：《重大公共卫生突发事件对 "一带一路" 的影响与应对》，《南京社会科学》2020 年第 7 期。

29. 刘畅：《阿里巴巴：平台效应助力 "一带一路"》，《新京报》2019 年 4 月 24 日。

30. 刘刚：《"一带一路" 产能合作带来发展新机遇》，《人民日报》2019 年 4 月 18 日。

31. 刘利民：《主动服务 "一带一路" 倡议，打造职教交流合作升级版》，《丝路百科》2020 年第 2 期。

32. 刘娜、刘山山：《努力推进 "一带一路" 建设下中外文化交流》，《丝路百科》2019 年第 1 期。

33. 刘须宽：《警惕 "世界百年未有之大变局" 的几个理解误区》，《观察与思考》2021 年第 3 期。

34. 刘洋、黎川：《放大数字化战 "疫" 效应，加快杭州数字经济高质量发展》，《杭州（周刊）》2020 年第 6 期。

35. 刘洋：《数字经济稳促扩升新发展格局》，《经济》2020 年第 10 期。

36. 刘洋：《消费金融论：如何应对消费新时代和金融大变局的中国方案与全球路径》，北京大学出版社 2018 年版。

37. 刘洋：《直播经济引领新经济高质量发展》，《民生周刊》2020 年第 13 期。

38. 陆洋、史志钦：《如何提升"一带一路"高校智库质量和运行效率》，《丝路百科》2019 年第 6 期。

39. 吕扬：《西外为"一带一路"建设培养人才》，《陕西日报》2021 年 3 月 31 日。

40. 马建堂：《构建"一带一路"产能合作网络》，中国发展出版社 2020 年版。

41. 史志钦、王垦：《以"一带一路"教育合作助力国际教育援助》，《"一带一路"观察》2020 年第 12 期。

42. 丝路青年论坛秘书处：《丝路青年愿做"一带一路"建设的科技文化交流使者——丝路青年座谈学习习近平主席在第二届"一带一路"国际合作高峰论坛上的重要讲话精神》，《丝路百科》2019 年第 4 期。

43. 苏晖阳：《为共建"一带一路"注入青春力量》（新论），《人民日报》2019 年 6 月 12 日。

44. 孙敬鑫：《"一带一路"的亮丽成绩单》，《今日中国》2020 年第 12 期。

45. 唐任伍、刘洋：《浙非产能合作发展报告 2016》，经济科学出版社 2016 年版。

46. 田士达：《中国为非洲减贫树立了榜样》，《经济日报》2021 年 4 月 7 日。

47. 推进"一带一路"建设工作领导小组办公室：《共建"一带一路"倡议：进展、贡献与展望》，《人民日报》2019 年 4 月 23 日。

48. 王碧清：《"一带一路"青年说》，《中华儿女》2019 年第 6 期。

49. 王碧清：《中国建设银行湖南省分行国际业务部青年团队：以心相交，助力湘企跨越山海》，《中华儿女》2021 年第 3—4 期。

50. 王超：《中国古代丝绸之路的概念、特点及其对"一带一路"建设的启示》，《华北电力大学学报（社会科学版）》2019 年第 1 期。

51. 王浩：《为全球减贫贡献中国伟力》，《瞭望》2021 年第 2 期。

52. 王晶晶：《"一带一路"国际产能合作成果丰硕》，《中国经济时报》2018 年 5 月 16 日。

53. 王文、郭方舟：《逆势增长：疫情期"一带一路"进展评估》，《丝路瞭望》2021 年第 1 期。

54. 吴建国：《华为团队工作法》，中信出版社 2019 年版。

55. 吴艳荣：《打造"一带一路"建设样板工程——写在习近平总书记视察河钢塞钢两周年之际》，《河北日报》2018 年 8 月 20 日。

56. 邢丽菊：《推进"一带一路"人文交流：困难与应对》，《国际问题研究》2016年第 6 期。

57. 熊立：《网龙：中国数字教育撬动国际"朋友圈"》，《丝路百科》2019 年第 8 期。

58. 徐弘毅：《广州宝汉直街"焕新法"》，《环球》2019 年第 16 期。

59. 徐咏秋、侯兴明：《大医精诚，带着银针火罐去援非》，《一带一路报道》2020年第 3 期。

60. 徐照林、朴钟恩、王竞楠：《"一带一路"建设与全球贸易及文化交流》，东南大学出版社 2016 年版。

61. 严瑜：《〈中国诗词大会〉等综艺节目在海外的"化学反应"》，《人民日报》（海外版）2017 年 3 月 23 日。

62. 严瑜：《为全球减贫事业创造中国样本》，《人民日报》(海外版)2021 年 3 月 2 日。

63. 杨东平：《在"一带一路"建设伟大事业中书写青春华章》，《丝路百科》2019年第 1 期。

64. 杨海霞：《基础设施多方合作将更加重要》，《丝路百科》2021 年第 9 期。

65. 杨阳、王雪迎：《和"一带一路"共同成长 两百多青年扎根阿拉山口海关》，《中国青年报》2019 年 12 月 23 日。

66. 杨正位：《丝绸之路的历史功能与当代启示》，《丝路百科》2018 年第 1 期。

67. 於航、张冉玥：《缅甸留学生黄娇娇：一颗"中文心"，十载燕园情》，《丝路百科》2019 年第 6 期。

68. 於航：《伊朗中文博士好麦特的"解密"人生》，《丝路百科》2019 年第 5 期。

69. 袁莲、崔丽：《青春在"一带一路"上飞扬——记中石油工程建设公司海外项目的年轻人》，《中国青年报》2020 年 10 月 28 日。

70. 袁野：《听十国青年讲述"一带一路"创业故事》，《青年参考》2020 年 12 月 25 日。

71. 袁勇：《资金融通：形式多样 成果斐然》，《经济日报》2018 年 9 月 10 日。

72. 展明锋：《以语言传播推动文明互鉴》，《丝路百科》2019 年第 7 期。

73. 张国庆：《产能合作应成"一带一路"重点领域》，《东方财经》2019 年第 2—3 期。

74. 张敬宜：《"建"证一带一路 传递青春力量》，《丝路百科》2019 年第 2 期。

75. 张耀军：《"一带一路"研究回顾与展望》，《光明日报》2019 年 2 月 18 日。

76. 张耀军：《大力发展"一带一路"数字经济》，《光明日报》2018 年 4 月 26 日。

77. 赵白鸽：《金融科技与"一带一路"》，《中国金融》2019 年第 9 期。

78. 赵磊：《中国公共卫生外交的实践与特征》，《丝路百科》2020 年第 8 期。

79. 赵萌：《"一带一路"资金融通多元化格局初现》，《金融时报》2019 年 5 月 20 日。

80. 郑晓明：《"一带一路"建设中的劳务合作与就业效应》，《中国发展观察》

2019 年第 8 期。

81. 朱宇：《战胜酷热"烤"验，金风科技送电巴基斯坦》，《丝路百科》2019 年第 7 期。

82. 朱玥颖、尚凯元：《"将'一带一路'建成创新之路"——记首届"非洲青年科技人员创新中国行"》，《人民日报》2019 年 5 月 8 日。

83. 邹磊：《制度型开放新探索》，《丝路百科》2020 年第 7 期。

专题报告

专题一

"一带一路"建设引领教育国际化：中国与沿线国家高等教育交流合作的实践、案例、挑战与建议

刘洋 ①、袁军 ②、黎川 ③

　　习近平主席提出："国之交在于民相亲，民相亲在于心相通。"高等教育在推进中国与"一带一路"沿线国家民心相通，尤其是丝路青年交流合作中既具有黏合剂、催化剂和润滑剂的作用，又具有基础性、先导性和"润物无声"的人文交流属性。总体来看，不少沿线国家高等教育特色鲜明、资源丰富、互补性强，合作空间巨大。中国制定了《推进共建"一带一路"教育行动》等系列顶层设计文件，对接沿线国家教育需求和合作意愿，互鉴先进高等教育经验，共享优质高等教育资源。通过加强教育政策沟通和衔接，促进沿线国家语言互通、学历学位互认、人才培养培训、建立合作机制和平台等举措，中国在沿线国家打造了一批基础性、支撑性、引领性的高等教育合作项目，持续推动沿线国家高等教育提速发展，培养

　　① 刘洋，研究员，中国国际经济合作学会数字经济工作委员会专家委员会主任，中国国际电子商务发展联盟主任委员，中国区块链与产业金融研究院院长。

　　② 袁军，博士后，美国密苏里州中西大学、长江大学客座教授，中国教育科学研究院兼职研究员，国内 10 所民办本科大学董事。曾任职教育部师范司、教育部中央教育科学研究所、新东方教育科技集团、中国长城资产管理公司。

　　③ 黎川，丝路青年论坛研究人员。

更多投身"一带一路"建设的高素质丝路青年人才，为沿线国家经济复苏和振兴提供了坚实的人才支撑，也为"一带一路"建设不断厚植民意根基。

一、"一带一路"沿线国家高等教育发展现状

"一带一路"沿线国家经济社会发展程度和水平差异大，涵盖了发达国家、新兴发展中国家和欠发达国家，部分国家还饱受经济衰退、政治动荡、气候恶劣、生态破坏的冲击，以及人口规模和结构、就业需求和就业创造的限制，因而高等教育发展不平衡不充分较为严重，高等教育发展水平参差不齐，但是各国政产学研各界仍然普遍形成了"重视高等教育发展与合作，培养高素质青年人才"的共识，并制定了一系列支持高等教育发展的法规政策。从高等教育普及率指标看，沿线国家的高等教育又可分为精英教育、大众教育和普及教育三个类型。

精英教育指的是高等教育毛入学率在15%以内的沿线国家（11个，占沿线国家总数的15%），仅有少数适龄青年可以进入高校学习，呈现较为严重的教育不公平现象。除了卡塔尔外，其余沿线国家为经济欠发达的发展中国家，经济落后，教育发展基础薄弱，高校数量少且教育服务能力不足。例如，阿富汗的高等教育毛入学率仅有3.7%，仅为高等教育毛入学率最高国家希腊的3.2%，这与该国多年来饱受战乱之苦紧密相关。另外，卡塔尔由于石油资源丰富，产业单一，过去对高素质人才需求相对较少，加之受宗教、文化影响，女性受教育率偏低，造成其高等教育毛入学率相对较低。但是，近年来卡塔尔资源型经济加速转型，以优惠政策和政府扶持引进著名外国大学建立分校，以此来提高本国的高等教育和科研水平。

大众教育指的是高等教育毛入学率在15%—50%的沿线国家（29个，占沿线国家总数的40%），涵盖发达国家、发展中国家和欠发达国家，合计拥有世界500强高校26所。这些沿线国家政府对高等教育更加重视，发展基础较好，更多适龄青年可以通过考试、推荐等方式获得受高等教育的机会。

普及教育指的是高等教育毛入学率在50%以上的沿线国家（33个，

占沿线国家总数的 45%），涵盖发达国家和发展中国家，合计拥有世界 500 强高校 152 所。除了蒙古国是由于人口基数较少、政局相对稳定而实现了高毛入学率，其余沿线国家政府高度重视发展高等教育，办学基础设施、教学科研条件、校园管理、招生就业等多处于优良水平，保证了该国适龄青年获得充分且可选择面较广的高等教育机会。

表 1-1 "一带一路"沿线国家高等教育类型、毛入学率、知名高校 ①

序号	类型	高等教育毛入学率区间	国家	高等教育毛入学率	2020 年世界 500 强高校
1	精英教育	<15%	阿富汗	3.7%	无
2			肯尼亚	4%	无
3			土库曼斯坦	8%	无
4			乌兹别克斯坦	8.9%	无
5			巴基斯坦	9.8%	无
6			也门	10.3%	无
7			不丹	10.9%	无
8			马尔代夫	13.2%	无
9			孟加拉国	13.2%	无
10			缅甸	13.4%	无
11			卡塔尔	14.3%	卡塔尔大学
12	大众教育	15%~50%	柬埔寨	15.8%	无
13			伊拉克	16.0%	无
14			尼泊尔	17.2%	无
15			老挝	17.7%	无
16			东帝汶	17.7%	无
17			斯里兰卡	18.8%	无
18			阿塞拜疆	20.4%	无
19			波黑	23.0%	无
20			塔吉克斯坦	24.5%	无
21			越南	24.6%	无

① 本表数据为公开文献整理而来，"知名高校"选取 2020 年世界 500 强高校。

序号	类型	高等教育毛入学率区间	国家	高等教育毛入学率	2020 年世界 500 强高校
22			印度	24.7%	印度理工学院孟买分校、印度科学学院、印度理工学院德里分校、印度理工学院马德拉斯分校、印度理工学院克勒格布尔分校、印度理工学院坎普尔分校、印度理工学院鲁尔基分校、印度理工学院古瓦哈提分校
23			文莱	25.4%	无
24			阿曼	28.1%	苏丹卡布斯大学
25			科威特	28.5%	无
26			叙利亚	31.0%	无
27			印度尼西亚	31.5%	加札马达大学、印度尼西亚大学、万隆理工学院
28	大众教育	15%~50%	埃及	32.9%	开罗美国大学
29			格鲁吉亚	33.1%	无
30			菲律宾	33.8%	菲律宾大学
31			阿联酋	35.0%	哈里发科技大学、阿联酋大学、沙迦美国大学
32			马来西亚	37.2%	马来西亚大学、马来西亚博特拉大学、马来西亚国民大学、马来西亚理科大学、马来西亚理工大学、泰勒大学、思特雅大学、马来西亚石油大学
33			马其顿	38.5%	无
34			巴林	40.4%	无
35			摩尔多瓦	41.3%	无
36			巴勒斯坦	45.6%	无
37			亚美尼亚	46.1%	无

续表

序号	类型	高等教育毛入学率区间	国家	高等教育毛入学率	2020 年世界 500 强高校
38	大众教育	15%~50%	约旦	46.6%	无
39			吉尔吉斯斯坦	47.6%	无
40			黎巴嫩	47.9%	贝鲁特美国大学
41	普及教育	>50%	泰国	51.2%	玛希隆大学、朱拉隆功大学
42			罗马尼亚	51.6%	无
43			斯洛伐克	53.6%	无
44			哈萨克斯坦	55.3%	国立哈萨克大学、国立欧亚大学、南哈萨克斯坦州立大学
45			黑山	55.5%	无
46			塞尔维亚	56.4%	无
47			匈牙利	56.7%	无
48			沙特阿拉伯	57.5%	阿卜杜勒阿齐兹国王大学、法赫德国王石油与矿产大学、沙特国王大学、麦加大学
49			伊朗	57.9%	沙里夫理工大学、阿米喀布尔理工大学
50			阿尔巴尼亚	58.5%	无
51			法国	59.5%	巴黎第九大学、巴黎高等理工学院、索邦大学、法国中央理工学院、里昂高等师范学院、巴黎高等路桥学院、巴黎政治学院、巴黎大学、巴黎第一大学、萨克雷高等师范学院、巴黎萨克雷大学、格勒诺布尔大学、斯特拉斯堡大学、波尔多大学

序号	类型	高等教育毛入学率区间	国家	高等教育毛入学率	2020 年世界 500 强高校
52	普及教育	>50%	德国	60.0%	慕尼黑工业大学、慕尼黑大学、海德堡大学、柏林洪堡大学、柏林自由大学、卡尔斯鲁厄理工学院、亚琛工业大学、柏林工业大学、德累斯顿工业大学、蒂宾根大学、弗莱堡大学、哥廷根大学、汉堡大学、波恩大学、达姆施塔特工业大学、科隆大学、曼海姆大学、法兰克福大学、埃尔朗根—纽伦堡大学、耶拿大学、斯图加特大学、乌尔姆大学、明斯特大学、美因茨大学、维尔茨堡大学、波鸿大学、康斯坦茨大学、萨尔大学、哈勒—维滕贝格大学、莱比锡大学
53			日本	61.5%	东京大学、京都大学、东京工业大学、大阪大学、东北大学、名古屋大学、九州大学、北海道大学、早稻田大学、庆应义塾大学、筑波大学、广岛大学、东京医科齿科大学、神户大学、横滨市立大学、千叶大学
54			克罗地亚	61.6%	无
55			蒙古	62.3%	无
56			意大利	62.5%	米兰理工大学、博洛尼亚大学、罗马第一大学、帕多瓦大学、米兰大学、都灵理工大学、比萨大学、那不勒斯腓特烈二世大学、圣拉斐尔大学、特伦托大学、佛罗伦萨大学

续表

序号	类型	高等教育毛入学率区间	国家	高等教育毛入学率	2020 年世界 500 强高校
57	普及教育	>50%	捷克	63.1%	布拉格查尔斯大学、布拉格化工大学、布拉格工业大学
58			拉脱维亚	66.4%	无
59			保加利亚	66.5%	无
60			以色列	66.5%	耶路撒冷希伯来大学、特拉维夫大学、以色列理工学院、本古里安大学
61			立陶宛	70.0%	维尔纽斯大学
62			波兰	71.5%	华沙大学、雅盖隆大学
63			比利时	72.1%	鲁汶大学、根特大学、布鲁塞尔自由大学、安特卫普大学、列日大学、哈瑟尔特大学
64			俄罗斯	76.1%	莫斯科国立大学、圣彼得堡国立大学、新西伯利亚国立大学、托木斯克国立大学、莫斯科物理技术学院、鲍曼大学、俄罗斯国立高等经济学院、莫斯科核子研究大学、俄罗斯友谊大学、乌拉尔联邦大学、莫斯科国立国际关系学院、圣彼得堡国立信息技术大学、喀山联邦大学、圣彼得堡理工大学、托木斯克理工大学、俄罗斯国立科技大学、远东联邦大学

续表

序号	类型	高等教育毛入学率区间	国家	高等教育毛入学率	2020年世界500强高校
65	普及教育	>50%	荷兰	77.3%	代尔夫特理工大学、阿姆斯特丹大学、万格宁根大学、埃因霍温理工大学、乌得勒支大学、莱顿大学、格罗宁根大学、伊拉斯姆斯大学、特文特大学、奈梅亨大学、马斯特里赫特大学、阿姆斯特丹自由大学、蒂尔堡大学
66			爱沙尼亚	78.0%	塔尔图大学
67			乌克兰	79.0%	哈尔科夫国立大学
68			土耳其	79.3%	科奇大学
69			斯洛文尼亚	84.4%	无
70			新加坡	86.6%	新加坡国立大学、南洋理工大学
71			白俄罗斯	92.9%	白俄罗斯国立大学
72			韩国	96.6%	首尔国立大学、韩国高等科技学院、高丽大学、浦项科技大学、延世大学、成均馆大学、汉阳大学、庆熙大学、光州科技学院、梨花女子大学、韩国外国语大学、韩国中央大学、东国大学、韩国天主大学、西江大学
73			希腊	116.6%	雅典国立科技大学

二、中国与"一带一路"沿线国家高等教育合作需求和主要进展

（一）"留学中国"成为丝路青年新热潮

在百年变局和世纪疫情交织叠加、世界经济复苏展露"晨曦"之际，习近平主席在博鳌亚洲论坛 2021 年年会上深刻阐明中国将继续做好构建"四个伙伴关系"和扮好"三种角色"，大力赋能世界经济复苏和经济全球化发展。习近平主席指出，我们要平等协商，开创共赢共享的未来；我们要开放创新，开创发展繁荣的未来；我们要同舟共济，开创健康安全的未来；我们要坚守正义，开创互尊互鉴的未来。"一带一路"是大家携手前进的阳光大道。我们将进一步建设更加紧密的卫生合作伙伴关系、互联互通伙伴关系、绿色发展伙伴关系、开放包容伙伴关系。中国将继续做世界和平的建设者、全球发展的贡献者、国际秩序的维护者。回顾改革开放 40 多年，中国坚定不移地奉行和推进贸易自由化与经济全球化，并在世界和平建设、全球治理、国际秩序和绿色可持续发展等许多领域作出了重大贡献。

2020 年，中国外贸进出口总额达到 32.16 万亿元，同比增长 1.9%，其中对"一带一路"沿线国家的进出口总额 9.37 万亿元，增长 1%。经济合作与发展组织公布的数据显示，2020 年全球外国直接投资（FDI）降至 15 年低点，但中国作为少数几个保持增长的主要经济体之一，取代美国成为全球第一大投资目的地，累计吸收外商投资 1444 亿美元，同比增长 4.5%；中国继续积极发展对外直接投资，2020 年，中国对外非金融类直接投资 1102 亿美元，其中对沿线国家非金融类直接投资 177.9 亿美元，同比增长 18.3%。

可以说，中国已成为外贸进出口、吸收投资、对外投资的主要经济体，更是全球经济复苏的重要引擎，充分彰显中国改革开放的巨大成就、巨大机遇和独特魅力，成为这个时代、这个世界的一道亮丽风景。尤其是随着"一带一路"倡议的不断推进，中国与沿线国家政策沟通、设施联通、

贸易畅通、资金融通、民心相通，为丝路青年带来庞大的就业创业机会，中国成就、中国道路、中国经验也深刻吸引和改变着更多丝路青年，学习中国、借鉴中国、合作中国成为越来越多丝路青年的诉求，来华留学意愿和人数持续增加，"留学中国"成为新热潮。来华留学生在中国学习、生活、实习、工作的经历使他们具有"贯通中外"优势，成为"一带一路"建设的"中国通"和民心相通的友好使者。

同时，按照坚持"扩大规模，优化结构，规范管理，保证质量"方针，中国建立了较为完善的来华留学招生、教学、管理、服务和就业的法规政策体系，形成了较为完善的政策链和服务链，提升了来华留学的吸引力，培养了一大批知华友华的国际丝路人才。

中国教育部数据显示，2019 年共有来自 202 个国家和地区的 39.76 万名各类外国留学人员，在中国的 31 个省、自治区、直辖市的 811 所高等学校、科研院所和其他教学机构学习，北京、上海、浙江位列吸引来华留学生人数省市前三位，而 2005 年全球来华留学生人数为 14.1 万人，15 年增长了约 2 倍。同期，"一带一路"沿线国家来华留学生人数自 2005 年的 3.3 万人增长至 2019 年的 21.51 万人，增长了约 5.5 倍。2019 年在中国学习的"一带一路"沿线国家留学生占来华留学生的比重为 54.1%，比 2016 年提高 7 个百分点。中国与俄罗斯双向留学交流人员规模突破 10 万人。上述数据表明，沿线国家来华留学人数规模、增速均在持续扩大，且增速高于其他国家和地区。

（二）中国到"一带一路"沿线国家留学人数逐年增长

中国教育部数据显示，2019 年中国出国留学人员总数为 70.35 万人，较 2018 年增加 4.14 万人，增长 6.25%，持续保持世界最大留学生生源国的地位；各类留学回国人员总数为 58.03 万人，较 2018 年增加 6.09 万人，增长 11.73%。1978—2019 年，中国各类出国留学人员累计达 656.06 万人，其中 165.62 万人正在国外进行相关阶段的学习或研究；490.44 万人已完成学业，423.17 万人在完成学业后选择回国发展。

值得关注的是，德国、法国、日本、韩国、荷兰、新加坡、印度尼西亚、印度、泰国、马来西亚等高等教育发展良好的"一带一路"沿线国家逐渐成为中国留学生的重要目的地。2017 年中国赴沿线国家留学人数为 6.61 万人，比 2016 年增长 15.7%，超过中国留学人员增速，其中国家公派 3679 人，涉及 37 个沿线国家。

（三）中国与"一带一路"沿线国家高等教育政策衔接与交流合作进一步加强

到 2020 年，中国与"一带一路"沿线国家和地区共签订上百份不同层次、类型的高等教育合作协议、关系协定、联合声明、合作备忘录等，主要涉及学历学位互认、教育交流合作、师生流动、合作研究和教育基金合作交流等领域。

中国已与 188 个国家和地区、46 个重要国际组织建立教育合作与交流关系，与 54 个国家签署高等教育学历学位互认协议，其中包括俄罗斯、乌克兰、埃及、哈萨克斯坦、波兰、泰国、印度尼西亚等 25 个"一带一路"沿线国家，占比 46.3%。

中国已与 41 个沿线国家签署 95 份教育交流与合作协议，与 7 个沿线国家签署师生流动、合作研究和教育基金合作交流协议，比如，中国与蒙古政府在教师志愿者选派、留学生交流、奖学金等领域分别签署合作协议；中国与以色列政府在高等教育政府部门合作、组建大学联盟等领域签署合作协议。

中国与沿线国家建立了双边、多边、官方牵头、民间自发组织的多层次、多类型、多样化的交流合作机制。

其一，中国与多个沿线国家政府、区域组织、高校联合举办高等教育合作论坛、峰会等活动，搭建人才培养、科学研究、产学研合作等政府间、高校间、社会组织间及跨机构间的合作平台，扩大教育开放，促进高等教育资源对接、学科对接、课程对接、人才对接。比如中国—东盟教育交流周、中阿（10 + 1）高等教育合作研讨会、"一带一路"教育交流国际论坛、中蒙高等教育发展论坛、中希（希腊）高等教育与研究合作研讨会等。

其二，中国与多个沿线国家举办了一系列大学校长论坛，分享大学创新精神、办学理念、校园文化，促进高校间交流合作，比如中以大学校长论坛、中印大学校长论坛、中印尼大学校长论坛、中波大学校长论坛、中国—东盟大学校长论坛、中国—中亚国家大学校长论坛等。

其三，中国与沿线国家组建多个大学联盟，搭建学术资源共享平台和协同创新共同体，建立联盟内教师、科研人员与学生交流机制，联合开展重点课题研究，共同培养具有国际视野的丝路青年人才，服务沿线国家经济社会发展。比如，2015 年，在甘肃省政府的倡议下，由兰州大学发起，8 个沿线国家和地区的 47 所高校联合发布了《敦煌共识》，在甘肃敦煌共同成立"一带一路"高校联盟，目前该联盟增加到 27 国、173 所高校，有效推动了联盟内大学之间在教育、科技、文化等领域的全面交流与合作。

再如，中国—中亚国家大学联盟包括 7 个国家的 51 所高校，旨在落实中国与中亚地区国家间有关教育合作的内容。一是倡导中国与中亚地区国家的高校建立联合培养大学生、学分互认、学生互换、合作办学等交流合作机制，重点鼓励联盟内高校开展本科、研究生层次的合作办学项目，颁发双方学历学位证书；二是支持联盟内高校及其科研机构在各领域开展多层次的交流与合作；三是传承中国与中亚地区青年之间的传统友谊，利用联盟内高校的学科优势、科研力量，实施中国与中亚国家师生长短期交流与互访相关项目。

同时，"一带一路"建设也有力推动了沿线国家和地区合作办学持续升温。"十三五"期间，中国教育部共审批和备案中外合作办学机构和项目 580 个，其中本科以上办学机构和项目 356 个。截至 2020 年底，中国现有中外合作办学机构和项目 2332 个，其中本科以上办学机构和项目 1230 个，中国国内本科以上中外合作办学在读学生已超过 30 万人，极大丰富了中国和沿线国家高校人才培养方式和机制，中国也成为世界一流大学的重要合作方。

表 1-2　中国在"一带一路"沿线国家创办高等教育机构典型案例

序号	中国高校 / 教育集团		"一带一路"国家及高校		合作	
	名称	性质	国家	院校	办学时间	类型
1	厦门大学	公办	马来西亚	厦门大学马来西亚分校	2016 年	境外独立办学英 / 中英语教学

续表

序号	中国高校/教育集团		"一带一路"国家及高校		合作	
	名称	性质	国家	院校	办学时间	类型
2	上海交通大学	公办	新加坡	上海交通大学新加坡研究生院	2019年	境外独立办学
3	大连海事大学	公办	斯里兰卡	与科伦坡国际航海工程学院合作创办大连海事大学斯里兰卡校区	2006年	联合办学 英语教学 联合管理
4	大连海事大学	公办	厄瓜多尔	与厄瓜多尔太平洋大学合作创办大连海事大学厄瓜多尔校区	2019年签约	联合办学 英语教学 联合管理
5	中教控股	民办	澳大利亚	澳大利亚国王学院	2019年	100%收购 独立办学 中方管理
6	希望教育	民办	马来西亚	马来西亚英迪大学	2020年	100%收购 境外办学 中方管理
7	希望教育	民办	泰国	泰国西那瓦大学	2021年	100%收购 境外办学 中方管理
8	宇华教育	民办	泰国	斯坦福国际大学	2019年	100%收购 境外办学 中方管理
9	广西外国语学院	公办	泰国	泰国西北大学	2020年	合作办学 境外办学 中/中英/中泰语教学 联合管理
10	北京理工大学	公办	俄罗斯	与莫斯科大学合作创办北理莫斯科大学	2016年	联合办学 中英俄三语教学 联合管理
11	汕头大学	公办	以色列	与以色列学院合作创办广东以色列理工学院	2016年	联合办学 中英双语教学 联合管理
12	闽江学院	公办	澳大利亚	与墨尔本理工学院合作创办福州墨尔本理工职业学院	2018年	联合办学 中英双语教学 联合管理

（四）中国政府为"一带一路"沿线国家来华留学生提供多样化奖学金支持

中国政府奖学金在引领来华留学教育、优化来华留学学历培养层次结构等方面发挥了重要作用，并向周边国家和"一带一路"沿线国家倾斜，成为中国国家战略人才和人脉储备的重要渠道。2016年，获得中国政府奖学金人数前10位的国家依次为巴基斯坦、蒙古国、俄罗斯、越南、泰国、美国、老挝、韩国、哈萨克斯坦、尼泊尔，"一带一路"沿线国家奖学金生占比90%。另外，中国政府奖学金对高层次人才的吸引力也在不断提升。2016年，中国政府奖学金资助的硕博研究生比例高达69%，且近年来该比例持续稳定在高位。2018年，沿线国家有40700多名学生通过接受中国政府奖学金来华学习，占到获奖学金学生总数的65%。

随着中国对沿线国家高等教育对外开放水平和程度不断提升，以及沿线国家来华留学生规模持续扩大，中国政府奖学金体系也在结构优化。例如，"一带一路"奖学金是中国国家发展改革委、外交部、商务部经国务院授权，于2015年3月28日在联合发布的《推动共建丝绸之路经济带和21世纪海上丝绸之路的愿景与行动》中提出，中国每年向沿线国家提供1万个政府奖学金名额。再如，2010年8月，第一届东盟—中国教育部长圆桌会议在中国贵州省贵阳市召开，提出：中国政府将连续10年为东盟国家每年提供1万名学生的奖学金，总计10万名学生将获得中方奖学金。到2020年末，该项目进展良好，有力促进了中国与东盟国家高等教育交流合作和人才培养。

另外，中国一些地方政府也设立了针对沿线国家的专项奖学金项目。比如，甘肃省设立丝绸之路专项奖学金，每年划拨500万元，主要用于资助丝绸之路沿线国家留学生来甘肃高校学习。北京市设立外国留学生"一带一路"奖学金项目，每年拟支持32个项目，用于吸引沿线国家全日制本科生或研究生来京学习。西南财经大学"一带一路"国际学生奖学金用于资助来该校攻读学位的沿线国家留学生，旨在培养具有国际化视野和熟知中国国情的财经精英。

三、中国与"一带一路"沿线国家高等教育合作面临的主要挑战

"一带一路"建设为中国参与全球高等教育治理，促进优质高等教育资源开发、共享和流动，推动教育国际化发展，提升高等教育服务国家战略和培养高素质人才带来巨大机遇。但是中国与沿线国家高等教育合作也面临着政治经济环境更趋复杂多变、部分合作项目尚处于起步阶段以及如何对接服务"一带一路"建设高质量发展等问题。

（一）复杂的全球经济社会宏观发展环境冲击高等教育对外开放

近年来，全球经济结构性下行压力加大，部分西方发达国家推行单边主义、保守主义，为全球化进程人为制造逆流，抹黑中国教育事业，给中国留学生增加不公平的签证、就读、科研、就业等限制，部分中国留学生在沿线国家还遭遇安全风险，既折射出全球化进程中的不均衡受益和逆全球化带来的结构性和体制性矛盾，也给中国高等教育对外开放带来负面影响。另外，部分沿线国家政局动荡、经济落后，依靠自身资源无力发展高等教育和改善民生，给中国与这些国家的高等教育合作带来不确定性风险。

（二）新冠肺炎疫情冲击沿线国家教育交流合作

新冠肺炎疫情在部分沿线国家大规模爆发和肆虐，导致大量高校停课、减少招生，转向替代性的在线教育，不少中国与沿线国家高等教育合作项目被迫暂停或者压缩办学规模。据公开数据，疫情影响全球近 16 亿学生正常学习，占全球学生总数的 94%，波及 99% 的低收入和中低收入国家。国际大学协会对全球 109 个国家和地区的 424 所高校调查表明，几乎所有参与调查的高校都表示受到疫情冲击，59% 的高校国际交流与合作被迫停止运行，超过 60% 的高校表示被迫采取网络教学，89% 的高校经受国际学生流动的挑战，80% 的高校表示科研受到影响。作为全球最大的留学生生源国和"一带一路"最大的留学目的地国，中国高校的教育教学和科学研究同样深受疫情困扰。尽管中国率先在疫情防控取得决定性胜

利,中国高校的教学科研活动、国际交流与合作也在逐步恢复,但是不少沿线国家仍然深陷疫情泥淖,中国难以独善其身,高等教育对外开放的广度和深度同样受到严重制约。另外,疫情还导致了深层次的社会问题,比如中国与沿线国家留学生的心理健康问题、严峻的学习生活环境、个人社交压力、就业失业压力等,以及因疫情滞留不能及时入境、回国带来的成本增加和安全风险。

(三)中国高等教育的办学能力、竞争力和话语权亟待提升

中国高等教育尚存在世界名校数量不多,不少高校国际知名度、特色化、竞争力和影响力不足等问题。在2020年世界500强高校名单中,中国有24家高校入围,低于德国(29家高校),在"一带一路"沿线国家中虽排名第二,但是与美国差距仍然较大,尤其是排名前10的世界顶级名校数量较少。

中国高等教育办学理念、教育资源主要为庞大的国内生源及产业结构配置,并随着中国经济社会发展实现学科、专业、课程等人才培养体系的相应调整。但是,由于沿线国家多为发展中国家,中国与沿线国家经济社会发展结构与阶段差异性较大,加之"留学中国"热潮也是近年逐渐兴起,中国高校的国际学生培养体系需要与"一带一路"建设、沿线国家经济社会发展的人才需求尽快实现有效衔接。像基建、工程、机械等服务工业化初期的专业对于中国学生的吸引力不断下降,社会就业需求也在减少,不少中国高校也在裁撤相关专业,互联网、大数据、人工智能、生物医药等前沿科技专业因其广阔前景受到中国高校和中国学生的热捧,但是上述专业在一些沿线国家的人才培养方向和重点上恰恰相反。中国与沿线国家人才培养需求存在差异,如何基于"一带一路"建设合作框架,构建精准匹配的合作机制,需要顶层设计和高校创造。

英语仍然是国际高等教育的通用语言。在推进"一带一路"高等教育合作过程中,除了要提升中国高等教育的英语普及面及能力素养外,还要加大中文的全球推广。截至2020年底,全球有70个国家将中文纳入国民教育体系,中国以外正在学习中文的人数约2500万,"十三五"期间全球参加HSK(中文水平考试)、YCT(中小学中文考试)等中文水平考试的人数达 4000 万人次，国际中文教育拥有广泛而坚实的基础。不过，中文教育服务"一带一路"建设仍较为薄弱，课程设置缺乏市场需求导向，很多中文学习者缺乏专业知识和技能，既能熟练运用中文、又深谙职业技能和熟悉当地市场的复合型语言人才远远不足。

四、新时代中国与"一带一路"沿线国家高等教育交流合作对策建议

（一）培养中文+复合型、国际化丝路青年人才

中国相关政府部门、高等教育联盟、教育类社会组织、高校要利用双边、多边的高等教育合作机制，结合自身办学条件、特色及学科专业资源，加快跨境教育资源优化配置，围绕"一带一路"建设和沿线国家经济社会发展需求设置学科专业、拟定招生规模、开展教学科研和就业创业服务，有序推进沿线国家丝路青年"留学中国"扩容提质，加快推进校企合作和产教融合，为中资企业订单式培养"一带一路"建设需要的高素质人才，尤其是要培养一批友华知华、精通沿线国家小语种、熟悉国际规则和当地情况、具有国际视野、善于在全球化竞争中把握机遇和争取主动的国际化人才。推动中国高校、孔子学院、孔子课堂、中文教育机构与沿线国家高校、中资企业合作，打造"中文+职业技能""中文+专业""中文+标志性项目"等多种学历教育和职业教育融合发展的人才培养形式，促进中文教育在沿线国家落地生根，融入常规化青年人才培养中。

（二）拓展中国与"一带一路"沿线国家优势学科专业的高等教育合作

不少沿线国家历史悠久、文化灿烂、高等教育特色鲜明且资源丰富，与中国存在较强的互学互鉴与交流合作空间。与美国、加拿大、英国等西方发达国家相比，沿线国家高等教育整体相对滞后，但是不乏知名高校和优势学科。例如，沿线国家有 178 所世界 500 强高校，俄罗斯、乌克兰、捷克、印度等沿线国家高校在数学、物理学、计算机、互联网等理工科，马来西亚、泰国等沿线国家在旅游、食品等服务类学科，新加坡、匈牙利

等沿线国家在经济类学科具有比较优势，与中国高校在人才培养、学科建设、科学研究、教师培养等方面有较大的合作空间。

中国有关政府部门应制定专项政策，支持中国高校在学科、专业等细分领域优化与沿线国家交流合作，实现优势互补和扩大合作实效。建立行业类、专业类、学科类"一带一路"高校合作联盟，构建双边、多边、区域、高校间的学历互认、学分互认、学位互授联授，以及课程学习、专业培养、实习就业、产学研合作等人才培养合作机制，提高沿线国家中外合作办学可持续效能。

（三）促进中国与"一带一路"沿线国家高等教育人文交流

国际教育、人文交流和学术交流是中国公共外交的重要手段，也是面向全球传播中国声音、汇聚中国精神、宣传中国道路、凝聚中国力量的重要战略举措。开展国际教育与学术交流，促进沿线国家公民之间的互相认识、互相理解、互相信任和共同合作，普及普惠提高沿线国家公民科学文化素质，已经成为解决人类共同面对的资源、环境、生态等全球性问题的重要机制。因此，在办好现有"一带一路"高等教育论坛、峰会、展览等品牌交流活动基础上，可以向更多沿线国家政府、地方机构、高校广泛拓展组织论坛峰会、展览展示、学术交流、人才培养、教师交流等多种形式的人文交流活动，引导更多中国和沿线国家教育主管部门、高校负责人、知名学者、青年学生双向交流，扩大高等教育国际朋友圈。

五、结语

结合"一带一路"建设释放的发展红利和产生的人才需求，中国政府和高校应以高等教育促进沿线国家民心相通，打造更多"一带一路"高等教育对外开放示范项目，建设教育对外开放新高地，优化中国学生出国留学结构，打造"留学中国"系列国际品牌，提升中外合作办学质量，创新中文＋国际教育，建立一批集人才培养培训、产学研合作和资源战略管理为一体的高水平丝路高校智库，积极参与全球教育治理，完善国际教育援助机制，争取沿线国家政府、社会各界、丝路青年、公众对中国高等教育的信任和信心，完善国际教育合作的风险共担与利益共享机制，聚力构建平等、包容、互惠、共赢的"一带一路"高等教育共同体，提升高等教育服务"一带一路"建设的覆盖面和效率效能。

参考文献：

1. 王焰新：《"一带一路"战略引领高等教育国际化》，《光明日报》2015年5月26日。

2. 刘志民、刘路、胡顺顺：《"一带一路"沿线73国高等教育大众化进程分析》，《比较教育研究》2016年第4期。

3.《教育部关于印发〈推进共建"一带一路"教育行动〉的通知》（教外〔2016〕46号）。

4. 李和章、林松月、刘进：《70年来中国与"一带一路"沿线国家的高等教育合作研究》，《河北师范大学学报（教育科学版）》2019年第5期。

5. 刘宝存、胡昳昀：《以高水平教育开放提升我国教育软实力》，《神州学人》2021年第5期。

6. 王聪聪、徐峰、乐斌：《新发展格局下我国对外高等教育合作的挑战与应对》，《宁波大学学报（教育科学版）》2021年第3期。

7. 蒋凯：《高等教育对外开放的挑战与战略选择》，《国家教育行政学院学报》2020年第12期。

专题二
丝路电商的商业模式、核心技术青年创造与高质量发展建议

杨东平 ①、刘洋 ②、邓超明 ③、黎川 ④

2020 年，受经济结构性下行叠加新冠肺炎疫情影响，全球经济陷入停滞、低迷的困境，但是中国在率先控制住疫情并有序复工、复产、复商、复市，经济企稳回升。在疫情大考之年，中国外贸总额和国际市场份额双双创下历史新高，其中跨境电商依托网络非接触交易，减少分销渠道且避免不必要的关税叠加，降低企业运营成本，受疫情影响相对较小，同时部分传统交易也因疫情"封城""封国"等阻断转至线上，使得跨境电商成为当下全球经济的亮点。

据中国海关总署数据，2020 年中国跨境电商进出口 1.69 万亿元，增长 31.1%，超万家传统外贸企业通过触网上云用数智赋实现提质增效，1800多个海外仓成为海外营销重要节点和外贸新型基础设施。同时，中国推出多项政策措施推进跨境电商发展，从跨境电商综合试验区扩围，到《中华

---

① 杨东平，丝路青年论坛副主席，丝路百科杂志社社长。
② 刘洋，研究员，中国国际经济合作学会数字经济工作委员会专家委员会主任，中国国际电子商务发展联盟主任委员，中国区块链与产业金融研究院院长。
③ 邓超明，中国国际经济合作学会数字经济工作委员会研究人员。
④ 黎川，中国国际经济合作学会数字经济工作委员会研究人员。

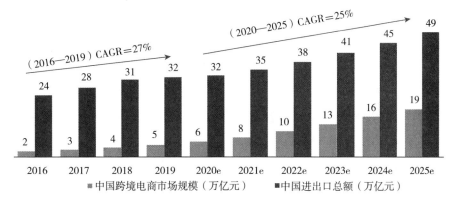

（2016—2019）CAGR＝27%

（2020—2025）CAGR＝25%

注释：报告所列规模历史数据和预测数据均取整数位（特殊情况：差值小于1时精确至小数点后一位），已包含四舍五入情况；
增长率的计算均基于精确的数值进行计算。
来源：国家统计局，专家访谈，根据艾瑞统计模型核算，艾瑞咨询研究院自主研究及绘制。

图 2-1　2016—2025 年中国跨境电商市场规模及中国进出口总额（图片来源：艾瑞咨询）

人民共和国电子商务法》等法规全面实施和海关监管新规出台，从外贸创
新发展实施意见出台，到区域全面经济伙伴关系协定签署等。可以说，跨
境电商已成为企业开展国际贸易的首选和外贸新业态创新发展的排头兵。

表 2-1　2020 年中国跨境电商重要政策和举措

序号	政策和举措	部门	时间
1	关于扩大跨境电商零售进口试点、严格落实监管要求的通知	商务部、发展改革委、财政部、海关总署、税务总局、市场监管总局	2020 年 1 月
2	关于跨境电子商务零售进口商品退货有关监管事宜的公告	中国海关总署	2020 年 3 月
3	推出增设跨境电子商务综合试验区、支持加工贸易、广交会网上举办等系列举措	中国国务院常务会议	2020 年 4 月
4	国务院关于同意在雄安新区等 46 个城市和地区设立跨境电子商务综合试验区的批复	中国国务院	2020 年 4 月
5	国家外汇管理局关于支持贸易新业态发展的通知	中国国家外汇管理局	2020 年 5 月
6	关于在全国海关复制推广跨境电子商务企业对企业出口监管试点的公告	中国海关总署	2020 年 6 月
7	加快推动跨境电商健康有序发展	中国商务部	2020 年 7 月

续表

序号	政策和举措	部门	时间
8	关于进一步做好稳外贸稳外资工作的意见	中国国务院办公厅	2020年8月
9	区域全面经济伙伴关系协定（RCEP）	中国、日本、韩国、澳大利亚、新西兰和东盟十国	2020年11月

习近平主席强调："要坚持创新驱动发展，建设21世纪的数字丝绸之路。"中国商务部负责人提出："将打造'网上丝路'，发展'丝路电商'，充分利用现代信息技术，扩大与相关国家的经贸往来……推进自由贸易区建设。"通过发展"丝路电商"促进"一带一路"贸易畅通、数字基础设施建设、数字经济和互联网平台经济融通发展，促进贸易网络化、数字化和便利化，推动电商＋物流、支付、金融、信息通信等多业态、新业态创新发展，成为建设数字丝绸之路的"关键一招"。

应该说，"丝路电商"迅速发展有利于搭建"海陆铁空网"线上线下融合的"一带一路"国际经贸方式，形成以互联网为经贸通道、信息技术为经贸提质、数据要素资源为经贸增效的共建共创共享的新蓝海市场，形成全球产供销在线高效协作的产业链、供应链和价值链，做深走实"一带一路"政策沟通、设施联通、贸易畅通、资金融通、民心相通。

另外，由于中国电子商务国际化起步相对较晚，不少细分领域仍然处于粗放式野蛮发展的态势，不少从业者对国际规则、语言、外贸等知识储备和运营经验不足，造成真正成功运营丝路电商的中国企业相对较少。但是，中国电子商务已形成全球最大规模的交易额、用户数、消费场景和生态体系，已具备以我为主，制定中国版规则标准，实施对外输出电商模式、运营经验和技术服务资源的能力。因而中国电子商务当下的发展逻辑是持续规范中国电商与对外输出经验、拓展海外市场并行。沿线国家也迫切需要借鉴中国经验，对接中国市场、中国电商平台、中国电商企业，发展本国电子商务，促进本国商品快速走向中国市场和国际市场。

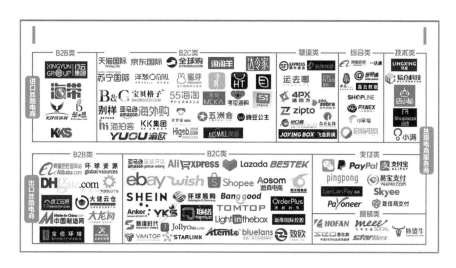

图 2-2　丝路电商产业图谱

2020 年，中国与 22 个国家"丝路电商"双边合作持续深化①，中国跨境电商已经覆盖"一带一路"沿线全部国家，俄罗斯、中东、南亚、东南亚等地区业已成为中国跨境电商发展新的增长点。通过中欧班列、空中丝绸之路构建跨境电商新通道，一批以沿线国家为目标细分市场的垂直跨境电子商务平台也在不断涌现。

一、丝路电商商业模式的青年创造盘点

据公开数据，中国跨境电商行业吸引着越来越多追求梦想的年轻人参与其中，企业高管团队、技术团队、业务团队多以勇于担当、敢于创新的青年人才为主。例如，据课题组抽样调查，中国跨境电商企业高管团队中，30—40 岁占比 58%，30 岁以下占比 31%，二者合计占比 89%；头部电商平台员工平均年龄多未超过 35 岁，2020 年阿里巴巴员工平均年龄为 31 岁、京东员工平均年龄为 30 岁。淘宝数据显示，2020 年疫情以

---

① 目前，与中国建立电子商务合作的国家包括：乌兹别克斯坦、瓦努阿图、萨摩亚、哥伦比亚、意大利、巴拿马、阿根廷、冰岛、卢旺达、阿联酋、科威特、俄罗斯、哈萨克斯坦、奥地利、匈牙利、爱沙尼亚、柬埔寨、澳大利亚、巴西、越南、新西兰和智利。

来，在淘宝开网店的创业者越来越多，平均每天有 4 万创业者涌入淘宝开新店，而这些店主的平均年龄只有 25 岁。从消费端看，19—40 岁的青年用户是中国进口跨境电商主力消费群体，占比高达 82.9%。与中国类似，"一带一路"沿线国家跨境电商同样是丝路青年创新创业的主赛道。

（一）平台型丝路电商

平台型丝路电商是涵盖商家、用户的第三方交易平台，通过构筑服务买卖双方的中介撮合、线上店铺展示交易系统、智能营销系统、数字支付、跨境物流、网络借贷等生态体系，吸引更多沿线国家商家和消费者在平台交易，形成用户流量、商品流通、资金融通等规模优势、品牌优势、场景优势、资本优势和生态优势，以及多样化的盈利模式。

知名平台型丝路电商有阿里巴巴国际站、天猫国际、速卖通、敦煌网、eBay、Amazon、Lazada、Shopee 等。平台型丝路电商基于全球市场布局，拓展丝路国家市场，输出在领导型市场的成熟经验（如阿里巴巴的"让天下没有难做的生意"、腾讯微商的"让天下人人均可做生意"），在"一带一路"沿线国家设立分站或者收购当地知名电商平台，邀请商家入驻和当地用户注册使用，从而将沿线国家纳入该平台的全球商品流、资金流和数据流，更好发挥协同效应和规模效益。

1. 案例 阿里巴巴：丝路青年创业者"让丝路没有难做的生意"

阿里巴巴丝路电商创新模式在于打造"大平台＋小企业＋创业者＋消费者的自由连接体与利益共同体"。互联网迅速普及带来社会化大协作和社会分工更加细化精准，凭借在中国市场形成的用户和业务体量、C 端成熟模式和淘宝、天猫先发优势，加之"巨平台＋海量市场末端"的利益均享模式，使阿里巴巴在中国市场实现年交易量 5 万亿、5 亿活跃用户、1000 万家淘宝店主和天猫商家等庞大业务规模，而电子商务等消费服务带来的支付、征信、贷款等金融服务需求，以及经营用户资源、流量资源对其他线上线下消费服务带来的营销效应，阿里巴巴又成功打造了基于数据要素资源的商业生态体系。复制中国市场经验，打造阿里巴巴丝路电商新版本，无疑是"新瓶装旧酒"的规模扩张。

阿里巴巴国际站成立于 1999 年，是阿里巴巴集团的第一个业务板块，现已成为全球最大的数字化贸易出口平台。阿里巴巴国际站累计服务 200 余个国家和地区的超过 2600 万活跃企业买家，2018—2020 年企业买家的复合增长超过 100%。阿里巴巴国际站的跨境电商模式主要是通过技术创新和流量资源扩容，打造符合监管要求的平台内贸易数字化规则，帮助入驻的中小企业数字化转型和获得国际订单。阿里巴巴国际站的数字化出海服务体系已经迭代到 4.0 版，为新加入国际站的商家提供涵盖工商主体注册、人才培训及引入等初期准备，数字化人货场、履约、支付、金融服务等助力商家海外市场拓展，再到后期的市场运作全程"保姆式"护航服务，帮助中小商家顺利进入全球化快车道。

作为中国最大的进口平台，天猫国际已成为"一带一路"沿线国家品牌入华的首选平台，其商业模式为"保税进口＋海外直邮＋零售加工"。海外商家入驻可获得自助式在线申请、一对一辅导开店、官方代运营、商品一键全球调拨等天猫国际的在线服务，减免了在中国市场的营销推广、线下开店等成本，并能利用天猫国际的流量资源迅速打开中国市场。而中国消费者通过源头直采、关税优惠和多品牌比选、比价，获得正品低价的心仪丝路品牌商品，同时去掉传统经销商的中间成本和降低仓储物流的流通成本，中国消费者还能进一步获得价格优惠，实现便利、便捷、高品质"买全球"。到 2020 年，天猫国际已有 84 个国家和地区的 2.6 万多个海外品牌入驻，覆盖 5300 多个品类，其中八成以上品牌是首次入华，进口新品首发数量同比增长 130%（超过 1 万款商品），海外新品牌入驻同比增速 125%。海外品牌入驻天猫国际的增速接近 200%，新增 40 个销售额破亿的海外品牌。

速卖通是阿里巴巴旗下面向国际市场打造的跨境电商平台，约有 1.5 亿活跃个人用户，遍及全球 220 个国家或地区，是全球第三大英文在线购物网站。速卖通的商业模式为"国际版淘宝"，中国商家入驻速卖通开店，面向海外买家销售推广，海外买家通过支付宝国际账户进行担保交易，解决买卖双方不见面交易的信任问题，并使用国际物流渠道运输发货，海外买家收到货并在速卖通平台确认后，中国商家从速卖通获得货款，其间买卖双方出现纠纷由速卖通运营方参与协商解决。不少"一带一路"沿线国家的电商市场与中国市场早期类似,买卖双方的信任问题是电商快速发展的痛点,因而淘宝模式较易在这些国家复制和推开,比如速卖通在俄罗斯的跨境电商市场占比为35%,超过ebay等欧美电商平台。

2.案例 敦煌网:打造服务青年创业者的以在线交易为核心的B2B小额外贸批发平台

2004年成立的敦煌网是中国第一个B2B跨境电子商务平台,商业模式核心是"以在线交易为核心的B2B小额外贸批发平台",类似于互联网版的义乌批发市场,小批发商和个体户将中国产品发布到敦煌网,后者利用全球营销系统对接海外经销商,中外经销商通过敦煌网撮合成功后,敦煌网获得佣金及增值服务收入(如大数据智能营销、智能物流等)。

敦煌网成立之初就专攻细分市场——中小微企业的B2B跨境电商,品类上以快消品为主,在这个细分领域建立起一定的竞争力。某种程度上,敦煌网扮演着"出海"版义乌批发市场的角色,客户主要是个体户和小批发商。

美国、英国、法国、加拿大、意大利是敦煌网前五大市场。到2020年,敦煌网拥有230多万注册供应商,在线产品数量超过3200万,累计注册海外买家超过3550万,覆盖全球222个国家及地区,拥有58个国家的清关能力、100多条物流线路和10多个海外仓、65个币种支付能力,在北美、拉美、欧洲等地设有全球业务办事机构。目前,敦煌网平均1.39秒产生一个订单,帮助中国制造对接全球采购,实现"买全球、卖全球",开辟了一条网上丝绸之路贸易通道。

(二)自营型"丝路电商"

与依靠买卖交易中介撮合、生态构建和规模效益获得比较优势的平台型"丝路电商"不同,自营型"丝路电商"主要面向目标客群搭建自有的集中采购、仓储物流、市场销售、售后服务等运营体系,依靠品牌、品种、品类、品质、价格等某些细分领域比较优势,吸引和聚合特定用户群,从而逐渐做大营收和利润。尽管成长速度和交易规模普遍不及平台型"丝路电商",但是自营型"丝路电商"的生命力和利润率同样很高。

知名自营型"丝路电商"有京东全球购、网易考拉、兰亭集势、DX、米兰网、聚美优品、名创优品、小红书等。自营型"丝路电商"基于自有产品链、供应链、消费链、价值链利益更大化的需要，会选择一些与之在要素资源匹配的沿线国家市场针对性拓展，从而延长其价值链，形成与平台型"丝路电商"势均力敌的良性竞争。

京东全球购复制了京东在中国市场的模式，通过一站式购物降低海外用户购物选择成本，建立呼叫中心、在线客服系统执行统一标准的客服体系，自建仓储物流配送体系提高供应链效率，通过集采模式与供应商建立紧密型量价优惠合作，获取平台整体更大的毛利空间，从而提升消费者购买价值，并以消费端数据和数字化赋能供应商产供销全环节，最终将价值链上取得的资源和效率优势转化为其核心竞争力。

网易电商有网易考拉、网易严选、考拉全球工厂店等品牌，核心是从追求品质生活的中国消费者需求出发，由网易运营团队精选满足其需求的商品。考拉是网易自营的会员制丝路电商平台，运营团队负责寻找"一带一路"沿线国家质价比好、有竞争力的商品，并精准推荐给会员。严选是网易自有的电商生活品牌，网易按照自己所设定的生活方式将商品推荐给会员，运营团队会参与到商品研发、设计、生产。考拉全球工厂店类似于知名品牌孵化器，网易考拉会对符合品质标准的全球中小供应商提供销售支持及数字化营销赋能，帮助他们成长为中国市场的知名品牌，并复制中国市场经验，进而成长为"一带一路"和世界知名品牌。

兰亭集势于2007年创立，当时B2C跨境电商基本是个空白市场，因而顺势崛起，2013年在美国上市，成为跨境电商第一股，其后5年，业绩增长乏力，一度成为资本市场弃儿。兰亭集势的商业模式与拼多多类似，利用阿里巴巴、京东等头部电商平台建立的支付、物流等基础设施资源，直接面对海外低收入人群，绕过经销商，直接对接中国小型工厂，贩卖它们生产的未贴牌产品到国外，通过Google等互联网平台做关键词推广获取流量，使用Paypal、支付宝等移动支付工具，用最便捷的国际物流公司UPS、DHL发货，实现低价抢占市场的目标。由于欧美市场用户经济收入相对较高，更看重商品品质，低收入用户分布零散，获客成本高，2019年以来，兰亭集势进一步强调"物美价廉必需品"的效率型战略定位和低成本批量获客竞争手段，收购东南亚全品类购物平台 ezbuy，将目标客群转向"一带一路"沿线国家中低收入消费者，构筑涵盖服装鞋包、珠宝手表、电子及配件、运动户外、玩具宠物、家居、文身美甲、婚纱礼服等品类、近百万种商品的在线零售大超市，业绩企稳回升，2020 年营收与盈利均创公司 2013 年上市以来的年度新高。

（三）丝路直播电商

直播带货相对于传统电商具有全天候、零距离、少接触、体验良好、价格优惠、供需精准匹配等优势。随着 5G、人工智能、云计算等技术发展，直播带货型丝路电商迅速兴起，快手、抖音等短视频迅速发展，速卖通、网易考拉、Shopee、Lazada、Youtube、Tiktok、Facebook 等跨境电商和互联网平台也纷纷布局直播带货。

品牌方、商家、运营机构、主播、平台、服务商、用户等众多参与者共同构成直播电商的产业生态。中国商务部数据显示，2020 年上半年，中国直播电商超 1000 万场，活跃主播数超 40 万，观看人次超 500 亿，上架商品数超 2000 万，平均一天就有 5 万多场电商直播，每天观看人次超 2.6 亿。据毕马威、阿里研究院发布的《迈向万亿市场的直播电商报告》，2019 年中国直播电商市场规模达到 4338 亿元，2020 年破万亿，商家构成直播电商主力，同时政府官员、企业家、明星、网红、农户等多元群体也是直播电商的参与者。淘宝直播数据显示，该平台九成的直播场次和七成的成交金额都来自商家直播。淘宝直播共带动直接和间接就业机会 173.1 万个，绝大部分是"90 后""00 后"年轻人。

2020 年中国广交会更是把跨境直播推到了"万物可播、人人可播、处处可播"的历史高度。广交会作为海外采购商眼中的"中国第一展"，2020 年受疫情影响改为云端展会，加速了网上办展、直播带货、跨境电商等新业态流行。在这场云端直播聚会中，2.5 万家参展企业，1 家至少有 1 个直播间，还专门设有约 60 场直播新品发布会，参展企业可通过图片、视频、3D 等格式进行 24 小时直播，向全球介绍公司产品、车间、生产线等，对直播带货型丝路电商进行了一轮深度普及。

杭州是中国电子商务最为发达城市，形成了"一超多强＋众多中小微企业"的集聚式电商＋生态体系，其中"一超"为全球最大的电商企业阿里巴巴，"多强"为生意宝、有赞、蘑菇街、云集等在细分领域领先的电商上市公司、独角兽企业，"众多小微企业"则依托企业生态链发展，构筑了电商大中小微企业融通发展的杭州样本。

杭州也是中国首批跨境电商综合试验区，通过发展"全球网红＋社交＋体验＋互动"型丝路直播电商模式，引导用户生成内容、增强现实技术应用、社交媒体广告投放、直播互动等业务有序发展，推动丝路电商从流量经济的粗放式发展向信任经济的可持续引领升级。杭州跨境电商综合试验区办公室、钱塘新区管委会与天猫国际共建"跨境保税仓直播基地"，在杭州保税仓堆满进口商品的货架前，电商主播搭起设备做起直播，消费者下单后，商品直接从保税仓清关发出，最快次日即可送达。杭州市政府、浙江省商务厅、杭州跨境电商综合试验区办公室还举办了 2020 中国（杭州）跨境 E 贸节、Discover Hangzhou 丝路天使直播季、"闪耀吧！主播"跨境电商直播大赛等直播活动，培育专业服务机构、网红主播、海外营销网络等丝路直播电商核心要素资源。

值得关注的是，丝路直播电商主要在速卖通、Tiktok、网易考拉、敦煌网等头部跨境电商平台开展，目的是提高传统跨境电商的体验性和互动性，提升头部平台的流量资源变现能力。与国内直播相比，跨境直播时间

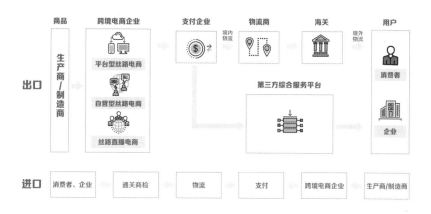

图 2-3　丝路电商总体框架

会比较短,每场在一个小时左右。跟国内主播对选品、脚本等全流程的参与不同,大多数跨境电商主播只是要求流利而有趣地介绍产品。跨境直播期间,主播们除了介绍产品,唠家常、聊八卦的内容很少。究其原因,主要是熟悉当地风土人情、消费市场和精通当地语言的合格丝路直播电商主播较少,目前主播主要为沿线国家在华留学生、外语和传媒相关专业的中国毕业生为主,经过短时间突击培训担任兼职主播,因而对沿线国家消费者的吸引力、成单转化率和服务能力还比较有限。

二、丝路电商青年技术创新盘点

习近平总书记在网络安全和信息化工作座谈会上提出:"互联网核心技术是我们最大的'命门',核心技术受制于人是我们最大的隐患。一个互联网企业即便规模再大、市值再高,如果核心元器件严重依赖外国,供应链的'命门'掌握在别人手里,那就好比在别人的墙基上砌房子,再大再漂亮也可能经不起风雨,甚至会不堪一击。我们要掌握我国互联网发展主动权,保障互联网安全、国家安全,就必须突破核心技术这个难题,争取在某些领域、某些方面实现'弯道超车'。"近年来,中国头部电商平台和数字科技公司除了在应用场景、流量资源、交易规模持续发力做大外,也在加大上云用数智赋力度,形成以青年科学家、工程师、技术专家为核心的"应用创新+生态构建"型技术创新体系。

阿里巴巴拥有全球规模最大的电子商务用户数、交易规模和场景,因而要面对和解决全球最复杂多变的互联网应用环境的挑战。尽管阿里巴巴立企之本是为更多商家赋能销售,但本质上其已成为一家不断构筑更加庞大的电商+消费网络,以及解决应用创新系列问题的技术公司。据linkedln data调研,在全球知名科技公司中,阿里巴巴是全球唯一一家研发人员占一半以上的公司,研发人员占总员工数量的51%,全球第一,彼时阿里巴巴员工平均年龄不过31岁。年轻人对未知领域的渴望和探索,撑起了阿里巴巴做大做强。1974年出生的阿里巴巴首席技术官程立在31岁(2005年)时成为支付宝技术平台的奠基人之一。1962年出生的阿里巴巴技术委员会主席王坚在 36 岁时担任集团首席架构师、37 岁时担任阿里软件首席技术官并创办阿里云，主持研发了中国唯一自研的云操作系统——飞天，并在 2019 年当选中国工程院院士。

表 2-2　2018 年全球知名科技公司研发人员占比

序号	公司	研发人员占比	公司类型	国别
1	阿里巴巴	51%	电子商务	中国
2	华为	45%	通信	中国
3	英特尔	41%	IT	美国
4	中兴通讯	37%	通信	中国
5	亚马逊	35%	电子商务	美国
6	谷歌	35%	互联网	美国
7	Facebook	29%	互联网	美国
8	微软	28%	软件	美国
9	IBM	19%	IT	美国
10	京东	10%	电子商务	中国

在 2020 年度阿里巴巴全球投资者大会上，阿里巴巴负责人披露，近几年，阿里巴巴每年在技术和研发上的投入都超过 1000 亿元。目前，阿里巴巴的核心系统已全部跑在阿里云的公共云之上，云成为阿里巴巴商业操作系统的技术底座；菜鸟已建立起智能化的物流骨干网；阿里云已在全球部署上百个云数据中心，自研的飞天操作系统管理百万台服务器，正全力冲刺全球最大的云基础设施；阿里巴巴还在加强前沿技术和基础科研投入，达摩院研究覆盖人工智能、量子计算、芯片技术、自动驾驶等领域。如今，技术红利已渗透至阿里巴巴各个商业场景。

值得关注的是，2019 年阿里云同时荣获国家技术发明奖与国家科技进步奖两项大奖，这是中国电商企业首次同时获评两大国家科技奖。10余年来，电商企业遇到的核心问题在于如何应对流量扩容对平台系统的冲击，比如"春运抢票""电商秒杀""春晚""双 11""跨年"等在同一时点出现大量用户聚集的场景，这是全球性的 IT 领域技术难题。阿里云成功解决该难题，并连续创造多个世界纪录。例如，在 2019 年的"双

11"活动上，阿里巴巴凭借该技术实现创纪录的 54.4 万笔 / 秒的订单量，是 2009 年第一次"双 11"的 1360 倍，也是国际零售支付网络之王 Visa 峰值处理量的 8 倍有余。2020 年，阿里云宣称，计划在未来三年再投入 2000 亿元，用于云操作系统、服务器、芯片、网络等重大核心技术研发攻坚和面向未来的数据中心建设。由此可见，阿里巴巴的技术投入将再次翻番，并从技术收获期转向技术引领期。

三、丝路电商发展面临的主要挑战

相较于欧美发达国家成熟的电商市场，既定的网购习惯很难改变，传统跨境电商格局很难打破，"一带一路"跨境电商市场的机会和空间则大得多。新冠肺炎疫情对工作、社交、消费等生产生活习惯具有线上化倒逼作用，推动印度、印尼、土耳其、俄罗斯等拥有较好数字基础设施和网民基础的沿线国家在线购物迅速发展，为拓展"丝路电商"降低了用户教育成本和市场准入门槛。同时，随着"一带一路"建设不断推进，沿线国家数字基础设施持续改善，线上消费成为主流已是大势所趋，"丝路电商"有望成为跨境电商的"主战场"。虽然"丝路电商"蕴含商机和发展前景广阔，但是也面临传统电商模式竞争惨烈、第三方平台运营难度加大、部分沿线国家市场拓展困难等产品销售、合规运营、流量瓶颈等问题。

（一）"丝路电商"发展要素亟待全面提升

"一带一路"沿线国家尚未形成跨境电子商务的货物监管制度、贸易便利化措施和互利互惠合作机制。部分沿线国家经济发展落后，政局动荡，互联网、通信等数字基础设施建设滞后，仓储物流、电子支付、金融等配套体系不完善，同时有关电子商务、跨境电商的法规政策和数据流动、争端解决等国际规则不健全，营商环境全球排名靠后，海关、质检、税收、汇率等方面的限制条款也制约其电子商务发展，一体化、高效率、低成本通道建设尚未完全打通，造成电商普及率和发展质量不高。部分沿线国家受地缘政治影响，少数政客、媒体抹黑"一带一路"建设，存在政策变化对丝路电商冲击的风险。

海外成熟的电商市场形成了完善的法律法规、规则标准和市场格局，作为产业链下游和末端，中小微企业普遍面临利润薄、竞争激烈的困境。部分"一带一路"沿线国家属于新兴市场，尽管没有形成固定的利益格局，市场参与者总体处于相同起跑线，但是中小微企业本身实力有限、数字化基础薄弱、不熟悉当地市场，只能依托第三方平台开店抱团"走出去"，自主性、精准性和实效性不足，也就有了"在亚马逊开店愈发困难"的市场呼声。

由于沿线国家中文普及总体有限，中文尚不能作为"丝路电商"的通用语言，不少中国跨境电商企业、商家缺乏在英语环境下的商务运作能力。同时，沿线国家还有 53 种官方语言，小语种人才短缺也制约了"丝路电商"在细分市场的"精耕细作"。另外，中国高校、职业院校设置的电子商务专业主要服务于本国市场，设置跨境电商专业的院校较少，沿线国家高校的电子商务专业则更少，中国高校培养的沿线国家来华留学生中电子商务专业占比也不多。短期内，存量电商人才和院校培养人才尚不能满足迅速发展的"丝路电商"人才需要，精通电子商务、本地市场、外贸规则的复合型人才尤其稀缺。

（二）合规运营风险较大，且处置难度大

"丝路电商"与传统外贸有一定相似性，但是传统外贸由于发展时间较长，各种贸易争端和问题风险已经提前暴露，并有成熟、规范和健全的争端处理机制。但是"丝路电商"作为贸易数字化的新业态，仍然存在资金安全、数据安全、网络安全等现行贸易争端处置规则和沿线国家法规政策难以妥善解决的问题。例如，一些不法分子利用跨境支付监管漏洞进行洗钱、诈骗等违法犯罪活动，买卖双方交易真实性核验困难，用户数据泄露等。

四、丝路电商高质量发展建议

（一）推动丝路国家电子商务结构性改革和制度性开放

中央全面深化改革委员会在 2020 年 9 月召开的第十五次会议上，提出双循环新发展格局的同时，明确指出面对"经济全球化遭遇逆流、单边主义、保护主义抬头，我们决不能被逆风和回头浪所阻，要站在历史正确的一边，坚定不移扩大对外开放"。电子商务是互联网经济最活跃、最开放、最创新的行业，在全面深化改革进入"深水区"叠加经济全球化逆流、世界经济衰退的历史转圜期，承担了新发展格局下结构性改革和制度性开放的排头兵重任。"丝路电商"作为跨境电商成长最快的"主版块"，对"一带一路"建设起到战略性支撑和引领作用。

其一，完善中国"丝路电商"有关法规政策。建议中国有关政府部门出台"丝路电商"的政策规定，明确《电子商务法》《消费者权益保护法》《食品安全法》等适用于丝路电商规范主体、资质许可、消费者权益保护、食品安全标准、跨境数据保护和共享、打击违法犯罪的法律规定和实施细则，对丝路电商特殊性的民商事、行政管理等法律问题提出操作性指南，并推动跨境电商立法。

其二，加快中国与沿线国家电子商务法规、政策、规则、标准的衔接。加快推动中国与沿线国家、区域组织、国际组织签署双边、多边电子商务合作协议，明确"丝路电商"的贸易便利化、双向互通、监管等规则标准体系，探索在上海合作组织、区域全面经济伙伴关系协定（RCEP）等合作平台成员国家内打造一体化跨境电商合作网络。探索在数据保护和共享、信息安全、移动支付、数据中心等领域构建互联、互通、互用的"丝路电商"技术标准体系，引领和促进中国与沿线国家在数字基础设施建设、数字经济的对接合作。探索在中国自由贸易试验区①、中国跨境电子商务综合试验区②、中国海外产业园区打造丝路电商自贸区，复制中国改革经验，实施规则、规制、标准等制度性开放，完善公平竞争制度，激发市场主体发展活力，促进沿线国家电子商务大中小微企业融通发展。

---

① 截至 2020 年 9 月，中国自由贸易试验区已经扩至 21 个，包括上海、广东、天津、福建、辽宁、浙江、河南、湖北、重庆、四川、陕西、海南、山东、江苏、河北、云南、广西、黑龙江、北京、湖南、安徽。

② 截至 2021 年 5 月，中国先后分 5 批设立了 105 个跨境电子商务综合试验区，已覆盖 30 个省、区、市，形成了陆海内外联动，东西双向互济的发展格局。

（二）加强中国与沿线国家电子商务产学研交流合作

推动成立沿线国家电子商务相关商协会、高校、企业广泛参与的"丝路电商"发展联盟，加深社会各界对沿线国家电子商务、消费市场的了解，促进产业要素资源按需对接合作。支持"丝路电商"智库建设，加快推出一批服务宏观政策制定、产业发展和企业实践的理论成果，总结、凝练"丝路电商"中国方案、中国技术、中国经验。引导大型"丝路电商"平台组建行业联盟，加强合规自律，探索适用国际贸易规则的"丝路电商"模式创新和技术创造，基于合作共赢原则输出和转化中国电子商务经验，培育服务"一带一路"建设、合规经营、拥有自主创新核心技术和商业竞争力的"丝路电商"平台和大中小微市场主体。

（三）加强丝路国家跨境电商专业人才培养

建议中国有关政府支持跨境电子商务综合试验区、电子商务园区、直播电商基地等产业载体建立"丝路电商"人才培养孵化基地，整合政府、社会组织、高校、职业院校、企业多方力量，面向沿线国家青年开展"丝路电商"职业培训，实现人才培训与双创孵化一体化。

头部跨境电商平台要打造丝路电商人才培养与双创孵化专区，将传统的提供开网店操作规程的单一指南性服务，转化为面向平台的年轻创业者、从业者提供语言培训、开店指南、直播带货培训、短视频拍摄制作、供应链选品、仓储物流等全产业链支撑支持性服务，提高"丝路电商"创业成功率和服务能力。

在中国与沿线国家电子商务双边、多边合作中，推动增设和落实人才培养相关项目，引导高校、职业院校、企业、社会组织多方合作，建立"丝路电商"产教融合、校企合作、高（高等教育）职（职业教育）融通创新机制，培养"丝路电商""中国通"与"海外通"。沿线国家中文、小语种教育可以增设跨境电商课程，提高语言类毕业生在电子商务创业就业的适用性。沿线国家电子商务教育可以增设跨境电商、"丝路电商"人才培养方向。开展"丝路电商"职业培训，推广沿线国家互认的职业技能证书，培养合格的专业技能人才。

参考文献：

1. 王青：《杭州推动跨境电商"直播＋电商"模式》，《都市快报》2020 年 9 月 1 日。

2. 张珍：《我国跨境电商面临的挑战及对策分析》，《现代营销·经营版》2020 年第 2 期。

3. 冯其予：《精雕细琢"丝路电商"锦绣画卷》，《经济日报》2020 年 3 月 2 日。

4.《中华人民共和国电子商务法》。

5.《中华人民共和国国民经济和社会发展第十四个五年规划和 2035 年远景目标纲要》

专题三
诗和远方在丝路交融相汇：深化"一带一路"旅游交流合作的青年机遇和对策建议

毕绪龙 ①、李冲 ②、姚棋志 ③

旅游业不仅是促进经济增长的重要支柱产业，也是增进不同国家和地区人民友谊的桥梁，对于维护地区稳定与世界和平有着积极意义。民心相通是"一带一路"建设的"关键基础"，而旅游是民心相通的重要实现方式之一，成为中国与"一带一路"沿线国家交流交往的自然纽带。近年来，"一带一路"建设促进越来越多中国游客到沿线国家旅游观光，改善了沿线国家基础设施，做大了沿线国家旅游市场，推动沿线国家政府更加重视旅游业发展，营造了良好的旅游营商环境和国际合作环境，提高了沿线国家旅游企业竞争力，带动"旅游＋"迅速发展。

根据中国旅游研究院数据显示，2017 年，"一带一路"国家国际旅游人次约为 5.82 亿人次，占世界国际旅游人次的 44.02%，为全球重要的国际游客净流入地；中国到"一带一路"沿线国家的游客人次逐年攀升，由2013 年的 1549 万人次增长到 2017 年的 2741 万人次，五年间增长 77%，年均增速 15.34%；2018 年起，"一带一路"沿线国家整体上超过美国、日本，成为中国游客第一大海外旅游目的地区域；2016—2020 年，中国

---

① 毕绪龙，中央文化和旅游管理干部学院研究员。

② 李冲，中国国际经济合作学会数字经济工作委员会研究人员。

③ 姚棋志，中国国际经济合作学会数字经济工作委员会研究人员。

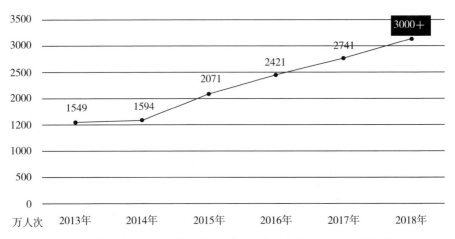

图 3-1   近年来中国赴"一带一路"沿线国家旅游人数（根据公开数据整理）

为"一带一路"沿线国家输送超过 2000 亿美元旅游消费；"80 后""90 后"等青年人是中国游客的中坚力量，合计占比 50%。

尤其是泰国、越南、马来西亚、马尔代夫、斯里兰卡、阿联酋、埃及、塞尔维亚、黑山等沿线国家，以风光旖旎、景观独特、历史悠久、文化富集等优势旅游资源吸引了大量中国游客探幽寻秘，成为广受中国游客欢迎和热捧的主要旅游目的地。另外，中国游客出境游目的地日趋多元化，如白俄罗斯、哈萨克斯坦、蒙古国等原来相对冷门的目的地，在白俄罗斯免签、"中哈旅游年"举办、中蒙边境启动跨境铁路一日游等政策利好刺激下，也吸引了越来越多的中国游客。

一、中国与"一带一路"沿线国家旅游合作主要成绩

（一）顶层设计不断完善

近年来，中国相关政府部门出台了一系列"一带一路"旅游合作相关的政策规划。例如，2014 年 8 月，中国国务院发布的《关于促进旅游业改革发展的若干意见》明确提出："围绕丝绸之路经济带和 21 世纪海上丝绸之路建设，……推动中国同东南亚、南亚、中亚、东北亚、中东欧的区域旅游合作。积极推动中非旅游合作。加强旅游双边合作，办好与相关国

家的旅游年活动。"2015 年 3 月，中国国家发展改革委、外交部、商务部联合发布的《推动共建丝绸之路经济带和 21 世纪海上丝绸之路的愿景与行动》明确提出："加强旅游合作，扩大旅游规模，互办旅游推广周、宣传月等活动联合打造具有丝绸之路特色的国际精品旅游线路和旅游产品。"

表 3-1　近年来中国有关政策对"一带一路"旅游合作的规划和部署

序号	政策规划	发文部门	年份	相关主要要求
1	关于促进旅游业改革发展的若干意见	国务院	2014 年	推动区域旅游一体化，大力拓展入境旅游市场
2	推动共建丝绸之路经济带和 21 世纪海上丝绸之路的愿景与行动	国家发改委、外交部、商务部	2015 年	加强旅游合作，扩大旅游规模
3	关于支持沿边重点地区开发开放若干政策措施的意见	国务院	2015 年	研究设立边境旅游试验区
4	文化部"一带一路"文化发展行动计划（2016—2020 年）	文化部	2016 年	实施"丝绸之路文化之旅"计划、"丝绸之路文化产业带"建设计划等相关项目
5	"十三五"旅游业发展规划	国务院	2016 年	开展"一带一路"国际旅游合作，拓展与重点国家旅游交流，创新完善旅游合作机制
6	中医药"一带一路"发展规划（2016—2020 年）	国家中医药管理局、国家发展和改革委员会	2016 年	建设中医药健康旅游项目
7	文化部"十三五"时期文化产业发展规划	文化部	2017 年	建立丝绸之路文化产业带
8	"一带一路"体育旅游发展行动方案（2017—2020 年）	国家体育总局、文化和旅游部	2017 年	在"一带一路"相关区域形成一批精品体育旅游赛事、特色运动休闲项目、有竞争力的体育旅游企业和知名体育旅游目的地

续表

序号	政策规划	发文部门	年份	相关主要要求
9	粤港澳大湾区文化和旅游发展规划	文化和旅游部、粤港澳大湾区建设领导小组办公室、广东省人民政府	2020年	支持港澳打造"一带一路"功能平台,……加强与"一带一路"沿线国家和地区文化和旅游交流,深化文化产业和旅游业合作
10	关于进一步加大开发性金融支持文化产业和旅游产业高质量发展的意见	文化和旅游部、国家开发银行	2021年	加大对"一带一路"文化产业和旅游产业国际合作重点项目的开发性金融支持
11	"十四五"文化和旅游发展规划	文化和旅游部	2021年	高质量推进"一带一路"文化和旅游发展,深化项目合作
12	"一带一路"文化产业和旅游产业国际合作重点项目	文化和旅游部	年度	征集有关领域重点项目,并予以培育和扶持

(二)双边、多边旅游相关合作日趋紧密

近年来,以旅游双边交流机制及中俄、中南(非)、中印、中日、中欧、中英、中法、中德等高级别人文交流机制为抓手,中国持续深化推动与多个国家的旅游交流与合作。积极推动中文成为联合国世界旅游组织官方语言。在金砖国家合作机制、G20机制、上合组织等多边合作机制框架下开展广泛旅游合作。

随着"一带一路"倡议不断落实和基础设施互联互通,不少沿线国家将中国游客作为重点目标市场,出台系列政策措施力促签证便捷化和双向交通便利化。据推进"一带一路"建设工作领导小组办公室发布的《共建"一带一路"倡议:进展、贡献与展望》,到2019年,中国与57个沿线国家缔结了涵盖不同护照种类的互免签证协定,与15个国家达成19份简化签证手续的协定或安排。2019年4月,据中国交通运输部发布数据,中国已经和"一带一路"沿线45个国家和地区开通直飞航班,每周有5100

个班次。到 2019 年末，海外中国文化中心数量达到 40 家，驻外旅游办事处 20 家。同时，中国政府有关部门与驻外机构还联动举办了"中国旅游文化周"等系列品牌活动。

中国持续加强"美丽中国"旅游形象海外推广，组织参加各类国际旅游展；与多个国家共同举办旅游年，如中俄旅游年、中老（挝）旅游年、中柬（埔寨）文化旅游年、中国—太平洋岛国旅游年、中国—新西兰旅游年、中国—克罗地亚文化和旅游年等；与多个国际组织联合举办旅游会展，如"欢乐春节"、敦煌行·丝绸之路国际旅游节、丝绸之路旅游国际大会等；创办丝绸之路旅游市场推广联盟、海上丝绸之路旅游推广联盟、"万里茶道"国际旅游联盟等旅游合作机制。

值得关注的是，2017 年 9 月，联合国世界旅游组织第 22 届全体大会期间，"一带一路"旅游部长会议在成都市成功举办。中国、俄罗斯、哈萨克斯坦、保加利亚、柬埔寨等沿线国家旅游部长围绕深化合作等议题展开深入研讨。大会发布《"一带一路"旅游合作成都倡议》，提出为进一步深化国际旅游交流，倡议成立"一带一路"国家和地区旅游合作共同体，在以下方面加强合作：(1) 加强"一带一路"旅游合作；(2) 加强政策沟通，提升旅游便利化水平；(3) 创建旅游合作机制，提升旅游交流品质；(4) 开展旅游联合推广，充实旅游合作内容；(5) 加强旅游教育交流，提升旅游智力支撑；(6) 共同应对挑战，提高旅游风险处置能力；(7) 加强合作，发挥协同效应。

（三）中国—东盟旅游交流合作成为"一带一路"建设的亮点

中国—东盟人文交流合作蓬勃发展，亮点纷呈，双方通过部长级会议、论坛研讨、人员培训、文明对话、艺术展演等形式开展合作与交流，增进对彼此文化的了解和欣赏，加深双方友谊，中国—东盟旅游交流蓬勃发展，双边往来屡创新高。2018 年，双方人员往来达到 5700 万人次，每周近 4000 个航班往返于中国和东盟国家之间。中国是东盟最大的旅游客源国，东盟也是中国游客最喜爱的旅游目的地之一。2018 年最受中国游客欢迎的 10 大目的地国家有 7 个来自东盟国家。中国与东盟已互为重要旅游客源国和目的地。

近年来，中国和东盟国家在"一带一路"建设框架下，已签署多份文化、旅游合作文件，推动建立中国—东盟双边、多边文化旅游合作机制。2017年，中国与东盟国家共同举办旅游年，创办中国—东盟旅游教育联盟等旅游合作机制。印尼对中国公民实行旅游免签，文莱、柬埔寨、老挝、马来西亚、缅甸、泰国、越南对中国公民实行落地签，新加坡简化了签证手续，这极大便利了中国公民赴东盟国家旅游。

同时，旅游产业合作更上新台阶。截至2018年，中国与东盟各国在跨境旅游合作项目推进方面成效显著，东盟各国绝大多数的省份、城市已在中国北京、上海、广州、厦门、南宁、桂林等地与当地旅游部门开展旅游联合宣传，共同推介本国旅游目的地，已完成区域内50条黄金线路推介。双方在跨境游方面不断落地新项目，例如，中越双方正联合推进白浪滩景区、茶古景区等一批跨境游开发项目，双方还互派旅游从业人员培训学习，开展跨境旅游市场联合执法等行动。

（四）中国在"一带一路"沿线国家旅游投资合作逐渐兴起

中国商务部、国家发改委、外交部联合发布的《对外投资国别产业指引（2011版）》提到的47个"一带一路"沿线国家中，有31个沿线国家将旅游业或旅游开发列为优先发展领域，有6个沿线国家将之列为重点发展领域，并给予外商投资相应优惠政策。

中国企业在对外旅游投资时，一方面可依托六大经济走廊——中蒙俄、新亚欧大陆桥、中国—中亚—西亚、中国—中南半岛、中巴、孟中印缅建设的契机，借助中国举办旅游博览会、互办旅游年等旅游外交活动，寻找合适的旅游基础设施建设、旅游资源开发和旅游产业拓展的项目机会；另一方面可借助丝路基金、亚投行、中国国家开发银行、中国进出口银行等投融资平台支持相关的旅游项目建设。

因此，在广阔市场、金融资本和中国愈加成熟的旅游发展驱动下，中国旅游国际化正在提速，中资企业对外旅游投资正加速发展，呈现出产业强链补链、投资主体多元、投资方式多样、投资区域扩大等特征，并与中国游客出境游海外分布呈正相关性。比如，中国游客赴东南亚旅游数量最多，中资企业在东南亚的旅游投资规模也最大。反之，中亚地区由于旅游发展相对滞后，中资企业在该地区的旅游投资也相对较少。另外，当地消费市场规模和潜力也是中资企业投资的动机之一，比如欧洲和印度由于经济相对发达、本地旅游消费市场较大，中国万达集团分别在法国巴黎和印度哈里亚纳邦投资了当地最大的旅游综合体项目。

可以说，投资目的地的旅游消费市场和中国游客出境游分布成为中资企业投资考量的两大因素。

从产业延伸性和收益多元化商业逻辑分析，酒店、餐饮、旅行社是中资企业旅游投资的主要业态。这三类行业可以直接从中国游客出境游中受益，同时也能满足中资企业走出去的商务消费，保证了中资企业投资项目有了稳定的基本盘收入，提高了项目成功率。

因此，投资"一带一路"旅游业的中资企业除了中旅、国旅等旅游企业外，还有中铁、中石油、万达、海航等其他行业头部企业。例如，中旅、国旅、港中旅、携程等旅游企业拥有庞大的中国游客流量和品牌效应，具有组织批量中国游客赴"一带一路"沿线国家旅游的市场营销能力，同时投资沿线国家的票务、酒店、餐饮等旅游关联业态，可以提高中国消费者"宾至如归"的体验性，中资企业整体收入也从门票提成、服务分成等低端收益延展到全产业链收入。海航、国航等中国航空企业通过投资酒店业，可以将航空服务延伸到乘客在旅行目的地的消费市场，完成出行到餐饮、住宿的完整商业闭环，保障了航空公司在相对不热门的沿线国家航线的成本回收和可持续盈利。阳光国际商务有限公司是中石油下属企业，主要负责中石油海外集中办公生活和员工安全中转基地的建设、运营及服务，同时该公司还经营海外几十家酒店和旅行社，旅游服务重点对象就是中石油海外员工。

二、丝路旅游合作对丝路青年的重大机遇

（一）旅游业已成为中国支柱产业和青年就业池

"旅游兴，百业兴"。目前，旅游业已成为中国支柱产业，旅游经济多年保持高于 GDP 增速的较快增长，中国国内旅游市场和出境旅游市场稳

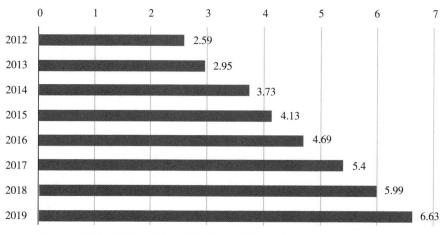

图3-2 2012—2019年中国旅游总收入（单位：万亿元，根据公开数据整理）

步增长，入境旅游市场基础更加稳固。2019年，中国国内旅游人数60.06亿人次，比上年同期增长8.4%；入境旅游人数1.45亿人次，增长2.9%；出境旅游人数1.54亿人次，增长3.3%；全年实现旅游总收入6.63万亿元，同比增长11%。旅游业对GDP的综合贡献为10.94万亿元，占GDP总量的11.05%。旅游直接就业2825万人，旅游直接和间接就业7987万人，占中国就业总人口的10.31%。

从吃住游购娱等旅游产业链分析，旅游业是吸纳各层次青年人才最多的产业之一，尤其是导游、酒店服务、餐饮服务、票务、导购、数字旅游、旅游规划等业态基本上由"青年担当"。

（二）丝路青年在丝路旅游就业创业前景广阔

"一带一路"是旅游资源富集区，汇集80%的世界文化遗产，涉及60多个国家、44亿人口，被视为世界上最具活力和潜力的黄金旅游之路。中长期看，"一带一路"建设覆盖范围广，辐射国家多，沿线国家和地区拥有独特的地理区位、自然资源、人文资源，有利于实现旅游生产要素互通有无与互利共赢合作，为双边、多边旅游合作与旅游客流往来提供良好基础。尤其是沿线国家各具特色的文化遗产、民俗文化、风俗习俗、人文景观对各国游客具有较强吸引力，提升了旅游体验性，因而更具市场前景。

根据中国旅游研究院数据显示，中国到"一带一路"沿线国家的游客人次逐年攀升，由2013年的1549万人次，增长到2017年的2741万人次，五年间增长了77%，年均增速达15.34%。结合中国旅游对经济和就业带动性，按照人均消费1万元人民币和旅游就业人员平均收入5万元人民币/年计算，2017年中国为沿线国家带来旅游收入超过2700亿元和216万人（旅游收入的40%用于支付人工工资）就业。尽管2020年以来受新冠肺炎疫情影响造成全球旅游业停摆，但长期看，随着中国与沿线国家旅游合作持续深入，沿线国家旅游收入和就业将呈现稳步增长态势，为丝路青年分享旅游合作红利带来巨大机遇。

三、中国与"一带一路"沿线国家旅游合作面临的主要挑战

（一）"一带一路"沿线国家旅游发展不平衡

部分沿线国家经济落后，基础设施薄弱，社会动荡，甚至战争不断，尽管拥有较为丰富的旅游资源，但是旅游发展受限于宏观环境恶劣。中亚、东欧、非洲等部分国家尽管政局较为稳定，也将旅游发展作为国家战略，但是起步较晚，与中国交流合作和吸纳中国游客相对较少。总的看，中国与"一带一路"沿线国家旅游合作呈现"东强西弱"、中国赴沿线国家游客呈现"东多西少"的特点，尤其是21世纪海上丝绸之路沿线国家旅游发展总体领先于丝绸之路经济带沿线国家。反过来讲，随着中国旅游多元化需求持续增长，中国与沿线国家经贸合作更趋紧密，旅游合作也会基于需求侧变化促进供给侧均衡。

（二）"一带一路"沿线国家专业旅游人才不足

由于中国出境游客呈现全龄特点，大量中老年游客和中小城市游客并不能使用英语进行顺畅沟通，掌握沿线国家小语种的中国游客更少。同时，沿线国家景区、酒店、餐厅、商场、机场、车站等旅游业态掌握中文的从业者较少，并不能充分满足中国游客的需求，造成很多中国游客海外游"意犹未尽"。旅游为民生产业，涉及中外民间深层次高频交流，"语言障碍"成为制约中国与沿线国家旅游合作的主要瓶颈，因而跟团游成为中

国游客出境游主要选择的旅游产品，自由行的中国游客相对较少。另外，一些旅游经营者从中国招聘员工到沿线国家从事导游、导购等旅游服务，但是数量有限，并不能完全满足中国游客需要。部分中国籍从业者在利益驱动下，还存在强制消费、以次充好、高价宰客等欺诈中国游客的现象，反而给当地旅游业带来负面影响。

（三）新冠肺炎疫情对 "一带一路" 沿线国家旅游发展带来严峻挑战

经济是旅游晴雨表，新冠肺炎疫情导致全球经济陷入衰退，为防控疫情，绝大多数国家采取了大量限制入境、减少人员流动、关闭公共场所和旅游景点等防控措施，严重冲击全球旅游业。2020 年 7 月，联合国贸易和发展会议发布报告，认为："如果新冠肺炎疫情冲击长达 12 个月，全球旅游业损失可能达到 3.3 万亿美元。" 占全球国内生产总值的 4.2%。

四、丝路青年参与丝路旅游合作建议

（一）提升丝路旅游合作惠及丝路青年针对性和实效性

沿线国家有关政府部门要积极引导丝路青年参与旅游双边、多边、区域合作框架，让青年旅游从业者和创业者、青年游客在 "一带一路" 建设中普遍受益，尤其是要支持旅游、曲艺、文博、艺术、图书文献等专业领域的青年人才、青年组织参与 "一带一路" 国际剧院联盟、博物馆联盟、艺术节联盟、图书馆联盟、美术馆联盟等合作平台，以及丝绸之路国际艺术节、海上丝绸之路国际艺术节、丝绸之路（敦煌）国际文化博览会、敦煌行·丝绸之路国际旅游节、丝绸之路文化之旅等主题节会，提升丝路青年参与度、获得感和认同感。建立丝路青年旅游合作双多边对话机制，推动建立更多合作平台，倡导成立丝路青年旅游推广联盟，引领国际旅游合作。建立青年旅游社会组织、志愿者组织、创业组织，为丝路青年游客和创业者专属提供公共服务。

完善国内国际区域旅游合作机制，建立互联互通的旅游交通、信息和服务网络，加强区域性青年客源互送和集中性、针对性、定制性服务，构建务实高效、互惠互利的区域旅游合作体。在东盟—湄公河流域开发合作、大湄公河次区域经济合作、中亚区域经济合作、图们江地区开发合作以及孟中印缅经济走廊、中巴经济走廊等区域次区域合作机制框架下，采取有利于边境旅游的出入境政策，推动中国与东南亚、南亚、中亚、东北亚、中东欧的区域旅游合作，旅游企业结合市场需求可以开发研学旅行、新婚蜜月度假、体育旅游、节庆旅游、探险旅游、团建拓展等丝路青年定制旅游产品，并在跨境旅游合作区、边境旅游试验区等人流量较为集中的区域先行先试，打造样本市场，提升青年游客的体验性。

中国有关政府部门、旅游企业要加大力度精准拓展"一带一路"沿线国家入境旅游市场。完善国家旅游宣传推广体系，采取政府购买服务、要素资源合作、项目合作等方式，逐步实现国家旅游宣传促销专业化、市场化。建立多语种的国家旅游宣传推广网站和自媒体矩阵，面向丝路青年加强中国国家旅游形象宣传，并为留学生、贸易商、"丝路电商"从业者等沿线国家赴华青年提供更多针对性的旅游产品。

（二）发挥旅游"一业兴百业"的带动作用

一是为参与"一带一路"建设政策沟通、设施联通、贸易畅通、资金融通、民心相通的丝路青年提供定制商务旅游服务。例如，中国在沿线国家的青年留学生、建筑工程师、技术人员、项目经理等人员已有庞大规模，并在部分沿线国家形成较大体量的旅游需求，过去由于缺乏针对性旅游服务，导致该群体文化生活贫瘠，旅游服务机构为该群体提供定制旅游服务，既有利于他们深入了解驻在国风土人情和人文历史，也能丰富其业余文化生活和更好融入当地。

二是建筑、能源、航空等中国"走出去"企业可以考虑在现有产业合作基础上延伸酒店、餐饮、地产等旅游业态，为海外员工及供应链上下游合作伙伴提供更具品质的生活休闲服务，并延伸国际产业链和价值链。

（三）加强丝路青年旅游人才培养

中国和"一带一路"沿线国家有关高校、职业院校要加强旅游管理、餐饮管理、旅行社经营管理、景区开发管理、酒店管理、会展策划管理等旅游专业人才培养，要根据丝路旅游合作针对性完善学科建设、专业调整、课程设置和人才培养。相关中国高校、职业院校在留学生教育方面要增设旅游相关专业，以及在中文、国际贸易、工商管理等专业增设旅游人才培养方向，促进沿线国家来华留学生在旅游相关产业就业创业。建立"一带一路"旅游专业院校联盟，吸纳中国与沿线国家有关高校、职业院校、教育机构参与，开展人才联合培养、学科专业合作、重大课题研究，共享旅游大数据，适时结构性调整优化旅游人才培养体系，做到人员、岗位和旅游需求、消费相匹配。

面向沿线国家高校、职业院校和丝路青年推广中文导游、英语导游、客房服务员、前厅服务员、旅游酒店业经理人、餐饮服务管理等中国职业认证教育，提高沿线国家旅游从业者服务中国游客的质量。相关中国高校、职业院校、教育机构要引入国际先进的旅游人才培养体系，促进中国旅游人才国际化升级。

中国旅游企业在沿线国家投资和拓展市场，以及中资企业在沿线国家投资旅游业的同时，要加强与当地有关高校、职业院校校企合作、产教融合，订单式培养旅游人才，促进旅游服务人才本地化，提高当地旅游从业者专业素养和能力。

（四）引导丝路青年参与"数字旅游 ×"新业态发展

互联网技术为旅游业高质量发展增添动力，通过推进"互联网＋旅游"发展，有望推动旅游业与其他关联产业融合，形成"乘数效应"。2020 年 11 月，中国文化和旅游部等部门颁发《关于深化"互联网＋旅游"推动旅游业高质量发展的意见》提出，持续深化"互联网＋旅游"，推动旅游业高质量发展。在 5G、大数据、人工智能、VR（虚拟现实）、物联网等数字科技驱动下，加之全民上网上云对旅游消费带来新变化新需求，近年来中国旅游业以"互联网＋"为手段，推动旅游生产方式、服务方式、管理模式创新，丰富旅游产品业态，拓展旅游消费空间，培育适应大众旅游消费新特征的核心竞争力，形成了一批数字旅游中国方案、中国实践和中国创新，也为推进"一带一路"数字旅游合作奠定了良好基础。

"数字旅游 ×"因而成为丝路青年创新创业的新赛道。其一，中国领先的数字科技企业可以将"一带一路"沿线国家丰富的自然、文化、历史、民俗、建筑、艺术等旅游资源开发为智慧旅游、动漫、影视、网络游戏等数字创意产品，形成新的增长点，扩大丝路旅游传播覆盖面和体验性。其二，中国和沿线国家相关高校、科研院所可以加大"一带一路"数字旅游技术、系统、标准开发，以及学科建设、课程开发和专业人才培养，进而为数字旅游跨境合作创造良好的技术环境和人才创新环境。其三，推动中国数字科技企业为沿线国家提供智慧旅游景区、智慧旅游企业、智慧旅游城市等系统开发和运营服务，推进数据开放共享，在合规环境下与中国实现互联互通，打造数字丝路旅游云平台，实现丝路智慧旅游"一码通游、一云贯通"。其四，提高"数字旅游 ×"对沿线国家特色商品销售扩容的带动性。数字旅游可以为游客、网友提供展示沿线国家独有魅力的载体，并在技术加持下提升感受度和体验感，更能促进受众对沿线国家的全面认识和文化认同，是最佳的推广手段和营销通路。有关大型跨境电商平台、网络社交平台、短视频网站、外贸企业可以引导丝路青年从业者、创业者将数字旅游作为促销工具，如将 VR 旅游作为网店宣传片，在智慧旅游环境下开展直播带货等。

参考文献

1. 中国经济信息社、携程旅行网：《2018"一带一路"旅游大数据报告》。

2. 王慧：《"一带一路"推进形成旅游合作新机制》，《中国经济时报》2019 年 8 月 16 日。

3. 计金标、梁昊光主编：《中国"一带一路"投资安全研究报告（2018）》，社会科学文献出版社 2018 年版。

4. 林炜铃、邹永广：《"一带一路"沿线旅游合作空间格局与合作机制》，《南亚研究季刊》2016 年第 2 期。

5. 董海伟：《"一带一路"沿线国家旅游业发展研究》，武汉大学出版社 2019 年版。

专题四
构建"一带一路"科技创新共同体的青年实践、挑战与建议

杨东平 ①、龙希成 ②、王艳珍 ③

纵观近年来中国科技发展"成绩单","嫦娥五号"带回月球样品,"天问一号"登陆火星、"奋斗者"号下潜突破 1 万米、"北斗三号"系统开始提供全球服务、高铁制造技术与运营迈上新台阶、岛隧桥工程科技难题实现重大突破……一批大国重器和科技创新成就为推动中国经济社会高质量发展提供强有力支撑的同时,中国也在与世界分享科技发展成果和科技创新红利。在这个过程中,很多青年科学家、青年工程师完成了从"生力军"到"主力军"的转变。比如,面对新冠肺炎疫情,连续奋战 36 小时设计出样件,用 5 天时间完成隔离服从概念到实物转变的沈阳橡胶院科研攻关青年突击队队长姚秀超;从事国产处理器的研发工作十余年,先后负责或参与了多款龙芯处理器设计的中国科学院计算技术研究所研究员陈云霁;助力我国在认知智能的技术和产业走在世界前列的科大讯飞认知智能国家重点实验室创新团队;探索浩瀚宇宙,"把梦做上天"的哈尔滨工业大学紫丁香学生微纳卫星团队……不管是个人还是团队,他们用行动凝聚科技力量,以拼搏激发创新梦想,书写了科技创新的"青春答卷"。

① 杨东平,丝路青年论坛副主席兼秘书长,丝路百科杂志社执行社长。
② 龙希成,北京大学博士后,清华大学博士。
③ 王艳珍,中国国际经济合作学会数字经济工作委员会研究人员。

总的看，中国已成为全球国际科技合作的重要参与者，在装备制造、空间、农业、减灾防灾、生命科学与健康、能源环境和气候变化等领域科技领先优势明显。中国拥有大量与"一带一路"沿线国家经济社会发展阶段相适应的先进技术、科技人才和教育资源，在包容性创新上作出了长期而坚定的努力。同时，科技合作又具备技术"无国界"、成果惠民性等特点，能够突破意识形态、体制、文化、制度、经济结构等传统障碍，使得中国与沿线国家率先开展科技合作具有广泛的民意基础、接受度和可预期的现实成果，推动"一带一路"建设由原料交易、加工生产、商品贸易等产业合作、项目合作向附加值更高、科技驱动的围绕科学、技术、产品、市场交易全链条创新合作升级，有利于消除沿线国家技术鸿沟，锻造其内生发展动力，也有利于中国在全球范围推进科技创新价值更大化，形成多方共赢的可持续发展局面。

习近平主席向 2019 世界青年科学家峰会致贺信提出："科技的未来在青年。开展科技人文交流，推动青年创新合作，是各国共同愿望。希望与会嘉宾围绕'汇聚天下英才 共创美好未来'主题，交流思想，互学互鉴，筑牢友谊基石，扎紧合作纽带，让更多青年科技人才施展抱负、成就梦想，以科技创新引领经济社会发展，共创人类发展的美好未来！"可以说，丝路青年科学家、技术专家、专业技术人员、大中专学生始终是"一带一路"科技合作的受益者、参与者、创新者和引领者，既有基础学科的原始创新和人才培养，也有应用领域的产学研合作。

例如，2020 年世界顶尖科学家论坛的参会人员除了 137 位世界顶尖科学家，还有 200 余位优秀青年科学家，后者占比超过 50%。世界顶尖科学家协会副主席迈克尔·莱维特认为："作为年长者，要将火炬转交给年轻人，年轻人在人工智能和其他突破性技术的帮助下，可以重建我们的世界。"诺贝尔化学奖得主野依良治认为："科学注定要取得进步，任何时代下，敢于挑战创新并传承前人智慧财富的都是青年人。"

一、"一带一路"青年科技合作主要进展及典型案例

作为全球最大的发展中国家，中国在发展阶段上总体与许多沿线国家较为类似，发展需求和基础条件有共同之处，因而中国经验的可借鉴性和可复制性更强，尤其是在发展路径选择、中国科技创新经验借鉴以及技术输出、转移、合作等领域容易与沿线国家达成共识和高效推进合作。同时，青年时期处于创新活跃期，进取意识强，富有创造性，在应对人类面临的全球性科技挑战和国际科技合作时，青年必然是"一带一路"科技创新与合作的生力军与主力军。近年来，中国与沿线国家合作开展了科技人才联合培养、扩大杰出青年科学家来华研修、在沿线国家建立科技培训基地、实施国际科技特派员计划、举办各类科技博览会等多层次科技人文交流合作项目。

（一）中国帮助"一带一路"沿线国家培养青年科技人才

《推进"一带一路"建设科技创新合作专项规划》提出："计划用3—5年时间，让来华交流（培训）的科技人员达到15万人次以上，来华工作杰出青年科学家人数达到5000名以上。"在2021年6月召开的2021年浦江创新论坛"一带一路"专题研讨会上，中国科技部负责人介绍："2016年以来，'一带一路'沿线国家来华交流培训的科技人员达到约18万人次，来华开展短期科研工作的青年科学家人数达到了14201名，中国组织了面向非洲、东盟、南亚等国家的科研人员'创新中国行'活动。"尽管2020年以来受新冠肺炎疫情影响，沿线国家来华交流（培训）的青年科技人员受到限制，但整体上看，通过政府间、高校间、企业间等各类机制，中国与沿线国家科技人文交流的规模和质量大幅增加，形成多层次、多元化的科技人文交流机制。

1. 案例 国际杰青计划：培养知华友华的丝路科技领军人才

国际杰青计划于2013年启动，是中国"科技伙伴计划"重要内容，旨在落实"一带一路"科技创新行动计划，促进中国同其他发展中国家的科技人文交流，合作培养青年科技领军人才，巩固科研机构、大学与企业

的长期合作关系，搭建青年科技人文交流平台，促进务实国际科技合作。国际杰青计划由中国科学技术部划拨专项经费，资助符合条件的发展中国家杰出青年科学家、学者和研究人员来中国开展合作研究。另外，在中国科技部"国际杰青计划"框架下，一些地区也推出了青年科学家国际合作项目，比如广西实施的"东盟杰出青年科学家来华入桂工作计划"是中国地方发起面向东盟青年创新人才的专项计划。

总的看，国际杰青计划在实施"一带一路"科技人文交流行动中的作用日益突出，相关科研院所和大学开展了农业、医疗、物理、生态环境、装备制造等领域的合作研究，国际影响力显著提升。截至 2018 年，国际杰青计划开放国别增加至 66 个，同比 2014 年增加两倍；接收规模显著提升，中国国内参与单位已覆盖 28 个省市，同比 2014 年增加 1 倍；已有来自印度、巴基斯坦、孟加拉国、缅甸、蒙古国、泰国、斯里兰卡、尼泊尔、埃及等国家数百名青年科学家来华在各领域开展科研工作，培养了一大批知华友华的国际科技领军人才，他们将中国科技的"火种"带向"一带一路"沿线国家。例如，缅甸籍青年科学家 ThinnThinnNwet 是曼德勒科技大学一名研究人员，被中国农业科学院通过"国际杰青计划"引进工作后，他成为中国农业科学院和曼德勒科技大学沟通和合作的"桥梁"，中国农业科学院和曼德勒科技大学签署协议，共同推动中缅两国绿色农业发展。

2.案例 发展中国家技术培训班项目：科技援外培训在国际舞台发挥大作用

发展中国家技术培训班是中国科技部科技援外工作的重要组成部分，以增强发展中国家科技促进经济社会发展的能力为目标，培养中高端专业技术人才，传授先进适用技术，促进发展中国家的科技水平提高、科研能力建设和产业技术进步。2011—2016 年，中国科技部共举办 200 多个发展中国家技术培训班，学员总数超过 5000 人，涵盖大部分"一带一路"沿线国家和地区。

2020 年受新冠肺炎疫情影响，部分发展中国家技术培训班转为线上教育。例如，黑龙江大学承办的"中蒙俄寒区水利工程建设与水资源高效利用国际培训班"、东软医疗系统股份有限公司承办的"数字化医学影像设备国际培训班"均调整为线上培训,这两个培训班共有来自斯里兰卡、埃塞俄比亚、安哥拉、孟加拉国、巴西、阿根廷、波兰等30多个沿线国家的102名青年学员参加。学员们在20天的远程培训中通过专题讲座、案例分析、技术交流及教学演示相结合的方式,学习、交流、分享了各领域专业知识与技术经验。

3.案例 中国与沿线国家双边、多边青年科技合作:创新合作机制,共享科技合作成果

近年来,结合设施联通、贸易畅通、资金融通、产能合作等合作项目开展,中国与韩国、俄罗斯、日本、以色列等沿线国家加强双边青年科技合作,促进科技要素资源优化配置,服务双边经济合作总体战略。例如,"中韩青年科学家交流计划"是在中韩政府间科技合作联委会框架下实施的一项科技人文交流项目,旨在为两国青年科学家提高科研能力和积累研究经验创造机会和平台,促进各自国家科技水平提升。

2021年中国—中东欧国家领导人峰会上,中方倡议成立中国—中东欧国家创新合作研究中心、举办中国—中东欧国家青年科技人才论坛,将出版发布《中国—中东欧国家科技创新记分卡(2020)》,拓展在数字经济、电子商务、健康产业等领域合作。同时,中方将推动建立中国—中东欧国家电子商务合作对话机制和中国—中东欧国家公众健康产业联盟。

另外,中国与东盟、非盟等区域组织加强多边科技合作,为该区域青年科技人才提供发展平台与项目支持,提升该区域科技发展整体水平。例如,近年来,在中国—东盟科技伙伴关系和双边科技合作机制框架下,中国已支持超过1000个合作项目,服务于双方产业和社会民生,已有百余名东盟青年科学家在中国开展短期科研工作,数千名科学技术和管理人员来华培训。中国与东盟各国在铁路、能源、生物、海洋等重点领域共建了10余个国家级联合实验室,基本形成覆盖中国和东盟国家的技术转移网络。此外,中国还在与泰国、菲律宾、印尼等多个东盟国家启动或探索科技园区合作。如今,在东盟国家,无论是"接地气"的种植、育种、病虫害防治等基础农业领域,还是新能源、高速铁路、生物技术、电子信息、遥感卫星数据等"高大上"领域,都可以看到中国先进适宜的科技创新技

术在当地落地生根、开花结果。

4. 案例 中国地方政府积极开发"一带一路"青年科技合作项目

近年来，上海、北京、浙江、广东、陕西等中国地方政府也开发了多个"一带一路"青年科技合作项目。

例如，上海市科委在年度"科技创新行动计划"设立"一带一路"青年科学家交流国际合作专项。该项目目标是重点资助"一带一路"沿线国家和与本市签订科技合作协议国家和地区的青年科学家，来沪与本市高校和科研机构合作开展科研工作，促进上海与相关国家和地区的科技交流与长期合作。项目申报单位要求是注册在上海、具有独立法人资格的高校和科研机构，具备组织项目实施的相应能力及国际合作基础。申请项目的内容中须包含接收 1 名外籍青年科学家，来沪全职从事 12 个月及以上的科研工作。重点支持与上海签订科技合作协议的"一带一路"沿线国家的青年科学家。

（二）以共建联合实验室推动丝路青年科技创新与国际合作

共建联合实验室旨在发挥中国与沿线国家各自的技术和人才优势，瞄准沿线国家的重大科技需求，联合开展科学研究，增强研发人员尤其是青年科技工作者对前沿技术和知识的理解，共享合作方的科技资源和研发成果，解决资源开发、经济发展、民生改善等领域重大科技问题，促进沿线国家产学研合作和产业升级。

近年来，中国科技部结合沿线国家重大科技发展需求、科研基础条件与合作意愿，支持建设了中国—蒙古生物高分子应用联合实验室、中国—埃及可再生能源联合实验室、中国—柬埔寨食品工业联合实验室、中国—尼泊尔地理联合研究中心、中国—东盟海水养殖联合研究与示范推广中心等 33 家联合实验室或者联合研究平台（到 2020 年数据），涉及 30 个"一带一路"沿线国家，有力推动了与沿线国家科研机构建立长期稳定的伙伴关系，培养了一大批青年科技人才，促进了青年科技人员双向交流。尤其是青年科技人员依托联合实验室创新平台，开展高水平联合研究，促进技术转移，推动相关产业发展，其成果实实在在惠及沿线国家人民。

例如，中国—埃及可再生能源联合实验室以中电 48 所成熟的太阳能光伏产业技术为依托，联合埃及国家科学技术研究院太阳能光伏科研机构，重点突破高效低成本电池、组件制备技术，大型光伏电站效能优化及并网技术。联合实验室还为埃及太阳能光伏领域的青年科研技术人员开展了系列相关技术培训，并在埃及开展研究成果示范性项目的建设，促进当地太阳能光伏企业的发展，为本领域内的两国企业互利合作牵线搭桥。总的看，通过共建高水平联合实验室，构建两国机构间长期、稳定的合作关系，将有助于埃及建设太阳能光伏工业体系，缓解能源短缺问题。同时，依托联合实验室，共享资源，开展高水平联合研发、技术示范，也为青年人才的交流和培养、先进适用技术的转移等搭建了良好平台。

（三）以共建科技园区为丝路青年提供创新创业平台载体

园区成为中国高新技术企业集聚的主要载体。据公开数据，到 2019 年末，中国有国家级高新区数量 169 个（入园企业数量达 14.11 万个），另有国家级开发区 218 个。北京中关村科技园区、深圳高新区、上海张江高科技园区、武汉东湖高新区、苏州工业园、合肥高新区等园区成为具有较大产业体量和国际影响力的科技园区。比如，在北京中关村科技园区召开的中关村论坛已发展为创新思想新理念的交流传播平台、新科技新产业的前沿引领平台、新技术新产品的发布交易平台、创新规则和创新治理的共商共享平台。青年作为最具活力和创造力的群体，中国经验表明，通过建设科技园区，营造创新育人、创业留人、事业引人、资源助人的良好环境，为青年人才提供创新创业平台载体，从而打造吸引青年、留住青年、成就青年的活力之城。

《推进"一带一路"建设科技创新合作专项规划》将"共建特色科技园区"作为推进"一带一路"科技创新合作的重点任务，支持中国高新区、自主创新示范区、农业科技园区、海洋科技产业园区、环保产业园和绿色建材产业园等园区走出去，与沿线国家共同建设科技园区，促进产业合作向价值链高端攀升，提高各国的经济发展质量。据公开资料，截至 2019 年，中国已与菲律宾、印尼等八个国家启动或者探讨建立科技园区合作关系，包括埃及、伊朗、蒙古国、泰国、老挝等在内的多个国家明确提出与中国开展科技园区合作需求，中国已与部分国家签署合作协议。

同时，为推动中国与沿线国家的科技政府部门、科技机构、科技企业的交流合作，推动科技园区合作落地，多个行业联盟也陆续成立。比如，2015 年，欧亚经济论坛科技分会在西安高新区召开，会议期间，联合国教科文组织、西安高新区等 20 家机构发起成立"一带一路"国际科技园区联盟。2016 年，来自中国、俄罗斯、乌克兰、格鲁吉亚、亚美尼亚等 12 个国家、45 家科技机构在中国烟台成立"丝绸之路高科技园区联盟"。

一些中国科技园区运营管理机构将多年积累的园区规划、建设、招商、管理、服务等经验向"一带一路"沿线国家分享与模式复制，建设或者参与建设了一批科技园区。例如，清华科技园运营管理机构启迪控股公司在中国和全球布局 100 多个孵化器、科技园、科技城等业态的科技园区，包含俄罗斯、韩国、中国香港等多个"一带一路"沿线国家和地区。

（四）国际技术转移合作成为丝路青年创新合作新赛道

2016 年 6 月，中国科技部发起建立"'一带一路'技术转移协作网络"的倡议，支持广西开展"中国—东盟技术转移中心"建设、云南开展"中国—南亚技术转移中心"建设、宁夏开展"中国—阿拉伯国家技术转移中心"建设、新疆开展"中国—中亚科技合作中心"建设、江苏开展"中国—中东欧国家技术转移虚拟中心"建设等，并与上述地区国家共同举办年度或两年一度的技术转移和创新合作大会。到 2020 年 10 月，中国已建设 5 个国家级的技术转移平台，在联合国南南合作框架下，建立技术转移南南合作中心①，基本形成"一带一路"技术转移网络。

中国科学院、南京大学、清华大学、浙江大学、上海交通大学、复旦大学、中山大学等中国知名高校、科研院所也在积极推动和开展"一带一路"技术转移合作。例如，中国科学院成立全球"一带一路"技术转移转化中心，围绕知识链、资本链、产业链"三链链接"，搭建面向沿线国家和地区的重大需求和民生经济增长点的多元化创新集群和战略联盟。另

---

① 技术转移南南合作中心是经中国科技部批准，由中国 21 世纪议程管理中心（中国科技部直属的公益一类事业单位）和联合国开发计划署联合组建的机构，旨在通过搭建技术转移平台和数据库，精准对接技术需求与供给，为南南合作伙伴、"一带一路"沿线国家提供适宜的可持续发展技术解决方案，共享中国技术创新发展经验，打造技术转移能力建设基地。

外，中国科学院还组织开展"一带一路"国际合作研究计划，主要项目有气候变化、综合减灾、新发突发病原研究等。

总的看，通过国际技术转移合作实现科技信息共享和创新成果转化应用，更好地发挥了丝路青年创造力强、敢于攻坚克难的优势，并能较快打造涵盖研究开发、技术转移、科技咨询、科技创业、科技金融的全链条产学研合作示范项目，得到了"一带一路"沿线国家政府部门、高校科研院所、丝路青年的广泛响应和积极参与。例如，青岛市于 2020 年启动建设了中国—上海合作组织技术转移中心，上合组织成员国领导人在 2019 年元首理事会会议期间通过《比什凯克宣言》，表示支持上合组织青年委员会框架内"上合组织青年创业国际孵化器"等青年创业项目，中华全国青年联合会于 2019 年 5 月在青岛挂牌成立了首个"上合组织青年创业交流基地"，举办青年创业实训营、开展线上交流等系列活动，共同为上合组织成员国及"一带一路"沿线国家打造链接全球创新资源、展示全球先进技术、对接全球高端科技人才的国际化平台，也为上合青年创新创业合作搭建平台，促进上合青年参与"一带一路"建设。

二、"一带一路"青年科技合作面临的主要挑战

（一）中国与沿线国家科技合作不平衡不充分，不确定性风险伴随着国际科技合作长期存在

由于沿线国家经济社会发展差异较大，涵盖发达国家、发展中国家、欠发达国家，部分经济和科技相对发达国家与中国科技合作已见成效，其他国家与中国的科技合作处于起步阶段或者探索推进阶段。部分沿线国家经济落后，政局动荡，产业基础薄弱，国民素质科学素养较低，缺乏科技研发平台和主体，对外合作主要集中在资金援助、就业帮扶、原料供应、初级产品或者低端产品生产加工等能够直接见效的基础领域，对需要时间沉淀和前期较大投入的国际科技合作意愿不足或者力有不逮。可以说，国家战略需求往往会随着科技发展水平、产业设备升级、替代技术出现、国际格局调整以及国家战略中心转移而不断变化，国与国之间政治关系的疏

密、经济利益的纠纷都可能影响到科技合作的进程与成效。因此，中国有关政府部门、科研机构、高科技企业要对国际科技合作中所涉及的诸多风险、漫长过程、可能变故，做好应急预案和周全准备。

（二）中国尚有不少领域科技水平仍处于相较于西方发达国家落后状态，亟待创新攻关"卡脖子"技术瓶颈

随着中国国力的增强，一些西方国家和政客对我国高技术领域进行打压，使得我国在一些关键技术领域面临着严峻的"卡脖子"局面。一些西方政客和机构对中国科技、中国创造恶意抹黑，阻碍沿线国家与中国开展正常科技合作、技术转移。而一些战略性产业的"卡脖子"技术攻关具有投资规模大、建设周期长、技术难度高等特点，因此，中国必须加强科技自主创新能力，加强与沿线国家和其他国家科技合作，以构建求同存异、合作共赢的创新共同体，突破违反市场原则的科技壁垒。

（三）中国科技创新体制机制亟待进一步完善，以适应国际科技合作需要

总的看，中国已建立较为完善的科技创新法规政策体系，对各类创新要素快速增长、促进科技成果转移转化、扶持创新主体成长、打造各具特色的区域创新平台等方面起到重要支撑作用。但是，面对激烈的国际竞争，在单边主义、保护主义上升的大背景下，如何提升原始创新能力，构建跨区域、跨国的创新共同体，需要进一步完善科技创新体制机制。

企业是"走出去"的市场主体，具有市场敏感度高、运作灵活高效等特点，但是中小企业自主创新能力有限，资金、资源薄弱，整合科技资源面临体制约束。同时，相较于高校和科研院所，中小企业难以获得政府科技创新项目支持。因而在部分中国与沿线国家科技合作项目中，缺乏在沿线国家产业合作已有成效的中小企业参与，可能造成市场信息传导滞后，产学研合作脱节，科技合作成果不能更好服务沿线国家经济社会发展。加之部分技术更新周期短，导致国际科技创新进度跟不上技术迭代。

另外，由于科技创新涉及国计民生方方面面，其培育、扶持、规范分散在不同政府部门。在中国科技较为落后的情况下，可以通过重点项目攻关、产业科技扶持等方式推动科技创新，科技资源分散的矛盾并不凸显。

但是，随着中国成长为科技大国，国际竞争进一步强化了原始创新能力提升的紧迫性，就必须加快解决过去在某些科技创新领域部门协同协调不够、普惠性政策落实不足的问题。

三、"一带一路"青年科技合作高质量发展建议

2017年5月，习近平主席在"一带一路"国际合作高峰论坛上提出"一带一路"科技创新行动计划。中国科技部、国家发展改革委、外交部、商务部发布的《推进"一带一路"建设科技创新合作专项规划》，中国科技部发布的《"十三五"国际科技创新合作专项规划》，均提出："全面发挥科技创新合作对共建'一带一路'的先导作用，打造发展理念相通、要素流动畅通、科技设施联通、创新链条融通、人员交流顺通的创新共同体。"《中华人民共和国国民经济和社会发展第十四个五年规划和2035年远景目标纲要》提出："推动共建'一带一路'高质量发展，推进实施共建'一带一路'科技创新行动计划，建设数字丝绸之路、创新丝绸之路。"到2021年6月，中国已经和161个国家和地区建立科技合作关系，签订114个《政府间科技合作协定》，其中，与共建"一带一路"国家签署的《政府间科技合作协定》达到84个，为"一带一路"科技创新合作奠定了重要的制度基础。

对中国而言，建设世界科技强国不是喊口号就能实现的，也不是一朝一夕就能完成的，必须靠一代代人艰辛探索、接力奋斗。习近平总书记曾提出一系列关爱青年科技人才的要求，目的就是要让有理想、有情怀、有责任、有担当的接班人永不断档。延伸来看，丝路青年科技人才要立足国家急迫需要和长远需求，瞄准未来科技和产业发展的制高点，敢于探索、突出原创，勇挑重担、敢打头阵，投身解决"卡脖子"难题，坚守科研担当，加强基础研究，勇于突破关键核心技术壁垒，把论文写在祖国大地上，把科研成果应用到国家现代化事业，努力成为创新性、复合型科技人才，向着成为顶尖科技人才而奋斗，勇当原创技术"策源地"和现代产业链"链长"的领军人物。

（一）中国与沿线国家政府要进一步加强双边、多边科技合作

习近平主席在 2021 年世界经济论坛"达沃斯议程"对话会上的特别致辞提出："科技成果应该造福全人类，而不应该成为限制、遏制其他国家发展的手段。中国将以更加开放的思维和举措推进国际科技交流合作，同各国携手打造开放、公平、公正、非歧视的科技发展环境，促进互惠共享。"因此，要进一步发挥国际科技合作在"一带一路"建设的先导作用和示范作用，构建更广泛的"一带一路"双边、多边国际科技合作。尤其是秉持"科学无国界"的共识理念和数字时代的共享、分享精神，推动建设丝路青年创新攻关的"揭榜挂帅"体制机制，加强创新链和产业链对接，明确路线图、时间表、责任制，引导更多丝路青年科学家、技术专家参与打造发展理念相通、要素流动畅通、科技设施联通、创新链条融通、人员交流顺通的创新共同体。中国科研机构、创新企业在国际科技合作、国际市场拓展时，要积极推动与沿线国家有关机构共建丝路青年广泛参与的联合实验室（联合研究中心）、技术转移中心、技术示范与推广基地等国际科技创新合作平台，夯实基础研究，强化应用研究，实现中国创新价值国际化和基于沿线国家需求的本土创新。

积极开展中国与沿线国家科技创新法规政策交流、沟通与对接。构建知识产权交流、协商和保护机制，推动沿线国家在知识产权保护力度、范围和程度等方面逐步形成共识合作与联合监管，加速科技成果向现实生产力转化，推动沿线国家实现依靠创新驱动的内涵型增长。建立"一带一路"知识产权数据库，为沿线国家有关机构和科技人才提供相关信息的检索和查询服务。探索符合互利共赢和共同发展原则的合作模式，实现科研仪器与设施、科研数据、科技文献、生物种质等科技资源互联互通，以及中国与沿线国家技术标准的对接和标准体系的兼容。

（二）加快培养更多知华友华亲华的丝路青年科技人才

"栽下梧桐树，引来金凤凰。"中国有关部门和机构要构筑集聚全球优秀人才的科研创新高地，完善和落实沿线国家高端人才、专业人才来华工作、科研、交流的政策。中国高校、科研院所、中资企业应根据国家战略和自身需要，积极与沿线国家相关机构合作，策划、开展一批学历教育、短期培训、访问学者、项目合作研究等多种形式的科技人才培养项目，提高科技合作覆盖面，惠及更多沿线国家基础研究、应用研究、产业开发等各部门、各类型的青年科技人才。

打造 "一带一路" 青年科技人才联盟、青年科技组织、青年科技国际峰会、青年科技大赛、青年创新创业大赛等各类科技人文交流平台，聚焦沿线国家重点产业及其科技创新需求，搭建人才、科技、资本、市场主体等交流平台，加强中国与沿线国家的科技园区、海外经贸合作区、科技企业、高校、科研院所深度合作，促进人才智力要素在沿线国家高效流动。引导丝路青年科技人才以项目合作、技术转移、众创、众包等方式，深度参与 "一带一路" 产学研合作。

借鉴中国青年科技奖[①]成功经验，建议中国有关科技部门、社会组织等联合沿线国家有关机构发起设立 "一带一路" 或者双边、多边性的青年科技奖，以固定周期评选的方式，表彰在促进 "一带一路" 科技合作、科技创新中做出突出贡献的青年科技人才，激发丝路青年科学家的创新创造创业热情。

（三）推动更多丝路青年科技人才服务 "一带一路" 产业合作

中国高新技术产业开发区、自主创新示范区、国家级新区、国家级开发区、自贸区及相关具备条件的双创园区、孵化器要与沿线国家主动对接，帮助和协助沿线国家建设一批符合本国特色的高技术产业园区，促进创新资源跨境流动和价值变现。具备科技园区投资运营成熟经验的大学科技园、孵化器、中方投资机构，以及在沿线国家已开展产业合作并取得实效的中资企业可以根据科技创新市场主体及产业链布局情况，适时参与国际科技合作和沿线国家科技园区建设，以集聚创新资源赢得国际市场。海

---

① 中国青年科技奖由中共中央组织部、人力资源和社会保障部、中国科协、共青团中央联合发起，旨在表彰在国家经济发展、社会进步和科技创新中作出突出贡献的青年科技人才，已成为杰出青年科技工作者成长成才的摇篮。据统计，截至 2020 年 10 月，在历届近 1500 名获奖者中，有 171 人当选两院院士，一大批获奖者走上了高校、科研院所、大型企业、党政部门、国际组织等重要领导岗位，在政治、经济、科技、教育、文化、社会发展中发挥了重要作用。

外经贸合作区、中资企业在沿线国家投资建设的工业园区可以探索"园中园"模式，设立为入驻企业进行技术配套的科技园，实现科技开发与产业发展协同共进，提高产业合作层次、附加值和竞争力。

中国有关市场主体、研究机构要聚焦沿线国家在经济社会发展中所面临的突出问题，坚持问题导向、需求导向、战略导向和创新导向，充分利用沿线国家的科技、人才、原材料等要素资源，鼓励和支持丝路青年科技工作者胸怀科学梦想，发扬敢为人先、攻坚克难的创新精神和全力以赴、大爱忘我的奉献精神，积极开展重大科学问题、共性关键技术和应对共同挑战的合作研究，把科技论文写在"一带一路"的大地上，为国家现代化和"一带一路"建设做贡献。

在"一带一路"政策沟通、设施联通、贸易畅通、资金融通、民心相通"五通"建设的过程中，按照市场规则、自身需求，加强沿线国家之间技术合作和技术转移，引导中国高科技企业在沿线国家市场拓展创新创业，尤其是要鼓励开拓国际市场的青年工程师、青年技术专家将中国创新、中国方案、中国标准与沿线国家实际情况结合，进行创造性转化和再创新。例如，在中国与沿线国家的铁路、公路、电网等重大基础设施建设中，可以推动在相关领域的技术、产业、产能、标准的国际合作；随着"丝路电商"迅速发展，中资企业青年工程师、青年程序员研发的电商技术和行业标准可以为沿线国家电商、互联网、数字经济等领域赋能；中国 5G 技术世界领先，华为、中兴等中国通信领军企业可以与沿线国家科研机构、科技企业联合开展应用场景、生态体系等合作开发，加快培养丝路青年通信人才，填平补齐"数字鸿沟"；中国领先的农业科技助力农业现代化建设，已解决 14 亿人口的吃饭问题，取得了举世瞩目的伟大成就，中国农业科研院所、科技企业可以组织开展农业技术转移合作，帮助沿线国家培养青年农技人才，提高农产品产量质量，筑牢粮食安全屏障。

参考文献

1. 杨舒：《科技创新合作使"一带一路"沿线国家人民受益多》，《光明日报》

2017 年 4 月 18 日。

　　2. 许培源、程钦良:《国际科技合作赋能"一带一路"建设》,《中国社会科学报》2020 年 11 月 4 日。

　　3. 杨陈:《开放创新的中国与东盟共享科技合作成果》,中国新闻网,2019 年 9 月 20 日。

　　4. 郭颖:《上海资助"一带一路"青年科学家国际合作项目》,《中国青年报》2017 年 8 月 26 日。

　　5. 郭锦海:《对"一带一路"科技园区合作的相关认识与思考》,《中国高新技术产业导报》2019 年 8 月 26 日。

　　6. 韦丰:《青年人才是科技创新的新生动力》,中国青年网,2020 年 11 月 10 日。

专题五
构建中非命运共同体：中非产能合作综述与浙江省样本分析

唐任伍 ①、刘洋 ②

近年来，由于全球经济结构性下行压力持续加大、欧美国家经济复苏缓慢、中东地区政治局势不稳定，加之部分西方发达国家出现违背国际经济合作规则的贸易保护主义、民族主义等全球化逆流，加之中国推进产业结构调整升级和供给侧结构性改革，已成为全球工业门类最齐全、部分行业具有较强国际竞争力的国家，中国开始从国际产能合作的接受者转变为输出者。同时，非洲国家正普遍谋求推进工业化和现代化，基础设施建设、居民消费需求不断增加，加之非洲自贸区的建成，非洲国家一体化进程显著提速，经济多元化步伐加快，新兴产业蓬勃发展，中非产能合作成就辉煌、适逢其时、前景广阔。加强同非洲国家的团结合作，是中国长期坚定的战略选择。新中国成立后，中非政治、经济、人文等交往全面升级，非洲国家"把中国抬进了联合国"，中国长期无私援助非洲国家，中非经贸合作在中国改革开放后也有了快速发展，当前非洲也成为中国"一带一路"建设的重要合作伙伴。

---

① 唐任伍，教授，博导，浙江师范大学经济与管理学院院长，北京师范大学政府管理研究院院长。

② 刘洋，研究员，中国国际经济合作学会数字经济工作委员会专家委员会主任，中国区块链与产业金融研究院院长。

一、中非经贸与产能合作稳步高质量增长

在贸易便利化方面，中国—毛里求斯自贸协定正式生效；积极邀请非洲国家和企业来华参加中国国际进口博览会等展会；中国采取积极措施，主动扩大自非洲的农产品进口，2018—2020 年，中国自非洲进口的农产品额年均增长 14%，已成为非洲第二大农产品进口国。据中国商务部数据，2000 年中非合作论坛召开以来，20 年间中非贸易额增长 20 倍，增速领跑非洲主要贸易伙伴国，中国已连续 11 年稳居非洲第一大贸易伙伴国地位。在设施联通方面，中方参与实施的一批重大项目相继建成或正抓紧实施，到 2020 年末，中国帮助非洲建设的铁路和公路里程均已超过 6000 千米，建设了近 20 个港口、80 多个大型电力设施、130 多家医疗机构、45 座体育场馆以及 170 多所学校等，已累计为非方创造了 450 余万个就业岗位。中国对非直接投资年均增长超过 25%，到 2019 年底，中国各类在非企业超过 3800 家，投资存量 444 亿美元，有力帮助非洲提升了工业化水平和出口创汇能力。此外，在绿色发展、能力建设、健康卫生、人文交流、和平安全等方面，中非有关合作项目都在积极稳步推进。

二、中非产能合作发展述评

李克强总理发表在英国《经济学人》杂志上的署名文章里写道："通过国际产能合作，将中国制造业的性价比优势同发达经济体的高端技术相结合，向广大发展中国家提供'优质优价'的装备，帮助他们加速工业化、城镇化进程，以供给创新推动强劲增长。"为抓住有利时机，推进国际产能和装备制造合作，实现我国经济高质量发展，2015 年 5 月，国务院发布《关于推进国际产能和装备制造合作的指导意见》，将与我国装备和产能契合度高、合作愿望强烈、合作条件和基础好的发展中国家作为重点国别，并积极开拓发达国家市场，以点带面，逐步扩展。将钢铁、有色、建材、铁路、电力、化工、轻纺、汽车、通信、工程机械、航空航天、船舶

和海洋工程等作为重点行业，分类实施，有序推进。

产业结构单一、基础设施落后、资金和技术缺乏等原因造成大部分非洲国家工业化程度较低，未能建立起完整的工业体系。公开数据显示，2019年，非洲的总体GDP约为2.4万亿美元，非洲地区前三名尼日利亚、南非和埃及的经济总量合计约为1.15万亿美元，接近非洲经济总量的一半；撒哈拉以南非洲地区工业产值只占全球的0.7%，若不包括南非则仅为0.5%。但是，非洲有丰富的人力和自然资源，中国有非洲需要的资金、设备、技术、管理经验，中非产能合作迎来历史性机遇和庞大的对接空间。

（一）中非合作顶层设计持续完善

中非合作论坛是中国和非洲国家之间在南南合作范畴内的集体对话机制，成立于2000年，宗旨是平等互利、平等磋商、增进了解、扩大共识、加强友谊、促进合作，是引领中非合作的顶层机制。论坛成员包括中国、与中国建交的53个非洲国家以及非洲联盟委员会。

同时，为提高工业化水平和创造更多就业，非洲国家在改善投资环境、提高融资能力、完善基础设施、推进非洲经济一体化以及吸引人才和开展人力资源培训等方面做出很多努力。例如，2001年，第37届非洲统一组织首脑会议一致通过"非洲发展新伙伴计划"，这是非洲自主制定的第一个全面规划非洲政治、经济和社会发展目标的蓝图，旨在解决非洲大陆面临的包括贫困加剧、经济落后和被边缘化等问题。非洲联盟在2008年还专门通过了囊括7大类共计21个项目和49个计划的"加速非洲工业化发展行动计划"。2015年1月，非盟在埃塞俄比亚首都亚的斯亚贝巴召开峰会通过作为"非洲愿景和行动计划"的《2063年议程》，号召非洲人"在共同价值观和共同命运基础上合力建设繁荣团结的非洲"。

近年来，中国政府对非合作紧扣非洲发展诉求，陆续提出相应的合作方案。例如，2014年5月，李克强总理访问非洲四国，提出中非合作的"461"框架，即四个原则（平等、务实、真诚、守信），六大工程（产业、金融、减贫、生态环保、人文交流、和平与安全），一个平台（中非合作论坛）；2015年1月，中国政府与非盟签署推动"三网一化"的备忘录，即建设覆盖非洲全境的高铁网、高速公路网、航空网和推进工业化，这一计划即有利于推动非洲基础设施互联互通与工业化、城市化进程，也有利于基础设施建设、高铁装备、建材等领域中非产能合作；2015 年 12 月，在南非举行的中非合作论坛约翰内斯堡峰会上，习近平主席同非洲领导人一致同意将中非关系提升为全面战略合作伙伴关系，并公布《中非合作论坛——约翰内斯堡行动计划》，提出 2016—2018 年中非合作的"五大支柱"（政治上平等互信、经济上合作共赢、文明上交流互鉴、安全上守望相助、国际事务中团结协作），"十大合作计划"（工业化、农业现代化、基础设施、金融、绿色发展、贸易和投资便利化、减贫惠民、公共卫生、人文、和平与安全），并为此配套 600 亿美元金融支持，进一步打开更加广阔的中非产能合作市场。

（二）金融合作加速提质升级是中非产能合作的重要保障

非洲金融市场总体发展滞后，不少非洲国家主权信用等级较低，资金短缺，金融风险较高，直接引入国际领先产能难度极大。因此，中国充分发挥政策性金融和多元金融服务的综合支持作用，将政府与市场的力量有机结合，加大中非产能合作金融支持力度，形成以直接投资带动的产能合作模式。

1. 金融合作成为发展援助与产能合作的重要支撑

中国是非洲最大的发展援助来源国之一，中国对非洲发展援助为非洲合作方提供了大量产能合作的"工业援助"，相关项目大多不采取传统赠予性援助方式，而是综合合资企业股权合作、工业园区政企合作、低息或者无息贷款、供应链金融管理、项目股权投资等方式，为合作项目匹配中非企业和启动资金，从而提升项目落地成功率。金融合作计划是《中非合作论坛——约翰内斯堡行动计划》的一个专项计划，中国提供的配套 600 亿美元金融支持，非洲国家利用这些资金开展基础设施建设和工业化发展，中资企业参与有关产能合作项目实施。

2. 专项政策性金融平台为中非产能合作提供融资支持

在中非金融合作领域，政府援助贷款、投融资贷款为主的政策性金融起到了重要的探路引领作用，注重融资与融智并举，为非洲国家政府部门和中资企业提供量身定做的，涵盖投资咨询、项目评估、融资方案、运营管理、风险防控等各环节的综合解决方案。

中非发展基金采取自主经营、市场运作、自担风险的方式进行运作和管理。中非发展基金于 2007 年 6 月正式开业运营，由中国国家开发银行承办，按照商业化原则运作，旨在引导和鼓励中资企业对非投资，在不增加非洲债务负担的情况下，通过投入资本金，以市场化方式增加非洲自身发展能力。中非发展基金自成立以来积极支持中非产能合作，投资领域涉及基础设施、农业、加工制造等领域。到 2020 年 8 月，中非发展基金已累计对 36 个非洲国家、92 个项目决策投资超过 46 亿美元，可带动中资企业对非投资近 230 亿美元，重点产能合作项目有加纳大阿克拉省特马市的安所固电厂、中非重工南非装配厂项目、保利协鑫南非光伏电站项目等。

习近平主席在 2015 年中非合作论坛约翰内斯堡峰会上宣布设立首批资金 100 亿美元的"中非产能合作基金"。中非产能合作基金由中国国家外汇储备持股 80%，中国进出口银行持股 20%。中非产能合作基金是中长期开发投资基金，通过与境内外企业和金融机构合作，以股权、债权等多种投资方式，促进非洲"三网一化"建设和中非产能合作，覆盖制造业、高新技术、农业、能源、矿产、基础设施和金融合作等各个领域。

中非金融合作银联体由中国国家开发银行牵头成立，非方创始成员银行包括 16 家非洲金融机构，是中国与非洲之间首个多边金融合作机制。各成员行在银联体框架下发挥各自优势，切实推动中非双方在经贸往来、产能合作、基础设施建设以及人文交流与培训等各领域的务实合作，更好落实中非合作论坛北京峰会成果。

中国商业银行、中国进出口银行、中国出口信用保险公司等与非洲金融机构合作服务中非产能合作也在提速。例如，中国工商银行与南非最大的商业银行——南非标准银行合作，撬动逾 200 亿美元对非投资；中国农业银行与刚果（布）方筹建中刚非洲银行，成为当地政府融资领域的第二大银行；中资企业投资设立的丝路国际银行在吉布提正式开业，是中资企业首次在非洲获得银行牌照，也是吉布提首家合资银行和第 13 家商业银行,成为中国对吉布提和非洲其他国家产能合作的重要金融基础设施。

（三）中非产能合作形成多个创新特色模式

在非洲开展产能合作,面临的环境与其他地方有明显不同,中资企业从非洲实际情况出发,克服当地基础设施不足、人才短缺的困难,发挥非洲资源能源优势,发挥中方资金、建设能力和"舰队出海"等方面综合优势,探索出一些独具特色的中非产能合作模式。

1. 经贸合作区模式

这是最普遍的中非产能合作模式。到 2020 年末,在中国商务部备案的 25 个中国在非经贸合作区入区企业已超过 580 家,累计投资额超过 73 亿美元。非洲工业化、城市基础设施薄弱,也没有具备条件的非洲企业标的供中资企业收购和盘活,中非产能合作多为中资企业在非洲国家"从零开始",因而中资企业需要承担部分政府职能,建设产业园区,除了满足自身研发生产需求外,还要在园区内形成产供销配套,引进其他关联企业入驻。同时,非洲产业园区也会借鉴中国开发区产城融合经验,在园区建设生活配套设施,为中方员工解决生活问题,也能招聘并留住产业工人。

2. 安哥拉模式

安哥拉是非洲石油资源最为丰富国家,2003 年,中国进出口银行向安哥拉提供石油担保贷款,安哥拉用石油偿还中资银行贷款,安哥拉在获取贷款后将资金投入医院、学校和交通设施建设中,一跃成为非洲增长最为迅速的国家之一。非洲国家总体主权信用较低,市场风险大,又缺乏其他可供抵押的优质资产,将油气等自然资源作为抵押资产可以提升其信用额度,有效覆盖中国贷款方的风险敞口。因而"安哥拉模式"也成为中国与非洲国家合作的典范,发展至今形成了"资源—贷款—基础设施建设 / 产能合作"一体化开发的特色模式,即非洲借款国家政府以中方认可的资源做担保来获得中方金融机构(由于还款周期较长,多为政策性金融机构)贷款,非洲国家政府以双方共识的资源价格来将相应资源按期偿还给中方金融机构,非洲国家政府将中方贷款投资于基础设施建设,中资企业牵头承建基础设施和开展产能合作。

3. 苏丹模式

中国在苏丹的石油投资是中国在海外规模最大、覆盖面最广的石油投资之一，涵盖石油开采、加工、运输、销售在内的完整油气产业链，彰显了中资企业技术、资本、运营等综合实力，为中资企业进入非洲市场起到示范和引领作用。中国与苏丹油气开发合作延伸出中非产能合作"苏丹模式"，主要特点是"以油气产量分成合同为基础，中资企业负责油气产业链上下游一体化投资开发，并帮助非洲国家发展资源加工产业，提升非洲作为原材料基地的附加值，推进非洲工业化，进而形成利益捆绑、分配公平、各方共赢的长期合作机制"。

三、浙非产能合作成为中非产能合作的样本

浙江作为中国率先发展走在前列的沿海发达省份，也是中国对非经贸、产能合作的最早和最重要的省份之一，正起到示范带动作用。作为制造业大省，浙江的产能过剩问题曾经同样严重。根据浙江省经信委调查显示，2015 年，浙江工业中约有五至六成的行业产能利用率不足 80%，其中钢铁、水泥、玻璃、化纤等传统行业产能过剩问题尤为突出。浙江省统计局相关调研则显示，全省规模以上工业产能利用率一般在 75% 左右，低于欧美国家对工业化中后期 79%—83% 合理配比区间。

2014 年 5 月，浙江省政府发布《浙江省化解产能过剩矛盾实施方案》，要求加大对"低小散"块状行业整治提升，对落后产能坚决淘汰，严重过剩产能有序退出，加快化解产能过剩矛盾，通过 5 年努力，使钢铁、水泥、电解铝、平板玻璃、船舶等现有产能过剩行业的产能规模得到有效控制。浙江省国民经济和社会发展第十三个五年规划提出：扩大国际优势产能和装备制造合作，以"一带一路"沿线国家为重点，充分发挥沿线国家浙籍侨商的作用，加快境外经贸合作区全球布局，建设境外产业集聚区，推动优势产能在境外集群发展。浙江省国民经济和社会发展第十四个五年规划提出：深化国际产能合作，扩大双向贸易投资和对外承包工程，加快构建境内境外园区链式合作体系。浙江的家电、小日用消费品、纺织服

装、基础设施建设等优势产能在非洲均有大展宏图的机会和空间。

总的看，近年来浙江过剩产能化解和产能利用率提升均取得明显进展，基本达到发达国家水平。根据浙江 2020 年经济运行情况数据，尽管受新冠肺炎疫情影响，但浙江经济运行仍然呈现稳步复苏、回升提速、增收增效态势，2020 年四季度，浙江省规模以上工业产能利用率为 82.7%，高于 2019 年同期 0.4 个百分点，其中 17 个传统重点制造业产能利用率达 83.1%。浙江省共有制造业企业近 55 万家，中国国内市场占有率超过 30% 的制造业集群有 70 多个，制造业创造了全省一半以上的税收、提供了三分之一以上的就业岗位，对外产能合作已成为浙江省开放型经济的重要战略。与之对应，非洲充沛的原材料、劳动力等要素资源和快速成长的市场空间，则成为勇于开拓艰困市场的浙商纵横捭阖的"新蓝海"。

（一）非洲是浙江重要的贸易伙伴

浙江对非经贸合作起步早、基础稳、措施实、成效好，有 2 万多浙江人在非洲长期工作和生活。人员交往促进经贸发展，据公开数据，2020 年前三季度，浙江对非贸易额达 1694 亿元，非洲已成为浙江外贸进出口重要的新兴市场和浙江企业"走出去"和开展产能合作的重点地区。浙江向非洲出口的主要商品为纺织纱线、织物及制品，服装及衣着附件，鞋类等中小商品，服装纺织业占比最高。

2019 年 3 月，浙江发布《浙江省加快推进对非经贸合作行动计划》，在中国率先推出地方对非经贸合作计划，从规划指导、产业对接、设施联通、贸易畅通、数字经济、人文交流六个方面精准发力，力争到 2022 年底，浙江对非贸易总额达到 400 亿美元，其中出口达到 300 亿美元，对非贸易在中国份额达到 20% 以上；对非累计投资力争达到 40 亿美元，支持企业在重点领域打造一批合作发展示范工程、示范项目，引导有实力的企业建设境外经贸合作区，在非洲建立省级以上境外经贸合作区 3 个。

2020 年，浙江省国外经济合作完成营业额 429.27 亿元人民币。在浙江与国外经济合作前列国家（地区）中，阿尔及利亚、尼日利亚、埃塞俄比亚排名靠前，也是浙非产能合作的重要国家。金华是浙江对非贸易的领先城市，2020 年对非贸易额达 572.6 亿元，占浙江对非贸易额的 33.8%；

金华对非出口前三名的国家是埃及、阿尔及利亚、尼日利亚；金华对非进口前三名的国家分别是南非、莫桑比克、埃及。"世界小商品之都"义乌是金华下辖县级市，近年来对非洲贸易均在 400 亿元以上（2019 年达692.2 亿元最高值，同比增长 17.3%），义乌国际商贸城设立了国内首个"非洲产品展销中心"，成为众多非洲客商展示和销售非洲特色产品的聚集地。

（二）浙江与非洲国家双向投资日益频繁

总的看，浙江在非洲投资主要集中在纺织品、日用品、小五金、生活服务业等浙江相对过剩或者具有国际竞争力的优势产能行业，部分领域还填补了"非洲国家空白"。例如，华立集团深耕非洲市场 10 余年，该公司生产的抗疟药已在非洲销售超过 2500 万人份、覆盖非洲 27 个国家。而后，华立集团实施从"产品进非洲"走向"产业进非洲"，启动建设北非工业园，预计吸收 300 家制造业企业，涵盖服装业上游产业、汽车零部件产业等，带动非洲 8 万人就业；越美集团设立东非商贸物流园，投资总额 2.89亿美元，主要从事商贸批发业；巨石集团设立巨石埃及玻璃纤维股份有限公司，投资总额 1.62 亿美元，主要从事非金属矿物制品业；越美集团设立越美（马里）棉花有限公司，投资总额 9920 万美元，主要从事农业；米娜纺织有限公司数年来相继在埃塞俄比亚投资木材、纺纱、印染等项目，累计投资达 1 亿美元，纺纱项目收购了当地最大的一家国有纺织企业；浙江舟山博海渔业公司是现今全球唯一一家获准在吉布提进行海洋资源开发的外企。

值得关注的是，非洲国家在浙江设立企业已超过 1000 家，集中在纺织服装、汽车配件、国际贸易、跨境电商等行业，主要投资国家有埃及、南非、毛里求斯、阿尔及利亚、埃塞俄比亚、摩洛哥、塞内加尔、尼日利亚，主要开展中非经贸和产能合作。

（三）浙江是承担中国对非援助培训工作最早的省份之一

浙江是中国各省（自治区、直辖市）援外培训承办单位最多、承担援外培训项目最多、培训人次最多的省份，现有浙江大学、浙江师范大学、浙江省商务厅培训认证中心等 8 家援外培训承办单位。例如，浙江师范大学中非国际商学院成立于 2010 年，是中国高校首个面向中非经济合作教学机构，面向非洲，以经贸和工商管理为特色，建设集人才培养、人员培训、商务管理、学术研究于一体的办学体系，培养一批中国的"非洲通"和非洲的"中国通"人才。学院设有国际经济与贸易（非洲方向）、投资学（非洲方向）、旅游管理（非洲方向）、商务汉语等本科专业以及工商管理、公共管理、汉语国际教育等专业硕士学位。

四、浙非产能合作的主要动力和特点

（一）双方政府大力支持浙非产能合作

浙江对非产能合作总体是立足长远，与非洲合作共赢，而非简单的商品贸易，例如在义乌设立非洲产品展销中心，积极扩大进口非洲的商品；浙江省各级外贸部门把技术援助同经济援助与合作紧密结合起来，全省援外培训中心都在加大力度帮助非洲培训技术人员和管理人才。另外，一些浙江民营企业也在加强与中非发展基金、中非产能合作基金、丝路基金等中国政策性金融机构对接合作，例如浙江永达实业集团与中非发展基金合作，在安哥拉首都罗安达的维亚纳工业园投资建设的电线杆工厂正式投产，并再投资 5 亿美元建设电力工业园区，将中国产能过剩的中低端输变电器材生产能力转移到安哥拉。

（二）有效利用当地资源形成共赢长效机制

正在打造全球先进制造业基地的浙江资源匮乏，素有"七山一水二分田"之说，需要大量的自然资源和初级产品支撑制造业和经济高质量发展，而资源丰富的非洲则可以保证其充足供应。非洲矿产资源极为丰富，世界上已探明的 150 种地下矿产资源在非洲都有储藏，铂、锰、铬、钌、铱等的蕴藏量约占世界总储量的 80%，磷酸盐、钯、黄金、钻石、锗、钴和钒等矿藏占世界总储量的一半以上，石油、铁、铜等资源也很丰富。浙江企业通过开发利用非洲资源，帮助非洲建立工业化体系、扩大就业和增加收入，也提高浙江制造业原材料供给。例如，浙江华友钴业股份有限公司在刚果总投资 3 亿美元，已控制钴探明储量 60 万吨，约占全球的 9%，每年运回国内 0.5 万吨钴，华友投资的东方矿业已成为刚果知名企业，员工有 1200 多名，当地人以在此工作为荣。

（三）避开欧美国家部分领域的贸易壁垒

欧盟、美国等发达国家和地区对发展中国家特别是最不发达国家有各种优惠待遇，如免许可证、免关税。遭遇发达国家反倾销调查的浙江劳动密集型产业通过在非洲投资设厂，可以享受到发达国家给予非洲的原产地优惠政策，顺利进入欧美市场，同时也实现非洲市场本地产供销，降低运营成本。例如，浙江巨石集团遭受过欧盟反倾销调查，而后在埃及设立玻璃纤维生产基地，每年生产约 20 万吨产品，并提供 2000 个当地直接就业机会，99%的产能出口欧盟、中东、印度等"一带一路"沿线国家和地区，也使得埃及成为继美国和中国之后的世界第三大玻璃纤维生产国。

（四）基础设施建设投资成为热点

由于历史原因，非洲经济发展水平偏低，基础设施建设相对落后。浙江建筑商能吃苦，工程项目报价相对不高，常常能够以良好质量、较短工期完成项目，深受非洲国家欢迎。浙江建筑业比较成熟，技术力量较强，建筑企业积累了大量技术和工程经验，在全球具有竞争力。2020 年中国建筑企业综合实力 100 强入围企业数量最多的省（自治区、直辖市）为浙江，有 15 家企业，比 2015 年增加 9 家。另外，还有很多浙江建筑商与中国中央企业合作。同时，浙江企业工程承包模式也已从包工头向投资商升级，例如浙江最大的建筑业公司——浙江省建设投资集团先后承建塞拉利昂政府办公楼、阿尔及利亚 Sidi 科技园五星级酒店等项目。

（五）集群式"抱团"走出去

历经多年的"探险非洲、淘金非洲"，数万在非洲的浙江人和在浙江的非洲人成为浙非产能合作的创业者、从业者、牵线者和传播者。浙江各级政府也鼓励企业改变传统单打独斗式投资模式，代之以"抱团"发展，以增加企业融入东道主市场的能力和风险抵御能力，强化企业在国际市场的话语权。例如，浙江越美集团投资 6000 万美元建设的越美（尼日利亚）纺织工业园是中国境外第一个纺织工业园，也是尼日利亚最大的纺织园区，已有几十家棉纺、织造、印染、服装等行业的中资企业入驻，形成中国服装纺织行业抱团"出海"、化解过剩产能的良好态势。

（六）跨境电商发展迅猛

非洲地域广阔，拥有55个国家、12.8亿人口（年轻人口占比70%）、4.65亿互联网用户、新品智能手机占比超过50%、4G网络覆盖核心区域（3G网络基本覆盖），加之实体商店数量和商品品类较少，数字支付快速普及和仓储物流迅速发展，推动跨境电商迅猛发展。联合国贸发会指出，非洲网购人数自2014年以来年均增长约18%。

浙江是中国电子商务、跨境电商最发达省份，天猫国际、速卖通等电商平台成为全国跨境电商龙头，传统企业应用电子商务也成为主流。据杭州海关统计，2020年，浙江通过海关跨境电商管理平台进出口491.1亿元，同比增长65.1%。其中出口127.0亿元，同比增长441.5%；进口364.1亿元，同比增长32.9%。另外，杭州的跨境电商平台从2013年的不到10个，发展到2020年末的300多个。在浙江跨境电商市场分布中，非洲等新兴市场增长迅速。例如，义乌已注册成立数万家电子商务公司，积极打造"市场采购贸易＋海外仓"的对非洲跨境电商模式。浙江新安集团在加纳设立海外仓，最初以该公司海外市场拓展自用为主，渐渐发展为公共仓，现已为合作入驻企业提供清关、仓储、物流、配送、收汇、售后等"一条龙服务"。阿里巴巴集团与卢旺达政府共建eWTP（世界电子贸易平台），通过赋能非洲当地创业者、年轻人和女性，帮助非洲建立当地数字经济生态体系，其中阿里巴巴商学院已开展多期面向非洲青年的跨境电商培训，不少非洲商人也成为阿里巴巴电商平台的网店创业者。

（七）浙江商人独有品质在非洲结出硕果

黑格尔在《历史哲学》中指出："生活在滨海地区的人民被大海激起了勇气……鼓励人类从事商业和获得正当的利润。"傍海而生的浙江也在历史长河中形成更具开放性和更依赖商业交易的生产方式、生活传统，培育出浙江人心胸开阔、敢于冒险、开拓进取、随机应变、承压抗压的优秀品质。浙江人到非洲做生意的历史悠久，据不完全统计，近代中国与非洲贸易的先行者就是浙江商人，改革开放后大量浙江商人涌入非洲，有多达百万人次浙江人在非洲经商和工作，来自青田、诸暨、金华、义乌、富阳、温岭、台州、舟山等浙江各地。

五、浙非产能合作存在的主要问题

尽管浙非产能合作发展迅猛，已有很强的经贸基础，但也存在一些瓶颈，一些浙江企业还在非洲"摔过跟头"。例如，浙江巨石集团曾在南非遭遇反倾销调查，南非法院判决对巨石集团征收高达 31.81% 的反倾销关税。

（一）部分西方舆论恶意"抹黑"中非产能合作

一些西方政客由于本国社会矛盾激化，处于国际市场竞争劣势的背景下，掀起贸易保护主义、民族主义等全球化逆流，恶意抹黑中国对外开放。一些西方机构和媒体将中国与非洲国家正常的友好交往与"新殖民主义"相提并论，并附加"掠夺非洲资源"等杂音。历史上看，持续了约 400 年的奴隶贸易使非洲损失上亿精壮人口，一些西方发达国家曾迫使非洲沦为其原料供应地和商品倾销地，这是非洲欠发达的历史原因。西方舆论继续炒这个"冷饭"，无疑是力图阻碍中非产能等全方位的友好合作。

（二）非洲的政治风险和社会环境不稳定因素并存

一些非洲国家政权频繁交替，法律法规不完善，政府办事效率不高，基础设施薄弱，劳动力素质较低，无法让投资者"投资安心、经营开心、生活舒心"。部分非洲国家还面临腐败、恐怖袭击等严峻问题。以埃塞俄比亚为例，该国汇率不稳定，并且外汇短缺、兑换额度比较少，容易造成进口材料价格上涨，投资收益缩水，给在埃的浙江企业带来困难。

（三）浙江企业传统运作模式制约其在非洲做强做大

浙江对非产能合作多为民营企业，面临资金、人才、品牌、经验缺乏等共性问题，特别是一些中小民营企业跨国经营能力和经验欠缺，"淘金非洲"存在一定盲从性和盲目性。相较于央企、国企，国家金融平台对民营企业的支持力度相对不够，不少浙江企业"走出去"仍然缺乏高效的金融运作和金融支持。法律、税务、咨询、培训、人才招聘等对非产能合作的中介服务较为滞后，很多中介服务无法在非洲当地实时提供。另外，由于一些非洲市场尚不规范，在利益驱动下，还存在浙江企业之间、浙江企业与中国其他企业之间的恶性竞争现象。

（四）部分非洲国家市场趋于规范，产能合作壁垒提高

南非、博茨瓦纳、赞比亚等非洲国家出台了一些反垄断调查政策，当地政策规章复杂，工程项目招投标过程透明度增加，对浙江企业进入非洲市场提出了更高的资质、质量、运营等标准。以莫桑比克为例，该国新一轮石油开采就是通过国家石油公司在伦敦向全球企业招标，对所有企业一视同仁。

（五）市场竞争环境更加严峻

近年来，浙江企业普遍面临来自发达国家、发展中国家的市场主体愈加残酷的竞争。美、日、德、法等发达国家加大对非洲国家贷款规模，并在一些制造业领域与中国争夺市场，韩国、巴西、土耳其等国工程承包商在非洲中低端市场与中国竞争激烈。埃及、南非等非洲相对发达国家也开始向非洲其他国家渗透。

六、打造浙非产能合作升级版的建议

（一）完善对非产能合作顶层设计

浙江省相关政府部门应把"浙非产能合作"作为重要的国际区域合作战略，编制《浙非产能合作行动计划》等专项政策规划，同时可以依托浙江企业投资的产业园区（经贸合作园区）开展法律、商务、政策、风险预警等中介服务。商务、外贸等部门要编制《浙非产能合作重点项目库》，提出重点合作行业、领域和国别，动态更新重点合作入库项目，对相关项目、企业常态化跟踪服务。建立省内外对非产能合作协调机制、合作联盟、浙江—非洲国家商会，协调促进企业间、项目间的业务合作，避免恶意竞争。各级政府部门可综合运用业务补助、增量业务奖励、资本投入、创新奖励等方式，组建对非产能合作基金等区域性金融平台，引导金融机构和外贸综合服务企业等为浙非产能合作提供融资服务。强化"全球化思

维"以及"组合拳"支持，积极探索"一带一路"建设、中非产能合作等国家战略以及中国与非洲国家双多边合作协议在浙江转化和落地，加强跨境电商、供应链金融、消费金融、互联网金融等创新商业模式应用到浙非产能合作。组建浙非产能合作专业智库，发布非洲国家的项目信息、政策环境等情报资讯，为浙江和非洲企业提供培训、咨询、项目策划、市场调查、行业研究等智库服务。

（二）加大对非洲的品牌宣传和公共关系

政府层面可将浙江及重点城市作为整体形象，与中国驻非外交部门、已在非洲开展大型项目的重点企业加强联系合作，在非洲重要合作国家进行宣传推广，让更多当地人了解浙江、了解浙江企业。推动浙江相关城市、园区、商会、企业与非洲国家建立友好城市、战略合作伙伴等紧密型友好关系，落实一批精准型对非援助项目。浙江企业进入非洲市场也应主动加强与当地政府、媒体、社交平台、非政府组织、公关公司打交道，周密部署，既要在当地履行社会责任，也要通过有效宣传和舆论引导为企业树立正面形象。

（三）提高浙江企业的国际化思维和能力

具备教学科研条件的相关高校、培训机构要加强熟悉非洲风土人情、语言文化、政治经济的"非洲通"专业人才培养，并通过援外培训、企业委培等方式，加强非洲"中国通"培养。利用"厂二代""创二代"等青年企业家全面接班父辈，以及更多青年创业家不断涌现的窗口机遇期，推动更多浙江企业由"家族作坊"向现代国际企业升级，加速数字化转型，学习非洲当地语言，尊重非洲当地文化，遵守当地法律，遵守国际通行规则，秉承互利共赢合作理念，积极履行企业社会责任，规范运作，建立完善的风险管理机制。

一些实力较强的浙江企业可以在非洲当地加大与主业相关的产业链建设，开展多元化经营，化解外部制约因素，例如建筑商可以拓展设计咨询公司、渣场、钢厂、门窗厂、房地产等配套项目，并成立专业公司，为本企业供应链上的当地企业和中资企业提供相关产品服务，实现补链强链；服装出口企业可以在当地投资设厂和建设工业园区，实现服装生产本地化，集聚供应链上下游企业，形成海外全产业链配套，提升企业竞争力和丰富企业盈利来源。

七、结语

在国内市场相对饱和的情况下，在全球范围实现产能合理流动与资源优化配置，寻求规模增长和效益提升，已成为优秀企业自主升级的战略选择，也符合国际产业发展客观规律。对于浙非产能合作而言，合作有历史，非洲有需求，政府有导向，产业有条件，企业有动力。在全球产业链上，浙江优势产业的富余产能具有设备先进适用、技术成熟可靠、性价比高等突出优势，以劳动密集型产业转移和基础设施建设双轮驱动来满足非洲国家及其国民的需求，有利于非洲尽快形成产业配套和支撑，增强自主发展能力，实现"$1 + 1 > 2$"的乘数效应。因此，积极有效推动浙非产能合作不仅有利于浙江、中国经济与非洲经济、世界经济的深度融合，形成中国与非洲产能合作的地方样本，推动更多中资企业"走出去"，还可以倒逼中资企业提质增效和实现产能"优进优出"，深化供给侧结构性改革和构建双循环新发展格局。

参考文献

1.《商务年鉴》编辑委员会：《浙江商务年鉴 2015》，浙江人民出版社 2015 年版。

2. 唐任伍、刘洋：《2016 浙非产能合作研究报告》，经济科学出版社 2016 年版。

3. 张汉东：《浙商投资非洲大有作为》，《浙江日报》2015 年 12 月 8 日。

4. 张其仔：《中国产业竞争力报告 2015："一带一路"战略与国际产能合作》，社会科学文献出版社 2015 年版。

5. 徐惠喜：《推进中非产能合作正当时》，《经济日报》2015 年 12 月 5 日。

6. 刘青海：《中国企业走出去：如何布局非洲工程承包市场》，《东方早报》2015 年 7 月 14 日。

7. 倪涛、李凉、孙健、吴刚、车斌：《非洲工业化有望迎来快速发展阶段》，《人民日报》2014 年 8 月 5 日。

8. 高骏：《从"安哥拉模式"到非洲工业化：援助模式转型下的中非合作》，澎湃新闻，2018 年 9 月 18 日。

9. 史忠生、石兰亭、汪望泉、金博：《"十四五"看中非油气怎么合作》，《中国石油石化》2021 年第 4 期。

后　记

　　2013 年以来，"一带一路"建设以政策沟通、设施联通、贸易畅通、资金融通和民心相通为主要内容扎实推进，取得明显成效，一批具有标志性的早期成果开始显现，"一带一路"朋友圈越来越大，"六廊六路多国多港"互联互通架构基本形成，参与各国得到实实在在的好处，对共建"一带一路"的获得感、认同感和参与度不断增强。可以说，"一带一路"建设已经成为全球规模最大、最受关注的公共产品。

　　习近平总书记在推进"一带一路"建设工作 5 周年座谈会上提出，要在保持健康良性发展势头的基础上，推动共建"一带一路"向高质量发展转变，这是下一阶段推进共建"一带一路"工作的基本要求。实现"一带一路"向高质量发展转变，既需要在项目建设、市场开拓、国际贸易、金融投资、民生援助等"五通"环节"精雕细琢"，形成更多可量化、能感知、促共赢的成果；也需要加强学术研究、理论支撑和话语体系建设，为共建"一带一路"行稳致远提供学理支撑。

　　"一带一路"建设已成为国内外学者的一个研究热点。国内学者从战略内涵、战略规划、区域发展、经贸合作、人文交流等领域对"一带一路"建设进行了系统研究，呈现出现实针对性强、研究视角多元、重在解读实践创新性等特点。截至 2021 年 6 月 30 日，中国知网收录的有关"一带一路"的研究文献有 54692 篇。据国家信息中心数据，到 2019 年末，当当网售卖的"一带一路"专著有 1101 本，亚马逊售卖的"一带一路"专著有 303 本（其中外文版专著 179 本）。另外，随着"一带一路"由理念走向实践，海外参与"一带一路"建设研究的机构、学者数量明显增多，从最初对"一带一路"意图动机与发展前景的关注，近年来转而聚焦于更加务实的行动性议题，总体上高度评价"一带一路"建设的全球价值和深远意义。

值得关注的是，尽管国内外有关丝路青年在"一带一路"建设践行使命、勇于担当、热撒青春、交流合作的成功经验、典型案例、重大项目、重大活动多有媒体报道，但是系统研究、阐述和分析丝路青年在"一带一路"建设的独特价值、创新实践、风险挑战和对策建议，以及重点领域、国别、项目、企业、人物等典型案例收集、梳理和规律性总结相对不多，理论研究滞后于实践探索。例如，截至 2021 年 6 月 30 日，中国知网收录的有关"'一带一路'青年"的研究文献只有 73 篇，占有关"一带一路"研究文献的 0.13%。

历史和现实都告诉我们，青年一代有理想、有担当，国家就有前途，民族就有希望，实现我们的发展目标就有源源不断的强大力量。在"一带一路"建设中，青年是中坚力量，如同早晨八九点钟的太阳，以青春之名担当奉献，用奋斗之路书写无悔人生，推动不同文明交流对话、互鉴共享、和谐共生。习近平总书记多次强调青年在"一带一路"建设中的积极作用。例如，他在纪念五四运动 100 周年大会上的讲话指出：新时代中国青年，要有家国情怀，也要有人类关怀。新时代中国青年处在中华民族发展的最好时期，既面临着难得的建功立业的人生际遇，也面临着"天将降大任于斯人"的时代使命，希望"新时代中国青年要担当时代责任"，并勉励青年"为推动共建'一带一路'、推动构建人类命运共同体而努力"。可以说，"一带一路"已成为国内外研究热点，而青年问题研究更应是热点中的热点。

《"一带一路"青年发展报告》致力于打造高质量、具有国际影响力智库成果，以习近平主席在"一带一路"国际合作高峰论坛开幕式演讲中提出的"一带一路"建设目标——和平之路、繁荣之路、开放之路、创新之路、文明之路为指引，围绕丝路青年与和平、繁荣、开放、创新、文明五大主题，通过数据分析、现状总结、挑战梳理、对策建议等实证研究和对策研究，计划每年围绕一个主题开展深度调研和研究，并出版和发布一份报告,为读者描绘波澜壮阔的"一带一路"青年担当、青年实践、青年创新的青春画卷。《2021 年"一带一路"青年发展报告》以"一带一路青年命运共同体与青年担当"为主题,聚焦梦想、责任、担当、合作、共享五大关键词,包括主报告、专题报告两大板块。

主报告为"一带一路"沿线国家青年人文、民生、贸易、金融、数字经济、产能合作等领域的交流合作的成效、典型案例、问题挑战与对策建议。专题报告邀请了相关领域专家参与,围绕中国与"一带一路"沿线国家高等教育合作、跨境电商合作、旅游合作、科技创新合作、中非产能合作等五大领域编写了相关专题报告。

中国《中长期青年发展规划(2016—2025 年)》提出:"在社会科学研究机构、高等院校加强青年学研究"。可以说,《2021 年"一带一路"青年发展报告》开启了"丝路青年学"的学术研究体系,将"丝路青年学"研究纳入青年学和"一带一路"建设学术研究体系,遵循青年身心发展规律、青年与经济社会互动规律、青年特殊需求及其资源配置供给规律,针对性开展理论和实证研究,将不断升华青年发展理论,并为"一带一路"建设提供理论支撑、对策建议和决策参考。

《2021 年"一带一路"青年发展报告》有关素材选取、案例分析和理论研究截稿于 2021 年 8 月,较为全面、完整地呈现丝路青年交流合作的发展历程、独有价值、重点领域、实践特色、风险挑战和建议措施,为"一带一路"建设相关政府部门、企事业单位、社会组织、新闻媒体以及广大丝路青年提供参考和借鉴,助力和呼吁丝路青年唱响青春之歌,在"一带一路"建设大有可为、大有作为中迎接和创造美好未来。

国家命运与个人前途休戚相关,民族振兴与个体发展紧密相连。深入推进"一带一路"建设,共同构建人类命运共同体,需要靠一代又一代丝路青年的接续奋斗。朝气蓬勃、昂扬奋进,丝路青年有着大担当和大作为。"奋斗是青春最亮丽的底色",丝路青年要有"锐意创新的勇气、敢为人先的锐气、蓬勃向上的朝气","勇于创业、敢闯敢干,不断开辟事业发展新天地"。《"一带一路"青年发展报告》也将持续记录、研究丝路青年奋斗史和发展史,为"一带一路"建设提供更多时效性、针对性、高质量的智库成果。

　　需要说明的是，本书在编写过程中，参考借鉴了一些学者、专家、机构的研究实践成果和资料数据，在此表示真诚感谢。请相关版权所有人与编委会联系（邮箱：158950711@qq.com），以便致奉谢意和薄酬。如有争议内容，也请有关人员及时与我们联系，在本报告再版时予以调整。

　　由于时间仓促和作者知识面有限，本书编写错误与疏忽之处在所难免，希望各位读者及时给我们反馈意见。我们也非常愿意与读者就丝路青年发展各项议题进行广泛深入的交流、探讨和合作。

责任编辑：池　溢
封面设计：胡欣欣
版式设计：吴　桐
责任校对：黄常委

图书在版编目（CIP）数据

2021 年"一带一路"青年发展报告/《2021 年"一带一路"青年发展报告》
编委会 编 . —北京：人民出版社，2022.5
ISBN 978 - 7 - 01 - 024717 - 5

I. ① 2…　II. ① 2…　III. ①青年 - 研究报告 - 中国 -2021　IV. ① D669.5
中国版本图书馆 CIP 数据核字（2022）第 064602 号

2021 年"一带一路"青年发展报告
2021NIAN YIDAIYILU QINGNIAN FAZHAN BAOGAO

于洪君　史志钦　主　编
杨东平　刘　洋　执行主编

人民出版社 出版发行
（100706　北京市东城区隆福寺街 99 号）

中煤（北京）印务有限公司印刷　新华书店经销

2022 年 5 月第 1 版　2022 年 5 月北京第 1 次印刷
开本：710 毫米 ×1000 毫米 1/16　印张：22　插页：3
字数：327 千字

ISBN 978 - 7 - 01 - 024717 - 5　定价：69.00 元

邮购地址 100706　北京市东城区隆福寺街 99 号
人民东方图书销售中心　电话（010）65250042　65289539